知识产权法律与政策前沿问题研究丛书
主编　王迁

商标法中的商标性使用问题研究

凌宗亮　著

中国人民大学出版社
·北京·

图书在版编目（CIP）数据

商标法中的商标性使用问题研究/凌宗亮著. 北京：中国人民大学出版社，2025. 2. --(知识产权法律与政策前沿问题研究丛书/王迁主编). --ISBN 978-7-300-33532-2

Ⅰ. D923. 434

中国国家版本馆 CIP 数据核字第 2025EU1320 号

知识产权法律与政策前沿问题研究丛书

主　编　王　迁

商标法中的商标性使用问题研究

凌宗亮　著

Shangbiaofa zhong de Shangbiaoxing Shiyong Wenti Yanjiu

出版发行	中国人民大学出版社		
社　　址	北京中关村大街 31 号	**邮政编码**	100080
电　　话	010－62511242（总编室）		010－62511770（质管部）
	010－82501766（邮购部）		010－62514148（门市部）
	010－62515195（发行公司）		010－62515275（盗版举报）
网　　址	http://www. crup. com. cn		
经　　销	新华书店		
印　　刷	唐山玺诚印务有限公司		
开　　本	720 mm×1000 mm　1/16	**版　　次**	2025 年 2 月第 1 版
印　　张	16 插页 1	**印　　次**	2025 年 2 月第 1 次印刷
字　　数	244 000	**定　　价**	68. 00 元

总　序

"坐觉苍茫万古意，远自荒烟落日之中来!"

知识产权制度是人类文明程度和技术水平发展到一定阶段的产物。为了促进创新，各国大都通过立法创设知识产权，对智力创造成果进行鼓励和保护。自威尼斯 1474 年颁布第一部具有现代意义的专利法以来，世界知识产权制度已经走过了五百多年的历史。如果说 20 世纪以前知识产权制度是一个发展缓慢的、远离法律舞台中央的领域，那么进入 20 世纪，知识产权制度的发展之快可谓日新月异，重要性日益提升，这一制度已成为法律前沿领域。这与全球科技、经济的飞速进步密不可分。20 世纪中后期以来，伴随着以信息为基础的高新技术的快速发展，各国经济和文化交往日益密切，人们迎来了一个以知识为基础经济的崭新时代。随着知识产权保护客体范围和内容的不断扩大和深化，知识产权的地域性在一定程度上被削弱，知识产权法律关系也日益国际化。知识产权日益成为一个企业乃至国家发展的重要战略资源和国际竞争力的重要体现，成为创新创造的关键因素，凸显出前所未有的重要地位。

对我国而言，知识产权的最初设立是基于国际压力而进行的被动式回应，但随着国际经济一体化进程的加快，我国越来越认识到知识产权对经济社会发展和科学技术进步的重要性，进而开始主动对知识产权制度进行规划和调整。我国知识产权法制建设的重点也已经由单纯回应外部压力，升格为提升国际规则话语权、改善营商环境和促进本国产业创新发展。党的十八大提出了"加强知识产权保护"的重大命题；党的十八届三中全会则进一步提出了“加强知识产权运用和保护”的指导方针；在党的十九大报告中，习近平总书记强调“倡导创新文化，强化知识产权创造、保护、运用”。在2020年11月30日中共中央政治局举行的集体学习中，习近平总书记更是将知识产权保护工作的重要性提到了前所未有的战略高度：知识产权保护工作关系国家治理体系和治理能力现代化，关系高质量发展，关系人民生活幸福，关系国家对外开放大局，关系国家安全。要加强知识产权保护工作顶层设计，要提高知识产权保护工作法治化水平，要强化知识产权全链条保护，要深化知识产权保护工作体制机制改革，要统筹推进知识产权领域国际合作和竞争，要维护知识产权领域国家安全，进而赋予了新时代知识产权工作新的历史使命。国家“十四五”规划和2035年远景目标也再次强调，要加强知识产权保护，大幅提高科技成果转移转化成效。

在党中央的高度重视下，我国知识产权法律制度进入了快速发展时期，这体现在：一方面，知识产权立法逐步完善，知识产权制度体系逐步健全。如1982年《商标法》制定以来至今已经完成四次修改，1984年《专利法》制定以来至今已经完成四次修改，1990年《著作权法》制定以来至今已经完成三次修改。与此同时，相关法律的配套条例、细则及大量司法解释陆续发布，使知识产权保护规则日益精细。另一方面，我国积极参与知识产权领域的国际合作。1980年，我国加入世界知识产权组织，后来又陆续加入《保护工业产权巴黎公约》《商标国际注册马德里协定》《保护文学和艺术作品伯尔尼公约》等一系列国际公约，以及世界贸易组织的《与贸易有关的知识产权协定》。在新形势下，我国进一步参与世界知识产权组织框架下的全球知识产权治理，在形成新的国际知识产权规则中发出中国声音。2012年，世界知识产权组织保护音像表演外交会议在北京举行。我国发挥积极作用，协调促成几个有争议问题的解决，成功缔结《视听表演北京条约》，充分反映包括中国在内的广大发展中国家的诉求，大大提升了中国在知识产权国际合作方面的影响力。未来我国将更加主动地参与知识产权保护国际条约和国际协定的谈判协商，推动全球知识产权保护合作走深走实。

知识产权法律与政策的制定不但是各国利益博弈和立法的产物，而且离不开理论研究的支撑。新技术条件下，知识产权法面临各种问题与挑战，例如人工智能等新技术和媒体融合等新业态不断出现和变化，越来越多的普通人参与创作并积极传播创作成果，各种新型侵权行为也层出不穷，这些对知识产权的保护提出了新的课题。深入研究知识产权保护方面的最新问题，加强知识产权法律与政策的制定，促进知识产权的保护和运用，已经成为当前法学领域理论研究的前沿。所有这些问题都亟待学术理论界的关注和解决，也亟须学术界对理论研究进行创新，进而为我国知识产权战略的实施提供有益指引。据此，本丛书以“知识产权法律与政策前沿问题研究”为主题，组织一批知识产权领域的学者和法官撰写专著。这些作者或是崭露头角的青年才俊，或是具有丰富审判经验、善于理论联系实际的法官。他们长期关注知识产权法领域的前沿问题，具有较为深厚的理论功底和专业素养，对国外知识产权制度的发展历程和国内司法实践中的最新动态了然于心。据此，本丛书是他们对知识产权前沿理论和实践问题进行深入探索的成果，反映了他们对知识产权各领域问题的思考，包括著作权法、专利法、商标法等。他们将通过理论创新，为解决知识产权领域的重大疑难问题建言献策。

此外，“知识产权法律与政策前沿问题研究丛书”的出版也依托于华东政法大学知识产权法律与政策研究院。华东政法大学知识产权法律与政策研究院成立于 2015 年 4 月，致力于对知识产权立法问题、执法问题和知识产权国际应对问题的研究，是集学术问题研究、科研人才培养、国际谈判应对、立法决策咨询四项功能于一体的综合性科研机构。知识产权法律与政策研究院承担国家版权局等部门委托的大量研究任务，为其提供研究报告和咨询意见，承担与《著作权法》修改及国际条约谈判有关的大量研究课题。

德国著名的作家和哲学家费希特在其《论学者的使命》一文中谈到，学者的真正使命在于：“高度注视人类一般的实际发展进程，并经常促进这种发展进程。”学者的进步决定着人类其他领域的进步，“他应当永远走在其他领域的前头”。我想每一位知识产权学者都应高度关注知识产权领域的前沿动态，并将其最深刻的哲思诉诸笔端，奉献给社会，帮助引导知识产权法制朝着科学、理性和公平的方向发展。如此这般，实现建设创新型社会的宏伟蓝图指日可待。这也是本丛书希望完成的使命。

王 迁

2021 年 6 月 1 日于上海

前　言

商标的生命在于使用，使用贯穿于商标权的取得、维持以及保护等各个阶段，无论是采取注册取得商标权还是使用取得商标权的国家，都把使用作为其商标法中的核心概念。但是与使用在商标法和商标权保护中的重要作用不相符的是，我国理论及司法实践对商标使用的研究尚有待深入。为什么要求商标必须使用？如何界定符合商标法要求的使用？在商标权注册、维持、民事侵权以及刑事犯罪认定中，商标使用的内涵和外延是应当保持一致，还是应当有所区分？特别是随着跨境电子商务等经济全球化浪潮的不断推进，涉外定牌加工等国际贸易中的商标权保护问题成为长期困扰我国司法实践的难题，其中争议之一便是涉外定牌加工中贴附商标的行为是否属于商标性使用。理论及司法实践对此存在截然相反的观点，而且分歧长期存在，严重影响了商标权保护的质量和效果。因此，对商标法中的商标性使用问题进行系统的研究，厘清商标性使用的内涵和外延，无论是对于商标法理论研究还是对于司法实践，都具有重要的意义。①

首先，对商标性使用的研究有助于明晰商标法的调整边界。任何法律都有其特定的调整对象和调整范围，例如，民法是调整平等主体之间的人身关系和财产关系的法律。作为私法的商标法调整平等主体之间的何种财

① 需要说明的是，理论上及实践中在论述商标法中的使用问题时，基于对不同语境以及语言表述的考虑，有的使用“商标使用”，有的使用“商标性使用”，本书在论述时将“商标性使用”和“商标使用”作相同的理解，二者均属于在商标意义上使用特定符号的行为，区别于对符号本身的使用。

产关系？与同样调整商业标识的反不正当竞争法之间应当如何区分？这些都有赖于对商标性使用的研究。本质上，如果不考虑商标法中有关商标注册的规定，作为私法的商标法调整的应当是平等主体之间因商标性使用而发生的财产关系，而反不正当竞争法则调整因商标性使用以外的商业标识使用而产生的法律关系。此外，作为商标的标识还可能与著作权法调整的作品、专利法调整的外观设计发生重叠，当同一标识满足著作权法、商标法、专利法的保护条件时，针对特定的使用行为，如何确定应当适用的法律？这也有赖于商标性使用在划分商标法调整对象和调整范围中的作用。

其次，对商标性使用的研究有助于统一司法实践中新型复杂案件的裁判标准。随着经济社会的不断发展和人们商标权保护意识的不断增强，司法实践中不断出现新类型、疑难复杂的案件。例如将他人商标作为搜索关键词，旧物回收再利用、商品流通过程中重新包装、旧瓶装新酒，经营者在经营过程中使用侵权的商品等是否构成对商标权的侵害，成为司法实践中的热点和难点，诸如关键词搜索中使用商标是否构成侵权等在相当长的时期内一直存在裁判标准不统一等问题。司法实践中之所以出现大量的模糊不清、捉摸不定的疑难问题，很大程度上是因为我们对商标性使用这一商标法的元命题尚未研究清楚，尚未达成统一的认识，进而影响了对商标法相关规定的理解和适用。

再次，对商标性使用的研究有助于我国商标法相关规定的完善。我国商标法自 1982 年颁布以来，经历了四次修正，总体的趋势是不断加大商标使用在商标法中的作用，实现注册和使用在商标法中的合理平衡。但现行商标法在商标使用的界定、商标连续不使用撤销制度等方面仍然有待进一步完善，从而最大限度地实现商标法的立法宗旨。

最后，从正当性基础的角度对商标性使用进行理论分析有助于正确理解商标法和商标权的保护制度。一方面，在商标权等知识产权不断扩张的趋势下，从公共领域和商标的本质等角度对商标性使用进行理论分析，可以增加对商标法和商标权保护的研究视角。对公共领域问题在著作权法中研究得比较多，但在商标法中没有很多的探讨，似乎商标法与公共领域无涉，毕竟商业标识资源并不像创造性成果那样稀缺，但在市场竞争中，商业标识也是竞争者开展自由竞争的有效资源，对特定的商业标识授予专有权利必须考虑其背后的公共领域，考虑权利授予与经营者自由竞争之间的平衡。特别是在权利人不断要求扩张商标权保护范围时，例如将商标权保护扩展到售后混淆或者使用侵权产品的行为，就应当通过商标性使用这一制度有效地对商标权进行限制，以确保专有权范围和商业标识公共领域之间的良性互动关系。另一方面，商标使用恰恰是商标权授予的正当性基础，也是不断扩展商标法公共领域的重要方式。要获得商标权必须进行商标使用，否则已经授予的商标权就应被注销。这是“商标的生命在于使用”的应有之义。

目　录

第一章
商标性使用的制度价值

“要么使用商标，要么失去商标”，是商标法的基本理念。[①] 在此种意义上可以说，商标的生命在于使用，使用贯穿于商标权取得、维持以及保护的各个阶段，是商标权保护的正当性所在。“商标保护的正当性可以从法理学、经济学和道德方面予以解释，而这三项正当性基础都与商标的使用有着紧密的联系。单纯的注册不仅无法为符号的财产化提供正当性基础，而且可能助长商标抢注这种不正当的行为。”[②] 因此，探究商标性使用背后的理论基础，厘清商标性使用的制度价值，对于正确理解商标法和商标权的本质，准确适用各项商标法律制度，进而实现商标法平衡商标权人、竞争者以及消费者等各方利益的功能，维护公平有序的市场竞争秩序，都具有重要的理论和实践价值。

第一节　商标性使用是商标本质的应有之义

商标通常表现为可以为消费者所感知的文字、图形等标志，但标志本身并不必然构成商标，对标志的使用也不等同于对商标的使用。客观存在的标志可以具有表达美感的功能，也可以具有传递商品质量等基本信息的功能，还可以彰显某种价值或者取向，但只有其在识别商品或服务来源的意义上才可以被称为商标，即商标的本质并非标志本身，而是标志所具有

① Capitol Records, Inc. v. Naxos of Am., Inc., 262 F. Supp. 2d 204, 211 (SDNY 2003); Holiday Inn v. Holiday Inns, Inc., 534 F. 2d 312 (CCPA 1976).

② 戴彬. 论商标权的取得与消灭. 上海：华东政法大学，2013：2.

的识别商品或服务来源的功能。“商标权并非一般意义上的财产权，只有文字或标志指示商品来源时商标权人才享有权利。商标权人有权避免使用其商标的商品与其他人的商品发生混淆，以及禁止竞争者擅自使用误导性的标志转移自己的贸易。除此之外，商标权人对于商标并不享有其他权利。”① 因此，商标的本质决定了商标法所调整的并不是客观的使用标志的行为，而是将标志作为商标使用的行为，即商标性使用行为。标志本身并不是禁忌，只有将标志用于识别商品或服务来源时，才进入商标权的权利范围或者商标法调整的范畴。“商标权被授予在贸易中采用某个标志的人，并不是因为他创造了该标志，而是因为他正好可以，而且具有强有力的动机去维护更广泛的公共利益，即该标志可以帮助社会公众准确地识别商品的来源。”②

一、商标概念的历史发展

现代意义上的商标概念并不是伴随商品交换的产生而自然出现的，而是商品经济发展到一定阶段的产物，即商品贸易开始跨越特定地域范围而逐渐产生了使用商标的需要。在面对面交易商品的时代，商品购买者可以直接与生产者进行沟通，如果购买者对商品比较满意，其可以再到原来的地方购买同样的商品。因此，商品销售的地点成为识别商品来源、承载商品声誉的重要载体。此时虽然既没有使用商标的必要，亦没有产生现代意义上的商标概念，但商人或手工艺人已经开始在商品上贴附特定的标志。这些标志并不是为了识别商品或服务的来源，而是为了表明商品的所有权或者确定不合格商品的责任承担者。

在商品上使用标志的实践可以追溯到远古时代，那时的这些标志主要用于表明商品的所有权。③ 在牛身上贴附标志可能是最为古老的在商品上使用标志的例子。随着罗马帝国时代商品贸易的进一步发展，这些标志被

① Indus. Rayon Corp. v. Duchess Underwear Corp., 92 F. 2d 33. (2d Cir. 1937).

② Glynn S. Lunney Jr.. Trademark monopolies. Emory law Journal, 1999 (2): 417.

③ Sidney A. Diamond. The historical development of trademarks. The trademark reporter, 1975 (4): 265-290.

用来表明商品的来源，“但是，在罗马时代，标志的使用人并不能针对仿冒其标志的人提起侵权诉讼，这些标志主要是为了让受到欺骗的购买者据以追究销售商的责任”①。直到中世纪时代，大规模在商品上使用标志的做法才开始出现。在英国，商品上出现了两种不同的标志：一种是所有权标志或者商人标志；另一种是手工艺人使用的标志。所有权标志主要是在商品进行长途运输前贴附的标志。特别是海上运输的商品，如果遇到海盗或者海难，商品上的标志便成为确定商品所有权的依据。1353 年，英国通过了一项重要的法律规定，外国商人可以基于所有权证明要求返还其在海上遗失的商品，而无须依据普通法提起诉讼。该法律列举的三种证明所有权的方式包括通过在商品上贴附的标志证明所有权。手工艺人在商品上贴附标志的做法则是出于中世纪行会管理的需要，贴附这些标志并不是基于手工艺人的自愿选择，而是行会的强制性要求。因为如果手工艺人生产的商品存在质量问题，行会就可以基于商品上的标志追溯到特定的手工艺人，进而对其进行惩罚。强制性贴附标志的要求也有助于行会阻止行会成员以外的手工艺人在行会控制的区域销售商品，在此种意义上，也可以说手工艺人使用的标志是行会加强垄断的工具。

随着原本用于本地消费的商品的市场不断扩大，特别是在衣服和餐具等使用寿命和运输时间较长的商品的行业，商品上使用的标志逐渐开始呈现现代商标的样子。早在 15 世纪，餐具行业使用的标志开始逐渐由表明来源关系演变为彰显商品的质量。特别是随着生产规模的不断扩大和类似商品市场竞争的日益加剧，标志向商标转换的进程不断加快，继而开始出现商业欺诈诉讼。到了 16 和 17 世纪，英国王室开始对个人和集体标志提供保护。评论家经常援引 1618 年发生的 Southern v. How 案作为第一个模仿他人识别性标志的英国案例。该案中，一家服装厂依据普通法提起了诉讼，因为它在布匹的制作上获得了很高的声誉和很大的利益，它过去常在生产的衣服上做记号，这样就可以知道那是它生产的衣服。一个裁缝觉察到了这一点，就故意将同样的记号用在他的布上，案件的裁判结果是认

① John Burrell. Two hundred years of English trade mark law: in two hundred years of English and American patent. Trademark and copyright law, 1977: 86.

定被告确实构成欺骗。① 第一个被报道的明确涉及擅自使用原告商标的诉讼是1742年衡平法院判决的 Blanchard v. Hill 案。该案中，扑克牌的生产商根据王室颁发的特许令请求法院禁止被告在其生产的扑克牌上使用“Great Mogul”标志。法院认为，在缺乏欺诈顾客的明确意图的情况下，仅仅在相同商品上使用原告的标志并不是可诉的。② 在1838年之前，涉及商标侵权的诉讼都属于普通法中的欺诈之诉，要求被告必须具有欺诈的故意；而此时的商标并不认为属于财产权的范畴，这也导致衡平法院无法据此出具禁令——传统上衡平法中的诉讼要求原告享有相应的财产权。③

在1838年判决的 Millington v. Fox 案中，英国衡平法院首次针对商标侵权颁发了禁令，认为原告为了获得救济并不需要证明被告知道原告商标权的存在且为了欺诈而使用原告的商标。④ “该案的判决明显立基于对商标使用所产生的财产权的认可，自此之后，衡平法开始以财产权理论为基础保护商标。”⑤ 普通法法院在此之后的相当长的时间仍然坚持依据意图欺诈标准保护商标，但最终也接受了上述衡平法院的规则。⑥ 因此，从上述发展过程看，在商品上贴附标志早已有之，但直到19世纪早期才产生了现代商标的概念，将商标作为财产进行保护。这一发展过程也可以佐证商标性使用与使用某个标志不同，标志只有被作为商标使用，才属于商标法调整的范畴。

---

① Southern v. How，[1618] Pop. 143，79 Eng. Rep. 1243 (K. B.).

② Blanchard v. Hill，2 Atk. 484 (1742).

③ Daniel M. McClure. Trademarks and unfair competition：a critical history of legal thought. The trademark reporter，1979 (4)：305－356.

④ Millington v. Fox，3 My & Cr 338 (Ch. 1838).

⑤ Frank I. Schechter. The historical foundations of the law relating to trademarks. New York：Columbia University Press，1925.

⑥ Harry D. Nims. The Law of unfair competition and trademarks：4th ed. New York：Baker，Voorhis & Co.，1947.

二、商标本质的理论解读

各国商标法都对商标进行界定，从中可以得出商标并不同于标志本身的结论，商标的本质在于标志的识别力或显著性。我国《商标法》第 8 条规定："任何能够将自然人、法人或者其他组织的商品与他人的商品区别开的标志，包括文字、图形、字母、数字、三维标志、颜色组合和声音等，以及上述要素的组合，均可以作为商标申请注册。"《法国知识产权法典》第 L. 711—1 条规定："制造、商业或服务商标是指用以区别自然人或法人的商品或服务并可用以书面表达的标记。"《德国商标和其他标志保护法》第 3 条亦规定："任何能够将一企业的商品或服务与其他企业的商品或服务区别开来的标志，可以作为商标获得保护，尤其是文字、图样、字母、数字、声音标志、三维图形以及其他包装。"①

理论界也认识到了商标和标志的不同，从信息、符号、心理学等角度对商标的本质进行了不同的解读。信息说认为，商品和服务提供者通过其所提供的商品和服务以及营销方式和风格所反映出来的技术水平、资金实力、质量标准、经营理念、管理能力等的集合体，就是商品和服务提供者的综合品质，从信息学的角度看，就是商品和服务提供者的结构性信息。各种符号因使用在商品和服务上而将这种结构性信息表征出来后，自然就将商品和服务提供者区别开来，也就完成了向商标的转化。符号在承载了商品和服务提供者的结构性信息后，也就成了商品和服务提供者结构性信息的载体，就构成了商标。可见，商标的价值在于浓缩与产品有关的一切信息，商标的实质就是商品和服务提供者的结构性信息或者说是商品和服务提供者的综合品质，这种结构性信息以各种被固定使用在商品和服务上的"标记或标记组合"（另一种信息）为载体。② 符号说认为，商标是由能指、所指和对象组成的三元结构，其中，能指就是有形或可以感知的标

① 十二国商标法. 中国人民大学知识产权教学与研究中心，中国人民大学知识产权学院《十二国商标法》翻译组，译. 北京：清华大学出版社，2013：49.

② 朱谢群. 商标、商誉与知识产权：兼谈反不正当竞争法之归类. 当代法学，2003（5）：7；张玉敏. 知识产权的概念和法律特征. 现代法学，2001（5）：103.

志，所指为商品的出处或商誉，对象则是所附着的商品。[①] 美国商标法学者麦卡锡教授也认为商标的构成可以分解成三要素：（1）有形的标志，即词语、名称、记号或图案或者其任何组合；（2）使用的形式，即商品或服务的生产者或销售者对标志的实际使用；（3）功能，即标示产品并使之区别于其他人所制造或销售的产品。[②] 也有观点借助认知心理学理论对信息说作了进一步解读，认为商标并不是单纯的不包括任何意义的客观存在，相反，商标是由人类感觉器官能够感知的外在刺激形式，即商标标识与可被激活的消费者长时记忆中存储的该商标标识代表的商品信息所组成。商标标识是消费者感觉器官所能感知的对象，而商标标识所代表的信息则是以该标识为中心节点在消费者长时记忆中的特定商品认知网络。概言之，商标的本质是人类感觉器官可以感知的、以特定公共形式存在的信息。[③] 还有观点认为，商标应当是相关公众所认知的商标与商品或服务间的特定联系。[④]

因此，无论是立法规定，还是关于商标本质的理论解读，都注意到商标的本质不同于客观存在的标志本身，标志仅仅是组成商标的构成要素之一，或者说标志仅仅是商标的载体。笔者认为，可以借鉴符号学的精髓，将商标的本质通俗地界定为：由组成商标的标志、标志使用的商品或服务以及标志所指向的特定主体相互关联组成的一个结构体。离开其中任何一个要素，都无商标可言。需要指出的是，商标结构的生成和存在必须依赖消费者的心理认知，可以说消费者是商标结构存在的场域。离开消费者，即使特定的商品或服务使用了组成商标的标志，但由于缺少消费者的认知，相关标志无法和特定的主体联系起来，商标结构无法形成，自然也谈不上对商标的使用。[⑤]

---

① 彭学龙. 商标法基本范畴的符号学分析. 法学研究，2007（1）：18；王太平. 商标概念的符号学分析：兼论商标权和商标侵权的实质. 湘潭大学学报（哲学社会科学版），2007（3）：22.

② J. McCarthy. Trademarks and unfair competition. 4th ed. St. Paul MN：West Group，1998.

③ 姚鹤徽，申雅栋. 商标本质的心理学分析. 河南师范大学学报（哲学社会科学版），2012（4）：137；彭学龙. 商标法基本范畴的心理学分析. 法学研究，2008（2）：40.

④ 朱谢群，郑成思. 也论知识产权. 科技与法律，2003（2）：28；杜志浩. 商标权客体“联系说”之证成：兼评“非诚勿扰”商标纠纷案. 政治与法律，2016（5）：86.

⑤ 张玉敏，凌宗亮. 商标权效力范围的边界与限制. 人民司法（应用），2012（17）：85.

三、商标性使用（trademark use）不同于使用标志（use a mark）

无论是商标的历史发展，还是对商标本质的解读，都清晰地表明商标法所保护和调整的对象应当是将标志作为商标使用的行为，而不是单纯在商品上使用标志的行为。“关于标志使用的大量行会立法都是为了获得行会的集体商誉而确保手工操作的统一性以及追索行会垄断范围以外商品的销售。中世纪时期行会成员使用的标志更多是基于管理或监督的需要，这意味着责任，而不是财产。”① 而在商标结构的视角下，商标权作为对商标进行支配的权利，自然仅限于对商标结构体的支配，而不包括对结构中任何构成要素的支配。“商标法与版权法、专利法不同，由于商标法并不是为了鼓励创新，因此其并不是授予权利人对于文字或标志本身的垄断权。相反，经营者仅仅在防止引起消费者混淆误认的范围内对商标享有财产权。”②

《商标法》在 2013 年进行修改时，在 2002 年《商标法实施条例》第 3 条所规定的商标使用的基础上，增加了“用于识别商品来源”的内容。上述修改并不是简单的文字增加，恰是认识到商标与标志、商标性使用与使用标志有所不同的结果。2002 年《商标法实施条例》关于商标使用的规定，更多地侧重于在哪些商业活动中使用了特定的标志，仅涉及上述关于商标本质界定的信息论视角下的“可感知的外在形态”或者符号论视角下的能指、对象，并没有包括商标所负载的“信息”或者“所指”，因此无法称之为对商标的使用，仅是对标志的使用。修改后的商标法关于“识别商品来源”的规定，系对商标中的“信息”或者“所指”的补充规定，这就使得商标法关于商标使用的规定更符合商标的本质。

---

① Frank I. Schechter. The historical foundations of the law relating to trademarks. New York：Columbia University Press，1925.

② Margreth Barrett. Internet trademark suits and the demise of “trademark use”. UC Davis Law review，2006（2）：371.

第二节 商标性使用是商标权取得和维持的正当性基础

"商标必然是符号，但符号并不天然是商标。仅有选择和决策绝不可能产生商标，只可能产生符号。商标是将符号作为识别来源的标记用于商品或者服务之上的结果，简言之，是商业使用的结果，而不是选择和决策的结果。"① 从客观存在的符号或者标志转化为具有特定结构或者承载商品或服务来源信息的商标的过程，离不开将标志作为商标使用的行为。这也符合洛克财产权劳动理论以及经济学对商标权正当性的分析。

一、洛克财产权劳动理论视角下的商标性使用

根据洛克的所有权理论，"土地和一切低等动物为一切人所共有，但是每人对他自己的人身享有一种所有权，除他以外任何人都没有这种权利。他的身体所从事的劳动和他的双手所进行的工作，我们可以说，是正当地属于他的。所以只要他使任何东西脱离自然所提供的和那个东西所处的状态，他就已经掺进他的劳动，在这上面参加他自己所有的某些东西，因而使它成为他的财产。既然是由他来使这件东西脱离自然所安排给他的一般状态，那么在这上面就由他的劳动加上了一些东西，从而排斥了其他人的共同权利。因为，既然劳动是劳动者的无可争议的所有物，那么对于这一有所增益的东西，除他以外就没有人能够享有权利，至少在还留有足够的同样好的东西给其他人所共有的情况下，事情就是如此"②。具体而言，洛克财产权劳动理论的主要内容大致可以概括为以下几点：（1）上帝

① 汪泽. 论商标权的正当性. 科技与法律，2005（2）：69.

② 洛克. 政府论：下篇. 叶启芳，瞿菊农，译. 北京：商务印书馆，1964：19.

把土地上的一切给人类共有。（2）人通过劳动使处于共有状态的财产归其私有。这是洛克财产权劳动理论的核心内容。在洛克看来，劳动既是使财产脱离共有状态成为私有财产的原因，也是劳动者不需要其他共有人同意而对其劳动对象取得私有权的根据。（3）人通过劳动取得财产权须满足两个条件，一是“留有足够的同样好的东西”给其他人共有，二是不得造成浪费。① “上帝是以什么限度给我们财产的呢？以供我们享用为度……上帝创造的东西不是供人们糟蹋或败坏的。”②

鉴于知识产权与有体物的差别，洛克财产权劳动理论是否能够用于解释知识产权的正当性，理论上尚存在一定的争议。有观点认为，知识产品同样是劳动的成果——尽管这种劳动更多地依靠脑力，或者说是一种智慧活动。但劳动本身并不排斥脑力，相反它从来就依赖于智慧。有谁会认为我们从大自然之中获取财物是一种纯粹的“体力活”呢？人类进步与发展是人类智慧的结晶。如果仅仅是靠体力，人类并不比其他物种更优越，甚至还存在许多劣势，结论是显而易见的：如果洛克认为对土地和原材料的工作构成“劳动”，从而使劳动者对产品的所有权合法化的话，那么我们没有理由认为创造新思想的劳动就不是“劳动”③。但也有观点认为，虽然洛克财产权劳动理论能够从整体上为知识产权的私权性质提供一个合理性的解释，但在解释知识产权法律制度时，仅仅从自然权利出发，单纯通过劳动来解释仍然存在许多问题。④ 笔者认为，任何理论都无法为特定的制度提供绝对完美无缺的解释，洛克财产权劳动理论对于知识产权的论证无疑需要进行一定的调适和修正，但就商标权的正当性，特别是商标性使用而言，洛克财产权劳动理论表现出更强的适配性和解释力，可以为商标性使用理论提供有力的理论支撑。

① 魏森. 知识产权何以正当：几种主要的知识产权正当性理论评析. 自然辩证法研究，2008（5）：58.

② 洛克. 政府论：下篇. 叶启芳，瞿菊农，译. 北京：商务印书馆，1964：21.

③ 易继明. 评财产权劳动学说. 法学研究，2000（3）：99.

④ 李扬. 再评洛克财产权劳动理论：兼与易继明博士商榷. 现代法学，2004（1）：173.

（一）商标性使用使得原本处于共有状态的标志成为商标权人的专有财产

我们生活在一个充满各种标志的社会，这些标志成为人们日常交流和联系的重要媒介，这些标志处于人们都可以自由使用的共有状态。例如表明商品质量、成分等的描述性标志，表明特定地点的地名等，任何人都可以使用这些标志传达相关的信息。即使是一些原本并不存在的臆造性标志，如果不符合著作权等的保护条件，在未被权利人使用前也应处于共有状态。“字母表、英语词汇和阿拉伯数字，对于人类传递思想、情感和真理的作用，正如阳光、空气和水在人类享受自我中的作用。任何东西都不可或缺。他们是人类的共同财产，每个人都享有同样的份额和利益。正如泉水一样每一个人都可以饮用，任何人都不能对此获得专有权利。”① 只有权利人通过持续的商标性使用活动，包括在商品或服务上使用、进行各种广告宣传等，使得标志负载了原本并不存在的识别商品或服务来源的信息时，即积累了商标权人的商誉时，这些标志才取得了额外的“意义”，从而与原本处于共有状态的标志区别开来，即脱离了共有的状态。此时赋予使用人对特定标志的商标权便具有了正当性。“权利人先要进行商标使用，即在标志被权利人垄断前权利人需要进行大量的投入，而且社会公众也存在自由使用标志的利益需要。只有在使用人对该标志进行大量投入后，才能确保标志与商品建立独特的识别性，使用人才可以据此获得对标志的所有权。”② 商标权从来不是基于权利人首先采用了某个标志或设计了某个标志，而是因为其实际使用了某个标志。“普通法保护的商标通常是经过长期的使用，而不是灵光乍现似的发明。它通常是基于偶然而非设计的结果。当进行注册时，无论是原创性、创造发明、发现或者科学成果，还是艺术性，都不是商标法授予商标权所需要的。商标一般是对当事人所使用的识别性标志的确认。普通法上的专有权来源于使用，而不是仅

① Avery & Sons v. Meikle & Co., 81 Ky. 73, 90 (Ky. 1883); Amoskeag Mfg. Co. v. Spear & Ripley, 2 Sand. Ch. 599, 606 - 07 (N. Y. Sup. Ct. 1849).

② Uli Widmaier. Use, liability, and the structure of trademark law. Hofstra Law review, 2004 (2): 603.

仅采用某个标志。”① 而各种商标性使用活动即为洛克财产权劳动理论中的“劳动”。这也是描述性标志只有经过使用获得第二含义才被允许获得商标注册或取得商标权的原因。

有观点会质疑，即使商标性使用是获得商标权的“劳动”，为什么注册取得商标权的国家会规定获得商标权必须经过注册？“洛克的财产权劳动理论无法解释许多知识产权的原始取得必须经过申请、审查、登记和公告等程序的现象。因为既然劳动直接产生了财产权，那么只要经过自然的挖掘就可以了，这些程序显然是多余的。”② 笔者认为，这涉及对注册的性质和法律意义的理解，通常所说的“注册取得商标权”的提法并不严谨，其实注册仅仅使申请人获得了实际使用商标的资格，这至多属于形式上的商标权，只有经过注册后的实际使用，这种资格才转化为实际的利益，形式上的商标权才转化为真正的商标权。此外，与有体物不同，符号资源具有非物质性的特点，登记制度可以有效地防止不同主体针对同一符号资源投入重复劳动，有利于明晰劳动成果的权利归属。因此，注册制度与财产权劳动理论并不冲突，只有注册后的实际使用行为才能确保申请人获得真正的商标权。“商标并不是源于政府或政府部门的授权。它并不取决于权利人的发明或发现，也不是因为在证书上盖章。它只取决于在先采用和实际使用某个标志，以及带有商标的商品在市场上的持续流通。”③ 目前，世界上绝大多数国家在注册维持阶段均设定了商标使用要求，尽管制度名称有所差别，但在功能上异曲同工，如美国的商标放弃制度、澳大利亚的商标移除制度以及大多数国家的商标撤销制度。④

（二）商标性使用的要求可以确保“留有足够的同样好的东西”给其他人共有

使用人经过商标使用行为获得的商标权在权利范围上与著作权、专利

① Trade-Mark Cases，100 U. S. 82，94 (1879).

② 李扬. 再评洛克财产权劳动理论：兼与易继明博士商榷. 现代法学，2004 (1)：173.

③ Edward S. Rogers. Good will，trademarks and unfair trading. Chicago：A. W. Shaw Company，1914.

④ 王芳. TRIPS 协定下注册商标的使用要求. 北京：知识产权出版社，2016：141.

权存在较大的区别，如果说著作权、专利权是法律上的垄断权，那么商标权仅仅是竞争的工具。商标性使用对商标权权利范围的限定作用，使得商标权不可能成为对符号或标志的概括性财产权，而仅仅是在识别商品或服务来源意义上使用标志的权利。“对构成商标的文字、名称、符号或图案，商标权人并不享有概括性的权利或总体上的权利。商标权的权利范围相较于版权或专利要狭窄得多。”① 这就确保了授予商标权的同时，还“留有足够的同样好的东西”供其他竞争者、消费者自由使用。即使有人已经就某个标志获得了商标权，其他人仍然可以在非商标意义上使用该标志。各国商标法关于描述性使用的规定即是典型的例证。“虽然只要存在商标性使用，商标权就可以一直存续，因而与版权和专利权具有期限不同，商标权可以永久存在，但是商标权的权利范围仅限于作为商标使用行为，非商标性使用、附带性使用等都不属于商标权权利禁止的范围。”②

（三）商标性使用的要求可以确保商标权的授予“不会造成浪费”

关于知识产权的授予是否满足“不得浪费”的条件，有观点认为，尽管洛克出于崇高的道德目的设定了这个有限标准，意在保护稀缺的资源，使更多的人得到财产和粮食，但这对于已经广泛改变了人们生活而又变幻莫测的知识产权而言，是不适用的。“比如在著作权领域，某人创造了一部剧本因而享有了著作权，但该人根本不使用而将它锁在了抽屉里，这对他人来说的确是一种‘浪费’（因为此时他人完全可以将该剧本进行营利性活动），但著作权人并不会因此而丧失著作权。”③ 就著作权法而言，各国著作权法确实没有强制要求作品必须公开发表，进行商业使用，且不论这是否属于一种浪费，但就商标法而言，商标权必须持续使用，否则将面临权利丧失的危险。即要么使用商标，要么失去商标权。对商标实际使用的要求，很好地防止了申请人“注而不用、囤积商标”现象的发生，进而

① United Drug Company v. Theodore Rectanus Co.，248 U. S. 90 (1918).

② Champion Spark Plug Co. v. Sanders，331 U. S. 125 (1947)；Personates，Inc. v. Coty，264U. S. 359 (1924).

③ 李扬. 再评洛克财产权劳动理论：兼与易继明博士商榷. 现代法学，2004 (1)：174.

最大限度地防止商标权“浪费”问题。例如，我国《商标法》第49条规定，没有正当理由连续3年不使用的，任何单位或个人可以向商标局申请撤销该注册商标。其他国家有关商标不使用即视为放弃或者撤销的规定也很好地确保了把商标留给最希望使用商标的人，确保商标资源的优化配置。“商标使用要求体现了对商标权以正义为基础的限制，有效使用使初始商标所有人从商标权中获益；同时，也允许后来者在初始商标所有人因不使用而丧失商标权时进行商标权的再分配。”①

二、经济学视角下的商标性使用

兰德斯和波斯纳于1987年发表的《商标法：经济学视角》一文提出了关于商标的搜索成本理论。根据该理论，商标之所以有价值，是因为其可以降低消费者搜索心仪商品的成本，进而可以促进经济发展的整体福利。② 借助商标，消费者在打算购买商品前不再需要对商品的来源和质量进行调查，他们可以将商品上的商标作为便捷的指示。相比于调查的成本，消费者获取商标所承载信息的成本要低得多。美国最高法院在Qualitex Co. v. Jacobson Products Co. 案中指出，商标法通过防止其他竞争者复制具有识别性的标志，降低了消费者选择和做出购买决定的交易成本，因为凭借商品上的标志，消费者可以迅速且容易地确保带有同样商标的商品与之前其已经购买过的商品或喜欢的商品，来自相同的厂家。③ 鉴于消费者借助商标可以对商品有更多的了解，商标最终促进了商品的销售，有利于形成更具竞争性的市场。当然，商标降低搜索成本功能的发挥，离不开商标法对商标的保护，因为商标权的专有性和排他力可以确保商标传递的信息是值得信赖的。“通过保护既有的商标防止被仿冒，商标法确保生产商和消费者之间存在可信赖的媒介进行沟通。不管是销售者还是购买者都能基于对商标所传递信息的信赖而受益。销售者基于商标法对

① 王芳. TRIPS协定下注册商标的使用要求. 北京：知识产权出版社，2016：115.

② William M. Landes，Richard A. Posner. Trademark law：an economic perspective. The journal of law & economics，1987（2）：265－309.

③ Qualitex Co. v. Jacobson Products Co.，514 U.S. 159，163－64（1995）.

商标的保护可以持续对商标进行投资，进而提高商标的知名度。消费者在购买商品前不再需要进行大量的调查，他们可以根据商标判断特定的商品是否是他们想要购买的。”①

需要指出的是，降低消费者的搜索成本，鼓励商标权人对商品的商誉进行投资都仅仅是商标法的阶段性目标，而非最终目标。商标法最终是为了提高市场中信息的质量进而促进更具竞争性市场的形成。因此，商标法赋予商标的使用人专有权代表着对竞争规则的确认，而不是背离。而商标法促进信息生成、促进竞争目标的实现对于合理界定商标权的保护范围也具有重要的意义。过于严格的商标权的保护对于市场竞争存在潜在的遏制而非促进作用。特别是商标权人具有较强的市场支配力时，给予他们控制商标使用的绝对权利会阻碍其他竞争者的市场进入，因为其他竞争者很难采用相关标志合理描述所销售的商品。② 即使是在商品差异化较小的市场，强有力的商标权也是存在制度成本的，因为这有可能使得竞争者无法使用商标所包含的文字或者产品的基本特征参与市场竞争。③ 因此，商标法在降低消费者搜索成本的同时，还需要最大限度地降低商标权可能产生的负面效应，确保商标权的权利范围合理，而上述目标的实现与商标性使用制度存在密切的联系。

（一）商标所具有的降低搜索成本的功能离不开商标在商品上实际使用

搜索成本理论的有效适用取决于两个条件：一是消费者必须曾经接触过带有商标的商品。消费者之所以能够凭借商标认牌购物，缘于其先前的购物体验可以凝结到商品使用的商标之上。如果商标没有在市场上实际使用，带有商标的商品没有进入市场流通领域，消费者根本无法接触到相关商标，那么消费者很难将自身的购物体验和特定的商标联系起来，更谈不

① Stacey L. Dogan，Mark A. Lemley. A search-costs theory of limiting doctrines in trademark law. The trademark reporter，2007（6）：1223.

② Glynn S. Lunney Jr.. Trademark monopolies. Emory law journal，1999（2）：370.

③ Rochelle Cooper Dreyfuss. Expressive genericity：trademarks as language in the Pepsi generation. Notre Dame law review，1990（3）：398－399.

上依据商标选购心仪商品。在此种意义上，可以说商标更多是存在于消费者心里或头脑中的财产。因此，商标必须在市场中流通的商品上实际使用。“行为人要获得商标所有权就必须将特定的标识作为商标实际使用。在交易中实际使用往往是获得商标权的标志。行为人不可能仅仅因为创造了某个标识或者试图禁止他人使用某个标识而获得对商标的所有权；也不能通过象征性使用、虚假交易或者事先安排好的销售取得商标权。换言之，意图使用某个标识不可能获得商标权，只有在商品交易中使用才可以确保获得商标的所有权。”①

二是商标应当在商品上持续使用。如果带有商标的商品曾经在市场中销售过，消费者也有过相应的购物体验，但是权利人之后便不再继续使用相关商标，或者仅进行零星的使用，那么消费者据此认牌购物的目标就无法实现。因为市场中如果不再有相同商标的商品销售，那么无论消费者先前的购物体验多么美好，其也不可能再根据相同的商标去购买商品。在此种情况下，降低搜索成本也就成为空谈。这也可以解释为什么很多国家商标立法都有商标持续使用的要求，否则相关商标将面临被撤销的风险。商标专用权的消极行使确有其特殊的社会危害性。“注册商标所有人在取得注册后不使用该商标，将使该商标的来源区分功能无法发挥，消费者无从凭借商标选择合适的商品，他人却因为该注册商标权的存在而被排除使用相同或近似商标。而设立注册商标权的要义在于维护商标的识别功能，并在此基础上实现对消费者利益的保护和公平竞争秩序的维护。但上述商标专用权的消极行使已损害了他人利益，违背了商标法的立法本意，超出了法律设定该权利的正当目的范畴，构成商标权的滥用，应当予以禁止。”②

（二）商标性使用的要求可以防止商标权成为抑制竞争的工具

“商标的形式是符号，但只有作为市场信誉指代的符号才是商标。商标法的宗旨是保护市场信誉，而非保护虚空的符号。我国出现了严重的符

① Uli Widmaier. Use, liability, and the structure of trademark law. Hofstra law review, 2004 (2): 603.

② 张惠彬. 商标财产化研究. 北京：知识产权出版社，2017：159.

号圈地现象。”[①] 商标性使用确保商标权控制的被诉侵权行为限于对商标的使用行为，而非对符号的使用，进而防止商标权在降低消费者搜索成本的同时，限制了其他竞争者、消费者正常使用符号资源的空间。“商标权并不是概括性的财产权，而是有限的权利，即仅限于禁止那些降低商标信息价值的使用行为。”[②] 而可能降低商标信息价值的使用行为主要表现为擅自将他人商标进行商标性使用的行为。如果竞争者使用他人商标是为了描述商品的质量、成分，此时消费者并不会从中获知商品来源的信息，那么也就不会发生混淆误认，消费者搜索商品的成本并不会因此受到影响，商标法也就没有进行调整和干预的必要。“如果某个文字或者产品的特征并不会向消费者传递有关产品来源或赞助关系的信息，法律对该文字或者产品特征进行保护并不会降低消费者的搜索成本，因此不具有保护的必要性。”[③]

竞争对手有权使用他人的商标来吸引公众的注意，并可以通过提供比较他人与自己产品的有用信息将公众的注意转移到自己的产品上。只要不误导人们认为自己与商标权人之间存在某种从属关系，竞争对手就可以用他人的商标来说明自己的产品是仿冒的或具有与商标权人商品同样的质量。在 Saxlehner v. Wagner 案中，美国最高法院允许纯净水的生产商使用竞争对手的商标，用来表明其旨在提供与竞争对手相同的商品。只要被告的使用没有导致消费者对于产品真正来源的混淆误认，他就可以自由地使用竞争对手的商标告知消费者他正试图生产同样的产品。法院区分了不当获取他人商誉和合法比较广告之间的区别，认为被告并不是为了不当获取商标的商誉（good will of the name），而仅仅是为了提供受欢迎的商品（good will of the goods）。[④] 因此，非商标性使用行为并不会增加消费者的搜索成本，不会导致消费者的混淆误认，也不会削弱商标识别商品或服务

① 所谓符号圈地，即以商标权之名，行符号垄断之实。其主要表现为两类：（1）注册中的符号圈地；（2）权利行使中的符号圈地。李琛. 商标权救济与符号圈地. 河南社会科学，2006（1）：65－66.

② Beanstalk Group，Inc. v. AM Gen. Corp.，283 F. 3d 856，861（7th Cir. 2002）.

③ Zatarain's，Inc. v. Oak Grove Smokehouse，Inc.，698 F. 2d 786，790（5th Cir. 1983）.

④ Saxlehner v. Wagner，216 U. S. 375（1910）.

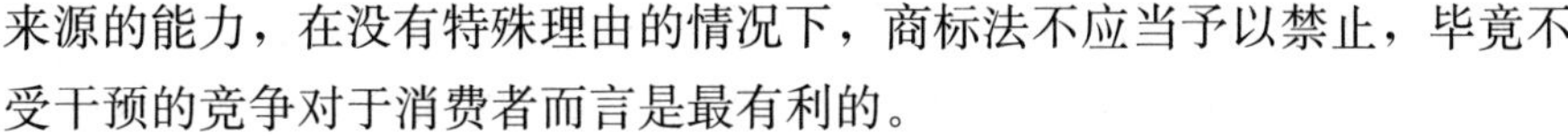

来源的能力，在没有特殊理由的情况下，商标法不应当予以禁止，毕竟不受干预的竞争对于消费者而言是最有利的。

第三节　商标性使用是划定商标权保护范围的合理边界

权利本身即是公益和私益的统一体，其内涵当然地包括两者的界限。公益和私益的扩大和缩小不能说明权利的限制与否，而只能被理解为权利人行为自由范围在法律上又被重新进行了界定。所以可以得出结论：财产权本身是相对的，绝对个人主义的财产权是不存在的。同样地，公共利益和私人利益一直交织在作为财产权的商标权中，在某种程度上、某个阶段对公共利益的保护要高于对私人利益的保护。但随着经济和技术的发展，商标权也处在动态变化之中，即公益与私益的界限不是一成不变的，正所谓权利从来都是相对的，随着时代的发展，国家之手在调控着权利人享有的自由度的外部界限。① 商标性使用的要求可以确保商标权保护与其相对的公共领域、商标法与反不正当竞争法之间的边界处于相对稳定的状态，实现法律调整体系以及各方利益的精妙平衡。

一、捍卫商标法中的公共领域

公共领域是知识产权保护中的重要概念，特别是在知识产权不断扩张的背景下，知识产权公共领域成为防止知识产权过度异化的重要制度机制。“在知识产权制度的改革中，知识产权授权的门槛不断降低，所有这些都导致公共领域面临潜在和现实的威胁。因此，探讨知识产权制度中的公共领域问题、它与知识产权私权领域的关系以及不同领域知识产权中公

① 崔立红. 商标权及其私益之扩张. 济南：山东人民出版社，2003：35.

共领域的性质和表现，对于认识急速发展的知识产权制度具有重要意义。”① 事实上，基于上文所论述的洛克财产权劳动理论，知识产权的正当性在某种程度上恰恰是建立在对公共领域认可和承认的基础上，只有“留有足够的同样好的东西”给其他人共有，才可以将特定的创造物从公共领域转为权利人专有。“公共领域在版权法上的生成既是历史的，更是逻辑的，没有公共领域的被承认，也就没有版权的正当性可言，因此公共领域和版权实际上是一同诞生的。”② 目前，关于公共领域的探讨或者从宏观上讨论知识产权的公共领域问题，或者专门分析版权保护中的公共领域问题，少有对商标法公共领域的分析。③ 笔者认为，其中的原因很有可能是认为商标权保护和版权、专利权保护的制度逻辑存在重大差异。版权法和专利法旨在为知识产权的创造提供激励和回报，以鼓励更多创造成果的公开和传播。因此，在足以确保激励和回报的保护期限届满后，专有权便终止了。在此种意义上，不断丰富的公共领域是版权和专利权保护的必然结果，而且这并非版权和专利保护的副产品，而是根本目的。

商标权保护则与版权、专利权保护不同。只要持续使用商标，商标权保护就可以永久存在，并不存在保护期限问题。而且“与专利和版权不同，商标法和公开权并非为了鼓励创造新的品牌名称、个人名字或类似的东西。鼓励它们的公开或传播没有积极的社会利益，而且无论如何，为创建一个新名字而投入的固定成本是如此之小，以至于很难想象创建一个新名字需要知识产权法提供激励。”④ 此外，即使商标因为连续不使用而被撤销进入公共领域，其他竞争者也可以再次将其申请注册为商标。因此，已经被撤销或放弃的商标并不能确保一定进入公共领域，继而成为任何人都可以自由使用的标志。这与通常所说的知识产权公共领域具有不可撤销性的特征也不同。“发明人可以抛弃其发明，而将它交给或奉献给公众。

① 冯晓青. 知识产权法的公共领域理论. 知识产权，2007（3）：3.

② 黄汇. 版权法上的公共领域研究. 现代法学，2008（3）：46.

③ 笔者于2018年9月5日在中国知网以“公共领域”作为关键词检索，仅搜到1篇涉及商标公共领域的文章，即王太平撰写的《美国Dastar案：区分商标与著作权法，捍卫公共领域》；以“public domain”为关键词在HeinOnline进行检索，也仅搜到2篇涉及商标的文章。

④ Mark A. Lemley. Ex ante versus ex post justifications for intellectual property. The University of Chicago law review，2004（1）：143.

这种没有形成的权利一旦失去，以后就不能随便恢复；因为一旦礼物以这种方式给予了公众，它们就成为绝对的。”① 在此种意义上，商标法对商标权的保护似乎并不能或者也没有意图助力于公共领域的繁荣。

但是，笔者认为，尽管商标法和版权法、专利法的制度逻辑存在区别，但是公共领域概念对于商标法的制度设计同等重要，甚至可以说商标法是以不同的机制和方式实现与版权法、专利法共同的目标，即致力于实现和促进富足繁荣的公共领域。特别是在商标权不断扩张的当下，对商标法中公共领域的承认和保护对于有效维护商标权保护制度的利益平衡，实现商标权保护与竞争自由、表达多样性、文化彰显等的协调，都具有重要的理论和现实意义。“商标法公共领域是人类品牌创新的重要资源性来源，也是商誉价值形成的资源性前提。它既关涉商标权源的正当性，也攸关消费者的公共福利、商标公共秩序和市场的竞争创新与开放创新等公共利益价值。公共领域保留在商标法上殊为重要，离开了前者商标法将走向价值性封闭和制度性瓦解，使其难以形成一个自创生系统和资源循环的闭合体系。”②

综观商标法的制度体系，商标法在存量和增量两个层面构建了完善的保护公共领域的制度体系。

一方面，商标法力求防止商标权的授予不当地侵入公共领域，确保基本的符号资源保留在公共领域中。

首先，特定的符号资源被绝对地排除出可以商标注册的范围，确保社会公众可以自由使用这些符号。各国商标立法都规定，一些与政治、文化、宗教等密切相关的符号资源，以及对于实现产品功能必不可少的特征，无论是否具有显著性，是否经过使用，都不允许商标注册。《保护工业产权巴黎公约》第 6 条之三亦规定，本联盟各国同意，对未经主管机关许可，而将本联盟国家的国徽、国旗和其他的国家徽记、各该国用以表明监督和保证的官方符号和检验印章以及从徽章学的观点看来的任何仿制用作商标或商标的组成部分，本联盟国家可以拒绝注册或使其注册无效，并

① 王太平，杨峰. 知识产权法中的公共领域. 法学研究，2008（1）：20.

② 黄汇，徐真. 商标法公共领域的体系化解读及其功能实现. 法学评论，2022（5）：117.

采取适当措施禁止使用。我国《商标法》第 12 条规定："以三维标志申请注册商标的，仅由商品自身的性质产生的形状、为获得技术效果而需有的商品形状或者使商品具有实质性价值的形状，不得注册。"上述规定实际上都是为了确保市场所必需的符号资源应为社会公众所共有。"人人皆可自由使用的符号资源库为经营者提供了平等的沟通渠道，他们可以据此向消费者传达产品相关的信息，进而参与市场竞争。自由使用描述性的标志和通用的符号，可以使经营者方便地向公众传递产品或服务的信息；功能性的产品元素特征则通过丰富市场中可供选择的产品种类而促进竞争。"①

其次，并不是任何标志均符合商标注册的条件，只有具有显著性的标志才被允许注册为商标。那些不符合商标注册条件的标志，例如不具有显著性的描述性标志、通用标志，仍然属于公共领域的一部分，不受商标权保护范围的影响。只有当这些标志经过长期使用获得了与原有含义不同的意义时，即具备了识别商品或服务来源的功能时，商标法才允许使用人将这些标志从公共领域转为使用人专有控制的范围。因此，显著性的要求实际上也划定了商标权的保护范围与公共领域之间的界限。

最后，商标权的保护范围存在固有的限制，权利人无权禁止所有的使用标志的行为，而只能禁止作为商标使用的行为。商标性使用制度对商标权保护范围的内在限制可以将对特定形式的具有重要社会、文化以及经济价值的标志的使用行为排除出商标权的保护范围，从而捍卫商标法的公共领域。与版权法、专利法不同，商标法赋予使用人的权利并不是一般意义上的"复制权"或者"传播权"，也不是一般意义上的"制造"和"使用"的权利。即使特定标志之上授予了商标权，基于个人生活需要、宗教、文化、教育或者政治目的的非商业性使用该标志的行为仍然不属于商标权的控制范围。美国有判决便认为："当商标超越其原本识别商品来源的功能，进入社会公共空间，成为我们语言不可分割的组成部分时，这些商标已经在扮演商标法之外的角色。当商标具有这些文化意义时，第一修正案便开始发挥作用。在此种情况下，只要社会公众是在识别来源功能之外的意义

① Martin Senftleben. Public domain preservation in EU Trademark Law: a model for other regions. The trademark reporter, 2013 (4): 775.

上使用商标，商标权人便无权控制社会公共话语。”① 在新闻报道、评论、滑稽模仿等活动中，仅仅指示性或者附带性地提及他人的商标，只要没有造成来源的混淆误认，也不可能构成商标侵权。“评论家应当有权使用商标作为批评经营者商业政策的基础，艺术家应当有权在创作的作品中使用他人的商标，消费者也应有权使用特定的商标彰显特定的生活方式或态度。”②

另一方面，通过对商标性使用的要求，商标法不断创造出具有特定意义和价值的标志，丰富了公共领域可资利用的符号资源，提高了公众沟通、表达的便捷性和多样性。如果说保护智力创造性成果的逻辑在于“以公开换垄断”，那么对于商标而言，则是“以使用换垄断”。“几百年前近代国家创制的知识产权制度，不过是为我们提供了一个保护知识活动、追求智慧生活的‘衡平的机制’。具体的权利客体的获得条件需要立法者、司法者、授权行政机关，根据人类知识活动的特点，经过特别的对价来确定应不应该保护和用什么样的对价条件来保护，以实现知识活动过程中不同责任分配，促进知识活动的发展。”③ 就商标权而言，其具体的“对价条件”即为商标使用，通过将商标实际使用于商品或服务之上，特定的标志在原有含义外产生了新的意义和价值，其不仅包括识别商品来源的信息，可能还包括言论表达、身份彰显以及价值理念等方面的意义。“一些商标甚至进入我们的公共话语，成为我们语言的不可分割的一部分。商标常常会填补我们词汇的空白，给我们的表达增添一种现代气息。”④ 事实上，对于具有较高知名度的商标而言，其不仅表明商品或服务的来源，而且成为消费者身份的象征，或者也代表了消费者的生活态度，进而成为一种公共语言。“商标本身已经成为一种有价值的工具，代表使用商标的人的地位、喜好和愿望。一些商标已经成为语言的一部分；另一些则成为充

① Mattel, Inc., v. Walking Mountain Prods., 353 F. 3d 792 (9th Cir. 2003).

② P. Gulasekaram. Policing the border between trademarks and free speech: protecting unauthorized trademark use in expressive works. Washington law review, 2005, 80: 887.

③ 徐瑄. 知识产权的正当性：论知识产权法中的对价与衡平. 中国社会科学，2003 (4)：154.

④ Mattel, Inc. v. MCA Records, Inc., 296 F. 3d 894, 900 (9th Cir. 2002).

满活力、引人入胜的代名词。从某种意义上说，商标是新兴的通用语言，只要对这些术语有足够的掌握，就可以让人了解世界，并在此过程中享受生活的舒适。”① 因此，在此种意义上，尽管商标权可能会无限期地延续下去，但商标法基于商标性使用的要求，仍然可以在公共领域中通过在未开发的标识上添加复杂的含义来扩大公共领域的范围。②

二、划定商标法与反不正当竞争法的边界

从商标法的历史发展看，商标权保护源于反不正当竞争法中的仿冒之诉，商标法和反不正当竞争法均致力于维护自由公平的竞争秩序。但每一部法律都有其特定的调整对象和调整范围，在知识产权法律体系下，如何确定商标法与反不正当竞争法之间的法律边界？商标法与反不正当竞争法之间究竟是何种关系？这些问题在实践中仍存在一定的争议。

有观点认为，在法律适用上，知识产权法的规定优先于反不正当竞争法的规定，它们之间是特别法和一般法的关系。③ 这也是司法实践中大多数案件中坚持的观点。在再审申请人广州星河湾实业发展有限公司等与被申请人天津市宏兴房地产开发有限公司侵害商标权及不正当竞争纠纷案中，最高人民法院再审认为，由于本判决已经认定诉争楼盘名称的使用侵害商标权，对“星河湾”商标的合法权益已经予以保护，根据商标法和反不正当竞争法特别法和一般法的关系，凡是知识产权特别法已经保护的领域，一般情况下，反不正当竞争法不再给予其重合保护。鉴于此，法院对

① Rochelle Cooper Dreyfuss. Expressive generosity：trademarks as language in the Pepsi generation. Notre Dame law review，1990（3）：398.

② 有观点甚至认为物权的获得也有助于公共领域的扩大。假设政府将特定范围的土地交由个人进行开发，并在土地上建设了宏伟的建筑。该建筑当然属于物权人私人财产，任何人不得擅自进入、使用或销售。但建筑独特的外观为社区其他成员带来的欣赏价值，它创造的灵感，它对未来建筑计划的贡献可以被看作是公共领域的扩展。在此种意义上，商标使用产生的新的意义和价值，当然也有助于扩大商标法的公共领域。Eli Salzberger. Economic analysis of the public domain//Bernt Hugenholtz. The future of the public domain：identifying the commons in information law. Netherlands：Kluwer Law International，2006：27－58.

③ 韦之. 论不正当竞争法与知识产权法的关系. 北京大学学报（哲学社会科学版），1999（6）：29.

再审申请人请求保护其知名商品特有名称权利的诉讼请求不予支持。[①] 郑成思先生则认为，反不正当竞争法与知识产权法是交叉关系，“反不正当竞争，作为立法的范围，会从不同角度与一些其他法律发生交叉，以共同调整市场经济中人与人的关系，诚然，反不正当竞争法与这些不同法律各有自己的管辖区域，但在各有侧重点的同时，也有交叉点，那种认为法律不可能或不应当交叉，非此即彼的观点，是不符合实际的”。“但交叉并不意味着可以互相替代。商标法重在保护注册商标权人的权利，消费者权益保护法重在保护消费者的权利。它们与反不正当竞争法的侧重点是完全不同的。”[②] 于是，有观点提出，商标法与反不正当竞争法在商标权益保护上，呈并列或同位关系。两法之间并无主从关系或一般与特殊关系之别，它们分别有独立的保护对象、规制方式、效力范围和保护重点，各自平行地为商标权益提供不同层面的保护。[③] 在再审申请人苏某荣与被申请人荣华饼家有限公司等侵犯商标权及不正当竞争纠纷案中，一审法院认为，由于香港荣华公司主张的知名商品特有名称与其所主张的“荣华”未注册驰名商标名称相同，在已经认定“荣华”未注册商标为驰名商标，并判定构成商标侵权的情况下，没有必要再适用反不正当竞争法提供重复的司法救济。二审法院则认为，综合考虑本案的实际情况，无须认定“荣华”文字为未注册驰名商标，而应认定“荣华月饼”为知名商品特有名称。最高人民法院再审认为，今明公司在被控侵权商品上使用“荣华月饼”文字的行为具有正当性，并未侵犯知名商品特有名称权。[④] 该案中二审法院的裁判逻辑即认为商标法和反不正当竞争法并非特别法和一般法的关系，而是可以选择的并行关系。最高人民法院并不认为二审法院的观点不当，只是认定今明公司使用“荣华月饼”有正当理由，故该行为不构成擅自使用知名商品特有名称的不正当竞争行为。

---

① 参见最高人民法院（2013）民提字第 3 号民事判决书。

② 郑成思. 反不正当竞争与知识产权. 法学，1997（6）：54.

③ 郑友德，万志前. 论商标法和反不正当竞争法对商标权益的平行保护. 法商研究，2009（6）：95；钱玉文. 论商标法与反不正当竞争法的适用选择. 知识产权，2015（9）：32－36；刘丽娟. 论知识产权法与反不正当竞争法的适用关系. 知识产权，2012（1）：27－35.

④ 参见最高人民法院（2012）民提字第 38 号民事判决书。

笔者认为，不应从整体上笼统地谈论商标法与反不正当竞争法之间的关系，而应该针对具体的法律规定和行为判断商标法与反不正当竞争法相应规定之间存在何种适用关系。

首先，从整体上看，商标法与反不正当竞争法不是特别法与一般法的关系。一般而言，特别法是指对法律适用的主体、事项、地域以及时间等作出了特殊规定的法律。例如，相对于民法，合同法是特别法。因此，属于特别法规定的行为一定可以由一般法调整。例如签订有效合同的行为一定属于民事法律行为。但就商标法与反不正当竞争法的关系而言，构成商标侵权的行为并不必然构成不正当竞争。因为二者的构成要件存在明显区别，侵害商标权的行为并不需要主观上存在过错，但不正当竞争行为的成立应当以行为人主观上存在故意为前提。

其次，反不正当竞争法在整体上并非对商标法的补充，只能说《反不正当竞争法》第 2 条的规定系对商标法的补充。法律之间的补充关系不同于一般法与特别法的关系。根据《立法法》第 103 条的规定，同一机关制定的特别规定与一般规定不一致的，适用特别规定。补充关系主要是辅助规定与基本规定的关系，即在基本规定不能适用时，对辅助规定加以补充性地适用。因此，反不正当竞争法整体上并不是商标法的补充，只有《反不正当竞争法》第 2 条的原则性规定才可以构成对商标法的补充。例如，《商标法》第 58 条规定："将他人注册商标、未注册的驰名商标作为企业名称中的字号使用，误导公众，构成不正当竞争行为的，依照《中华人民共和国反不正当竞争法》处理。"实践中，一般均适用《反不正当竞争法》第 2 条调整在企业名称中擅自使用他人商标的行为。

最后，反不正当竞争法关于商品名称等商业标识的规定与商标法之间的关系属于并行关系，权利人可以选择适用。反不正当竞争法对于商品名称等商业标识的保护与商标法对于注册商标的保护在构成要件方面存在明显不同，构成侵害商标权的行为并不一定属于擅自使用商品名称的不正当竞争行为。因为对于商品名称的反不正当竞争法保护不仅要求使用人主观上具有恶意，还要求行为具有一定的影响，但对于商标权的保护并没有相应的要求。"反不正当竞争法保护商业标志以商业标志通过使用实际获得一定知名度为前提。理由在于，由于不存在注册商标同样的全国地域范围内的排他权，只有通过使用获得一定知名度的商业标志，竞争者未经同意的搭便车使用行为，才可能导致相关公众混淆，才存在耗费立法和司法成本进行保护的法益和必要性。”①

因此，在商业标识的保护上，商标法和反不正当竞争法属于法条竞合，权利人可以选择适用。在不构成侵害商标权的情况下，权利人可以主张构成擅自使用商品名称的不正当竞争行为。在原告动视出版公司与被告华夏电影发行有限责任公司（简称“华夏公司”）等侵害商标权及不正当竞争纠纷案中，法院认为，原告注册了“使命召唤”商标，并不代表原告在电影名称上也获得了“使命召唤”的专有权，原告的注册商标权利范围不能延及电影名称，故华夏公司使用“使命召唤”作为电影名称并未侵害动视出版公司享有的注册商标专用权。但是，“使命召唤”游戏名称可以被认定为知名商品的名称而受到保护。被告华夏公司为吸引观众以获得高票房收入，未经原告动视出版公司许可，故意攀附原告游戏名称的知名度，擅自将“使命召唤”作为电影名称使用，并通过发布预告片、海报、微博等形式进行大量宣传，使相关公众产生混淆，构成擅自使用知名商品特有名称的不正当竞争。②

那么，对于他人擅自使用已经注册为商标的标志的行为，如何确定权利人寻求救济的请求权基础？是提起侵害商标权诉讼，还是适用反不正当竞争法一般条款？判断的标准即在于被控行为是否属于商标性使用行为。如果被控标志使用行为属于商标性使用行为，权利人应当优先选择适用商标法的规定；否则，权利人才可以寻求反不正当竞争法一般条款的救济。如此，方可以解释为什么我国商标法及相关司法解释对于同样是使用与商标相同或近似的标志的行为，有的认定为侵害商标权行为，有的则认定为构成不正当竞争。

首先，是否属于商标性使用是判断在企业名称中使用他人商标应构成商标侵权还是不正当竞争的标准。《最高人民法院关于审理商标民事纠纷案件适用法律若干问题的解释》第 1 条第 1 项规定，将与他人注册商标相

① 李扬. 商标法基本原理. 北京：法律出版社，2018：18.

② 参见上海市浦东新区人民法院（2016）沪 0115 民初 29964 号民事判决书。

同或者相近似的文字作为企业的字号在相同或者类似商品上突出使用，容易使相关公众产生误认的，属于给他人注册商标专用权造成其他损害的行为。《商标法》第58条规定，将他人注册商标、未注册的驰名商标作为企业名称中的字号使用，误导公众，构成不正当竞争行为的，依照《中华人民共和国反不正当竞争法》处理。为什么突出使用与他人商标标志相同或近似的字号，可能构成商标侵权，而全称使用含有他人商标标志的企业名称，只能按照反不正当竞争法处理？原因即在于前者构成了商标性使用，进入了商标权的权利范围，而后者仅仅是对符号标志的使用，没有进入商标权的权利范围，如果使用人主观上存在恶意，且有违公认的商业道德，就可能构成不正当竞争。欧洲法院在关于公司名称与商标冲突的判决中，不断试图重新界定商标权范围。其主要考量基于两点：避免商标权过度超越其最初表彰商品或服务来源之功能，并且确保商标法与竞争法的界限。在 Robelco NV v. Robeco Groep NV 案中，欧洲法院第一次针对非商标使用进行阐述。法院强调，若一个表征，例如公司名称或商业名称等，使用于辨识商品服务之外的目的而造成攀附商誉或损坏注册商标之辨别性及信誉，就应留待各会员国决定适用之法规范，而非径自在商标指令中解决。如果一个表征不是使用于指定商品或服务，就看不出与商标法之目的有何相关。①

其次，是否属于商标性使用也是判断在域名中使用他人商标构成商标侵权还是不正当竞争的标准。《最高人民法院关于审理涉及计算机网络域名民事纠纷案件适用法律若干问题的解释》第4条规定："人民法院审理域名纠纷案件，对符合以下各项条件的，应当认定被告注册、使用域名等行为构成侵权或者不正当竞争：（一）原告请求保护的民事权益合法有效；（二）被告域名或其主要部分构成对原告驰名商标的复制、模仿、翻译或者音译；或者与原告的注册商标、域名等相同或者相似，足以造成相关公众的误认；（三）被告对该域名或者其主要部分不享有权益，也无注册、使用该域名的正当理由；（四）被告对该域名的注册、使用具有恶意。"根据《最高人民法院关于审理商标民事纠纷案件适用法律若干问题的解释》

① CJUE, 21 Nov. 2002, Robelco NV, Judgement of 21.11.2002 - C - 23/01.

第1条第3项的规定，将与他人注册商标相同或者相近似的文字注册为域名，并且通过该域名进行相关商品交易的电子商务，容易使相关公众产生误认的，属于给他人注册商标专用权造成其他损害的行为。从中可以看出，如果被告在域名中使用了他人的注册商标，并且从事了相关商品交易的电子商务，在此种情况下被告的行为可以被视为在“商标意义上的使用”，即将他人商标使用在域名中，并用于相关商品或服务的销售，进而构成侵犯商标专用权；如果被告在域名中使用了他人的注册商标，但是在该域名之下并没有进行相关商品交易，此时由于缺乏将商标使用在商品或服务上的情形，被告的使用行为不能被认定为在商标意义上的使用。如果被告的行为满足《最高人民法院关于审理涉及计算机网络域名民事纠纷案件适用法律若干问题的解释》规定的四项条件，则应被认定为构成不正当竞争。因此，在涉及域名侵犯商标权的纠纷中，上述两个司法解释有关域名的规定是有适用顺序的，即：应先判断域名中商标的使用是否满足侵犯商标专用权的条件，如果不满足，则判断是否构成不正当竞争。美国的法院认为：“域名抢注者仅仅注册域名但不使用于实际网站时，无论是对商标使用还是消费者混淆的认定都存在问题。于是，法院经常依据联邦反淡化法作为打击域名抢注者的手段。主要原因在于联邦反淡化法不要求混淆可能性。但这存在极大的限制，即联邦反淡化法主要适用于知名商标，并不适用于普通商标。而且，正如《兰哈姆法》规定的保护一样，反淡化法也要求被告构成商标使用。”①

最后，在网络环境下的商标使用行为，特别是仅将商标用作关键词进行竞价排名的行为，是否属于商标性使用也成为该类案件是适用商标法还是适用反不正当竞争法的主要判断标准。司法实践中对此存在三种观点：第一种观点认为，将特定的商标标识作为竞价排名的关键词，是将商标作为一种交流工具使用，而不是作为指示商品或服务来源的标志使用。由于竞价排名关键词的使用，属于典型的言论自由的使用范畴，而不是商标法

① Panavision Int'l, L. P. v. Toeppen, 141 F. 3d 1316 (9th Cir. 1998). 鉴于如果域名抢注者仅仅是持有域名而不用于具体的网站，并不符合商标使用的要求，为了保护商标权人的有价值的商标不被抢注，美国国会在1999年通过了反域名抢注消费者保护法。该法规定商标权人可以要求恶意将与商标相同或近似的标志注册为域名的人返还域名。

意义上的商标使用行为，因此该行为彻底推翻了商标侵权的前提基础。[①]第二种观点认为，将他人商标用作关键词，消费者无法直接感知，这种使用行为是隐性的，不属于商标法意义上的使用，不构成商标侵权。但竞价者之所以选择将他人商标用作关键词，主要是为了借助他人商标的知名度来宣传自己的商品或服务，因此是一种不正当的搭便车行为，可能构成不正当竞争。在天津中国青年旅行社诉天津国青国际旅行社擅自使用他人企业名称纠纷案中，法院即认为，经营者擅自将他人的企业名称或简称作为互联网竞价排名关键词，使公众产生混淆误认，利用他人的知名度和商誉，达到宣传推广自己的目的的，属于不正当竞争行为，应当予以禁止。[②] 第三种观点则认为，判断是否构成商标侵权的关键并不在于竞价者将他人商标用作关键词本身，而是要看消费者对于搜索结果是否可能产生混淆误认。如果竞价者在搜索结果中明确表明了自己的企业名称或商标，消费者不会对竞价者提供的商品和商标权人提供的商品产生混淆，则不存在商标侵权的问题。在威力狮公司诉淘宝公司案中，法院最后认定，虽然淘宝公司购买了他人商标作为关键词进行广告宣传推广，但是这并不会造成消费者的混淆误认，故不构成商标侵权。[③] 笔者认为，第三种观点不考虑将他人商标用作关键词是否构成商标性使用，直接以是否存在混淆误认判断商标侵权行为成立与否，没有准确地认识和把握商标法和反不正当竞争法的界限，不利于二者的体系协调。前两种观点虽然对于将他人商标用作关键词是否构成不正当竞争存在争议，但均认为要构成商标侵权首先应当满足商标性使用的要求，否则被控行为不应受商标法调整。

综上，用商标性使用来划分商标法和反不正当竞争法的调整范围，是由商标法与反不正当竞争法调整对象的不同所决定的，有利于实现商标法与反不正当竞争法调整的体系和谐。需要说明的是，特定的标志使用行为不属于商标性使用，虽然不构成商标侵权，但并不意味着行为人不承担任何的民事责任，也不意味对消费者混淆误认的放任。因为反不正当竞争法

---

① 邓宏光，易健雄. 竞价排名的关键词何以侵害商标权：兼评我国竞价排名商标侵权案. 电子知识产权，2008（8）：57.

② 参见天津市高级人民法院（2012）津高民三终字第 3 号民事判决书。

③ 参见北京市第一中级人民法院（2012）一中民终字第 07255 号民事判决书。

还可以对一些非商标性使用行为进行规制和调整。在原告路易威登马利蒂公司与被告上海鑫贵房地产开发有限公司等侵害商标权及不正当竞争纠纷案中，对于被告在房地产广告中擅自使用模特手提“LV”包的图画，且在广告画面中突出标有“LV”注册商标的手提包的行为，法院认为，广告中虽然出现了“LV”图案，但该图案系“LV”手提包图案的一部分，而该手提包系整体作为模特手中的道具出现在广告中。因此，该图案并非广告商品的商标，对广告商品没有商标性标识作用，故被告的行为不构成商标侵权。但被告明知“LV”手提包有较高的知名度，仍在宣传被告楼盘的巨幅广告中，以近三分之一的比例突出模特手中的“LV”手提包，通过“LV”手提包的知名度来提升其广告楼盘的品位，系故意利用原告资源，不正当地获取利益，构成不正当竞争。[①] 对于上文提及的将他人商标用作关键词的行为，实践中多数观点也认为其虽然不构成商标侵权，但仍然可能构成不正当竞争。

① 参见上海市第二中级人民法院（2004）沪二中民五（知）初字第 242 号民事判决书。当然对于本案中的行为是否构成不正当竞争仍然值得进一步探讨。

第二章
商标性使用的内涵界定

商标性使用贯穿于商标注册、商标权维持、商标权保护以及法律责任承担等各个阶段。对于不同语境下的商标性使用的内涵和外延，是应作完全相同的理解，还是应有所区别，对于是否保护商标权以及保护的范围都有直接的影响。有观点认为："在 TRIPs 协议中至少有第 15 条第 3 款、第 16 条、第 19 条涉及商标使用，而这 3 个条款所规定的分别是：商标注册制度、授予商标权的内容、商标注册的维持制度。在这些不同的具体制度和内容中所提到的商标使用当然是内涵和外延上有所区别。"① 也有观点认为："有鉴于商标法系以商标的来源辨识为核心，有关商标之使用定义，应一体适用于维权使用及侵权使用，重在判断该表彰商品或服务之标识的使用是否足使消费者认识其为商标，而得与他人之商品或服务相区别。"② 还有观点认为："因法条之定义无法兼顾各种使用情形，无从一体适用，而仅适用于商标权益之建立、取得、维持，或基于该权益所生之抗辩。至侵权时之使用（尤其'为行销之目的'）则不适用之，仅须侵权行为人使用商标有混淆误认之虞即可，是否符合商标使用之规定，即非所问。"③ 笔者认为，不同语境下的商标性使用在制度功能和价值方面确实存在一定区别，但这仅影响对商标性使用外延的界定，例如商标权维持中的使用外延应当比侵权判断中的使用外延窄，而不同阶段商标性使用的内涵应当保持一致，只有这样才能确保商标性使用制度适用的相对确定性和可预期性。否则，同一部法律中的相同概念会出现不同的理解，这不利于商标法的统一适用，继而影响商标法立法宗旨的实现。

---

① 赵建蕊. 商标使用在 TRIPs 中的体现及在网络环境下的新发展. 北京：中国政法大学出版社，2014：116.

② 黄铭杰. 商标使用规范之现在与未来. 台北：元照出版公司，2015：220.

③ 黄铭杰. 商标使用规范之现在与未来. 台北：元照出版公司，2015：232.

第一节　不同国家和地区关于商标性使用的规定

一、美国关于商标性使用的规定

在美国《兰哈姆法》制定之前，大约在19世纪晚期20世纪初，在普通法中，美国将商标区分为技术性商标（technical trademarks）和商业名称（trade name）。前者通过商标法进行保护，后者则依据反不正当竞争法进行保护。具体而言，二者主要存在是否将商标实际贴附于商品上的区别。就技术性商标而言，要获得有效的技术性商标权，原告必须将商标贴附在其销售的商品上，要获得侵权诉讼的胜诉必须证明被告在商品上实际贴附了与原告商标相同或近似的标志；但商业名称的不正当竞争保护并没有实际贴附的要求。①

分别制定于1870年和1881年的最早的两部联邦商标法将侵害商标权的行为规定为："在与原告商标核定的商品实质性相同的商品上贴附了复制、抄袭、模仿原告注册商标的行为。"② 1881年的商标法还将普通法上关于"贴附"的要求作为获得商标权的条件，规定商标申请人应当描述其将商标实际使用并贴附在商品上的方式。③ 1905年修订的商标法同样规定注册申请人应当提交其将商标使用并贴附于商品上的具体方式，而且承诺商标被用于州际贸易、出口贸易或者与印第安部落的贸易。关于侵权行为，1905年《商标法》第16条规定："任何人，未经商标权人的同意，复制、假冒、抄袭或似是而非地模仿任何商标，并将其使用于与注册商标核定商品实质上属性相同的商品上，或与这些商品销售相关的标签、标

① Milton Handler, Charles Pickett. Trade-marks and trade names: an analysis and synthesis. Columbia law review, 1930 (2): 169.

② Trade-Mark Act of 1870, ch. 230, § 79, 16 Stat. 198; Trade-Mark Act of 1881, ch. 138, § 7, 21 Stat. 502.

③ Trade-Mark Act of 1881, § 1.

志、图案、包装或容器上，而且在若干州之间或与外国或与印第安部落之间的贸易中，使用或曾经使用过这种复制、伪造、抄袭的仿制品，应当承担侵权责任。”该法第29条进一步对“贴附”作了界定，即如果商标被以任何方式使用在商品上或者与商品销售或分发相关的容器、包装以及其他材料上，那么可以认为商标被贴附在商品上。①

随着美国经济的不断发展，商标法也需要进一步的现代化。美国国会于1938年着手商标法的修改工作，并最终于1946年制定了《兰哈姆法》。《兰哈姆法》规定，为了获得商标注册，申请人应当证明他们申请的商标已经在商业中进行了使用（used in commerce）。《兰哈姆法》第45条对“商业中使用”作了规定，即通常贸易中的真诚使用，而不仅仅是为了保留商标权利。下述情况构成本法规定的“商业中使用”：（1）对于商品而言，（a）商标以任何形式被置于商品、包装或与商品关联的展示上或附在商品的标签上，或者因为商品的性质无法做上述附着的，则显示在与商品或其销售相关联的文书上；且（b）商品在商业中销售或运输。（2）对于服务而言，商标被使用于服务的提供过程中或者为服务所做的广告中，而且该服务系在商业中提供，或者在一个以上的州的贸易中或与外国的国际贸易中提供，且提供服务的主体实际从事与该服务相关的商业经营。关于构成商标侵权的使用，《兰哈姆法》第32（1）（a）规定，任何人未经商标权人同意，在商业过程中复制、假冒、抄袭或者模仿他人注册商标，用于商品的销售、许诺销售、发行或者为商品或服务的广告宣传，且这种使用很可能导致混淆、误认或欺骗的，其应当承担侵权责任。

从上述发展过程看，美国《兰哈姆法》关于商标性使用的规定具有如下特点：第一，无论是商标注册阶段，还是商标侵权判断，均要求商标性使用发生在商业过程中。第二，对于商标权的取得，使用人主观上应当是真诚使用，而不仅仅是为了保留商标权利。第三，就商品上的商标性使用而言，《兰哈姆法》第45条关于商业中使用的界定并不包括“广告宣传中的使用”，但在侵权诉讼中，在广告宣传中擅自使用他人商标同样构成商标侵权。从中可以看出商标性使用在注册和侵权诉讼阶段在外延方面存在些许差别。

① Trade-Mark Act of 1905 §1，§2，§16，§29.

二、欧盟、英国等关于商标性使用的规定

《欧盟商标条例》第 18 条系关于欧盟商标使用的规定，具体内容为：(1) 如果在商标注册后的 5 年内，商标所有人未将欧盟商标在欧盟内投入与其注册相关的商品或服务上真正使用 (genuine use)，或者这种使用在不间断的 5 年期间内中止，那么该欧盟商标应受到制裁，除非具有不使用的正当理由。下列情形应构成第 1 款中的商标使用：(a) 欧盟商标在使用时与其注册的形式在某些要素中存在区别，但这种差别不会改变该商标的显著性；(b) 仅为了出口将欧盟商标在欧盟内附着在商品或者包装上。(2) 经过所有人同意的欧盟商标的使用应被视为构成所有人的使用。①

英国《商标法》亦对商标性使用规定了“真实使用”的要求，第 6A 条第 3 款规定：下列情况满足使用条件：(a) 在后申请公告之日前 5 年内，在先商标在其所注册的商品或服务上由其所有人或经其所有人同意，在英国真实使用；或 (b) 在先商标虽未使用，但确实出于正当理由。第 6A 条第 4 款规定：就使用条件而言，(a) 商标的使用包括在不改变其注册时的显著部分的情况下对其组成要素以其他形式使用，以及 (b) 在英国使用包括在英国将商标粘贴到仅供出口的商品或其包装上。该法第 46 条第 1 项规定，若商标权人或得其同意之人无合理事由，于商标注册完成后 5 年内，未于英国真正使用其商标于其所指定的商品或服务上，或连续停止使用 5 年，则主管机关得废止其商标注册。②

《德国商标和其他标志保护法》对获得商标权、维持商标权以及侵害商标权分别作出了规定。第 4 条规定：商标保护产生于 (1) 一个标志在专利局设立的注册簿上作为商标注册；(2) 通过在商业过程中使用，一个标志在相关商业圈内获得作为商标的第二含义；(3) 已成为《保护工业产权巴黎公约》第 6 条之二意义上的驰名商标。第 26 条则对维持阶段的商

① 王芳. TRIPS 协定下注册商标的使用要求. 北京：知识产权出版社，2016：77.

② 十二国商标法. 中国人民大学知识产权教学与研究中心，中国人民大学知识产权学院《十二国商标法》翻译组，译. 北京：清华大学出版社，2013：416.

标使用作了规定：（1）因注册商标或注册的维持提出的请求取决于该商标的使用，所有人必须在本国范围内将商标真正使用于注册的商品或服务上，除非有不使用的正当理由。（2）经所有人同意的对该商标的使用，应视为构成所有人的使用。（3）以与该商标注册的形式不同的形式使用，也应视为对该注册商标的使用，只要该不同的因素不改变该商标的显著性。如果该商标也在其使用的形式上获准注册，则也应适用第一句的规定。（4）在本国内将商标附着于商品或者其包装或包裹上，并只用于出口，也应视为该商标在本国内的使用。（5）当要求自注册之日起 5 年内使用时，在对注册提出异议的情况下，注册日应由异议裁定日代替。此外，对于侵权中的商标使用，《德国商标和其他标志保护法》第 14 条第 3 款规定：如果达到了第 2 款所述的必要条件，尤其应当禁止下列行为：将标志附着于商品或者其包装或包裹上；以该标志提供商品，将其投入市场或为此目的进行储存；以该标志提供服务；以该标志进口或出口商品；在商业文件中或广告中使用该标志。①

从上述规定看，欧盟、英国、德国的商标法均对商标性使用做了“真正使用”的要求，但对于“真正使用”的内涵均没有进行明确，而是以列举的方式规定了哪些行为属于真正使用。“根本不可能规定适用于所有商标权人的统一标准，特别是考虑到构成真正使用的使用情况直接受商标权人规模的影响。”② 在此种意义上，“跨国公司的使用根本不可能与小公司的使用相提并论。小公司即使是在本地范围内的使用，也可能足以满足商标使用的要求”③。

① 十二国商标法. 中国人民大学知识产权教学与研究中心，中国人民大学知识产权学院《十二国商标法》翻译组，译. 北京：清华大学出版社，2013：83.

② Hung. Patent Office，Summary of Case No. M0900377 “C City Hotel”.（2010－10－13）[2022－10－10]. www.hipo.gov.hu/English/hirek/hirekhipo 20101013.html.

③ Florent Gevers. Opposition based on a prior CTM：use in one member state OHIM says OK，BOIP says no the ONEL/OMEL case.（2010－02－04）[2022－10－10]. http://www.ecta.org/IMG/pdf/Gevers article.pdf.

三、加拿大关于商标性使用的规定

加拿大《商标法》第 2 条规定："任何符合第 4 条规定的使用行为都构成在商品或服务上的商标使用。"① 第 4 条分别对商品、服务上以及出口中的商标使用进行了规定，第 1 款规定："如果商品在通常的贸易过程中发生所有权或占有转移，商标被使用在商品上、商品包装上或者以其他能够让商品所有权或占有的受让人感知到的方式使用，那么可以认为商标被使用在商品上。"第 2 款规定："如果商标被使用于服务的提供过程中，或者在服务的广告中被展示，那么可以认为商标在服务中进行了使用。"第 3 款规定："当商品在加拿大用于出口时，如果商标被使用在商品上或者商品包装上，那么可以认为商品在加拿大被使用于商品上。"②

从上述规定可以看出，加拿大规定的商标性使用一般应满足以下条件：第一，商标使用必须发生在商品所有权或占有转移时；如果商标并不是直接使用在商品或商品的包装上，而是以与商品相关联的其他方式进行使用，例如在发票上或广告中使用，那么这种使用需要发生在商品所有权或占有转移时。③ 国外的生产商采取 FOB 的方式向加拿大出口商品，在国外港口使用了商标，是否属于商标使用呢？通常，承运人是购买者的代理人，因此，如果商品是在国外交付承运人，那么商品所有权或占有的转移发生在国外，该生产商在加拿大国内就不存在任何使用行为，因而不构成在加拿大的商标使用。但在 Manhattan Industries Inc. v. Princeton Mfg. Ltd. 案中，法院没有采纳上述观点，认为应当将交易作为整体进行考虑，商标使用应当包括在正常商业过程中的其他环节的商品转让行为中对商标的使用。④ 第二，商标使用必须是在通常的贸易过程中。"通常的贸易过

① Trade-marks Act (R. S. C. , 1985, c. T-13), s2.

② Trade-marks Act (R. S. C. , 1985, c. T-13), s4.

③ Syntex Inc. v. Apotex Inc. , 1 CPR (3d) 145, 151 (1984) (FCA).

④ Manhattan Industries Inc. v. Princeton Mfg. Ltd. , 4 CPR (2d) 6 (1971) (FCTD).

程”要求商品交易必须是发生在正常的商业过程中的真实的商业交易。①“商标使用不仅关涉商品交易的时间，而且需要发生在通常的贸易过程中，这包括一系列的商品交易过程，从生产商到最终的消费者，中间还包括总经销或者零售商。”② 第三，商标使用的方式必须足以让消费者或者商品的受让人感知得到。无法为消费者看到的“使用”不太可能符合商标使用的标准，因为这种“使用”与“商标”这个词的正常含义不一致。因此，这种不可视的“使用”不太可能被允许作为商标的使用。③ 当然，随着声音商标、气味商标的出现，可感知并不等同于可以看到，可以被消费者听到或者闻到，也可能满足可感知的要求。

四、澳大利亚关于商标性使用的规定

澳大利亚《商标法》第7条规定了商标性使用行为：(1) 如果注册主管部门或者有管辖权的法院，根据案件的具体情况认为合适，且如果行为人使用的标志与注册商标相比虽有添加或修改但未实质改变商标显著性，可以认定其使用了商标。(2) 为避免任何疑问，本法案规定，如商标由下列文字或文字的任何组合，即任何字母、字词、名称或数字组成，则该商标的任何听觉表征，即为本法案所指之商标之使用。(3) 任何人（见第8条）授权使用商标的行为，就本法案而言，被认为是该商标所有人使用该商标的行为。(4) 本法案所称的在商品上使用商标是指在商品或者与商品（包括二手商品）有关的物品上使用。(5) 本法案所称的在服务中使用商标是指在实际提供服务过程中或者在与服务相关的物品上使用。第8条规定了授权使用人和授权使用行为：(1) 在商标所有人控制的商品上或服务中使用商标的人是商标的授权使用者。(2) 获授权使用该商标的人使用该商标，即属于该商标拥有人控制下的使用者使用该商标。(3) 如果商标所

① Pernod Ricard v. Molson Companies, Ltd., 18 CPR (3d) 160 (1987) (FCTD); Molson Companies Ltd. v. Halter, 28 CPR (2d) 158 (1976) (FCTD).

② Manhattan Industries Inc. v. Princeton Mfg. Ltd., 4 CPR (2d) 6 (1971) (FCTD).

③ Daniel R. Bereskin. Trademark “use” in Canada. The trademark reporter, 1997 (3): 301-318.

有人对商品或服务实行质量控制：(a) 与另一行为人发生交易或者在贸易过程中由另一行为人提供；(b) 商标使用在相关商品或服务上，该另一行为人应被视为第 1 款规定的在商标权人控制下在商品上或服务中使用商标的人。(4) 如果：(a) 行为人在贸易过程中与使用商标有关的商品或服务进行交易或者提供该等商品或服务；(b) 商标所有人对该人的有关交易活动实行财务控制；就第 1 款而言，该行为人可以被认为是在商标权人控制下在商品上或服务中使用该商标的人。第 9 条规定了“使用或用于”(applied to and applied in relation to) 的概念：(1) 就本法案而言：(a) 若商标被编织、印刷、加工或贴附在商品、材料或物品上，则该商标应被视为使用于该商品、材料或物品上。(b) 在下列情形下，商标被视为用于与货物或服务有关的物品上：(i) 如果商标在贸易过程中或打算在贸易过程中使用于货物的任何表面、文件、标签、卷轴或物品；(ii) 如果其使用方式可能导致人们认为它是指代、描述或代表货物或服务。(c) 如商标是：(i) 在招牌或广告（包括电视广告）上；(ii) 在发票、酒单、目录、商业信函、商业票据、价目表或者其他商业单据上，而且商品或服务是根据其他人使用商标的请求或订单，则商标也应被认为使用于货品或服务。①

澳大利亚商标法对商标使用的内涵并没有作出过多的界定，仅仅强调“在贸易过程中”。“是否使用的判断标准应是申请人是否在商品贸易过程中进行了商标使用，如果某人仅仅在商品到达消费者后提供后续的服务，那么这明显不符合上述标准。在贸易过程中在商品上使用是指在生产过程以及准备投放市场过程中将商标和商品联系起来。在商品到达消费者后，这些商标已经不再是在贸易过程中了。”② 对“贸易过程中”的强调对于正确认识侵权判断中混淆误认的时间点很有帮助，即商标法中的混淆是否包括售前混淆和售后混淆。

① Trade Mark Act 1995.(2015-02-25)[2018-09-09]. https://www.legislation.gov.au/Details/C2014C00 110.

② Aristoc Ltdv. RystaLtd.(1945) AC 68.

第二节　商标性使用的构成要件

我国《商标法》第48条规定："本法所称商标的使用，是指将商标用于商品、商品包装或者容器以及商品交易文书上，或者将商标用于广告宣传、展览以及其他商业活动中，用于识别商品来源的行为。"我国商标法主要是从客观行为和使用效果两个方面对商标使用进行界定，即要有使用商标的客观行为并且商标应当发挥识别商品来源的作用。我国商标法与上文所述的其他国家和地区商标立法相比，第一，缺乏对于商标使用主观目的的规定，而美国《兰哈姆法》有关于真诚使用的要求，《欧盟商标条例》有关于真正使用的要求；第二，缺乏对商标使用场景的界定，而美国、澳大利亚等国的商标立法有关于"在贸易中使用"的要求。我国理论及司法实践中关于商标使用的界定，大多没有从体系化的角度作出可以适用于各个环节的统一的认定，更多是偏向于特定语境下的解读。例如，有观点认为商标性使用应当是真诚的使用、真正的使用，不能仅仅是为了维持商标权而进行的使用。"商业使用的一个方面是存在诚实的商品销售或运输；另一个方面是销售或者运输应当是公开的、面向社会公众的，因为商标法要求的销售或运输应当让目标客户知道商品或商标的可获得性。"① 就欧盟的实践而言，不会增加商品市场份额的使用行为不构成真诚的使用，例如将一种商品作为其他商品销售的赠品免费提供的使用就不是真诚的使用。注册了商标"WELLNESS"的饮料只是在销售衣服时免费提供给消费者，这种作为赠品的使用不应被视为该商标在饮料上的真诚使用。因为赠送饮料仅是为了提高衣服的销售量所进行的广告宣传，商标权人并没有因此获得饮料的市场占有率，而且商标权人似乎也不打算这样做。② 但是，在侵权诉讼中并不要求原告证明被告的使用构成真诚使用，即使在赠

① Smith International, Inc. v. Olin Corp., 209 USPQ 1033, 1044 (TTAB 1981).

② Silberquelle GmbH v. Maselli Strickmode GmbH, judgment of January 15, 2009, C-495/07.

品上使用他人的商标仍然可能构成商标侵权。《北京市高级人民法院关于审理商标民事纠纷案件若干问题的解答》便规定："搭赠是销售的一种形式，因此搭赠侵犯注册商标专用权商品的行为是商标侵权行为，搭赠人应承担停止侵权的责任；明知或者应知所搭赠的商品是侵犯注册商标专用权的商品的，还应当承担损害赔偿责任。"根据国家工商行政管理总局《关于赠品涉嫌侵犯注册商标专用权行为有关问题的答复意见》（工商标字〔2013〕196号）的规定，当事人为巩固客户关系、提升客户层次、培植优质客户群，在开展金融产品营销活动时向客户赠送商品，其使用的标识与他人在与赠品相同或者类似商品上的注册商标相同或近似，也属于商标侵权行为。

因此，笔者认为对商标性使用的内涵界定应当兼顾其使用的不同语境，否则，可能会导致商标权获得、维持及保护等不同阶段法律适用的不一致或者冲突。结合各国的立法实践，商标性使用应是指以商品行销为目的，在商品流通过程中以相关公众可感知的方式使用商标，并足以使相关公众在购物时识别商品来源的行为。具体而言，商标性使用应当符合四个条件：一是主观要件，即以商品行销为目的；二是场景要件，即使用行为发生在商品流通过程中；三是行为要件，即存在可被消费者感知的使用行为；四是效果要件，即客观上起到识别商品来源的作用，使得相关公众在购物时能够据此认牌购物。

一、商标性使用的主观要件

"商标是贸易的产物，商标的功能在于区别商品和服务的来源，商标法律制度旨在构建一个公平有序的市场秩序，以禁止混淆商品和服务来源的不正当竞争行为。"① 由于贸易必然涉及商品或服务的交换或转让，因此，商标权所控制的行为必然是在贸易过程中与商品或服务的提供有关。只有以商品或服务行销为目的在商品上或服务中使用商标的行为，才属于商标法所调整的行为。如果行为人在商品上使用商标是为了自用，即使发

① 刘春田. 民法原则与商标立法. 知识产权，2010（1）：6.

生在生产经营过程中，该行为也不属于商标性使用行为，不受商标权控制。“离开特定的商业或者贸易，不存在商标权。商标法只是反不正当竞争法的一部分。对特定标志享有权利源于对标志的使用，而不仅仅基于对标志的选择；商标的功能仅仅是指示商品来源于特定的经营者，保护经营者的商誉不被其他经营者冒用。离开特定的商业，也就不存在商标权的问题。”① TRIPs 协议第 16 条第 1 款关于授予的权利规定：“注册商标的所有权人享有专有权，以阻止所有第三方未经该所有权人同意在贸易过程中对与已注册商标的货物或服务的相同或类似货物或服务使用相同或类似标记，如此类使用会导致混淆的可能性。在对相同货物或服务使用相同标记的情况下，应推定存在混淆的可能性。上述权利不得损害任何现有的优先权，也不得影响各成员以使用为基础提供权利的可能性。”其中提到了“在贸易过程中”的要求，上文提及的美国《兰哈姆法》、加拿大《商标法》也都含有“贸易过程中”的要求。笔者认为贸易的本质为商品的交换，因此“贸易过程”的本质实际上是以商品行销为目的。相较于“贸易过程中”的表述，“以商品行销为目的”更直接、明确地表明了商标与商品或服务的关联关系。

行销当然包括商品或服务的销售，但就商标性使用而言，行销应当不限于此，还应当包括在商品或服务销售前、销售过程中以及销售之后的一系列活动。销售是从制造出一个产品后才开始的，而行销则是在一个产品制造出来之前就开始了。行销决定了如何推出企业所提供的产品和服务到市场上，如何为产品和服务定价，如何经销产品和服务，如何促销产品和服务。行销还要监控成效，并且随着时间经过，还要不断改善所提供的产品和服务。行销也决定着是否终止一项产品或服务，以及何时终止。在理解和适用以商品行销为目的这一主观要件时，应当注意区分三个不同的关系：一是以商品行销为目的与主观上将标志用作商标使用的关系；二是以商品行销为目的与以生产经营为目的或者在商业中使用的关系；三是以商品行销为目的与以营利为目的的关系。

首先，以商品行销为目的并不等同于主观上将标志用作商标使用。判

① United Drug Co. v. Theodore Rectanus Co., 248 U. S. 90, 97 (1918).

断商标侵权行为是否成立事实上并不考虑侵权人的主观过错，更不以行为人主观上是否存在将标志用作商标使用的目的为转移。在侵权诉讼中，被告经常抗辩其主观上仅仅希望将标志作为商品的装潢使用，并不打算将标志作为商标使用。特定的标志往往具有多面性，其不仅可以具有美感，还可能具有识别性，甚至具有艺术性，因此，且不论行为人主观目的难以准确地探究，即使行为人主观上确实不具有将标志作为商标使用的目的，但客观上该标志可能发挥识别商品来源的作用，这种情况下仍然可能构成商标侵权。因此，商标使用行为只要发生在商品或服务的销售过程中，就满足了商标使用的主观要件，无须探求行为人主观上是否具有将标志作为商标使用的意图。

其次，以商品行销为目的并不等同于以生产经营为目的或者在商业中使用。司法实践中对于装修公司在装修过程中使用侵害他人商标权的商品的行为如何定性存在不同的观点。有观点认为，被告的行为系使用假冒注册商标的商品，并不属于商标法规定的商标侵权行为，应当驳回原告的诉讼请求。① 有观点则认为，被告的这种使用方式与商品最终用户的使用是不同的。商品最终用户的使用是纯消费性使用，不具有营利性，而被告却是在经营中使用，且被告采取的是包工包料的形式，建筑材料是总工程价款的一部分。因此，被告的行为类似于销售侵权商品的行为，应当比照商标法关于销售侵权商品的规定对其进行规范。② 笔者认为，之所以存在上述争议，是因为没有正确区分以商品行销为目的和以生产经营为目的。以生产经营为目的既包括对外销售商品，也包括自行使用。在生产经营过程中使用侵权商品，即使发生在为他人提供服务的过程中，也无法等同于向不特定相关公众销售的行为。否则，饭店在做菜的过程中使用假冒酱油、醋等调料的行为也构成销售假冒商品的侵权行为，这无疑与商标的本质不相符合，因为在这一过程中不存在相关公众选择商品的问题，也不存在相关公众混淆误认的问题。在生产经营过程中使用侵权商品并不属于商标法调整的问题，而应由产品质量法或消费者权益保护法等进行调整。

① 参见广东省深圳市宝安区人民法院（2008）深宝法知产初字第 60 号民事判决书；广东省深圳市中级人民法院（2010）深中法民三终字第 213 号民事判决书。

② 参见北京市朝阳区人民法院（2009）朝民初字第 18147 号民事判决书。

最后，以商品行销为目的并不等同于以营利为目的。对于商标使用的认定并不要求行为人存在营利或获取利润的主观意图，不论是否营利，即使是公益性机构，例如高校、医院等，均存在在提供商品或服务过程中使用商标、获得商标权的问题。[①]“所谓交易流通，学说上系采广义之见解，亦即泛指所有事实上支配力变动之行为。如买卖、租赁、赠与……等，至于是否以营利为目的或有价与否，并非所问。唯必须在主观上，权利人有转让之意思；在客观上，有事实上支配力之转让行为。”[②] 美国法院认为，获利的动机或者目的对于是否属于商标使用没有影响。在 United We Stand America，Inc. v. United We Stand，America New York，Inc. 案中，法院对何为美国《兰哈姆法》所调整的服务进行了界定。商标法保护非营利性以及公共服务组织的商标旨在禁止竞争性的组织使用该商标，因此被告提供各种非商业性的公共或民间服务也受《兰哈姆法》调整。被告提供的服务明显是由政治组织向其会员、追随者以及候选者提供的服务，虽然并不是营利性的，但毫无疑问也是一种服务。因此法院确信被告的行为满足《兰哈姆法》规定的在商品上或服务中使用商标的要求。[③]

二、商标性使用的场景要件

商标性使用的场景要件用来判断在何种时空语境下的商标使用行为属于商标权控制的范围。商标可以在商品流通过程中发挥识别商品来源的功能，亦可以在商品退出流通领域、在最终用户使用过程中发挥来源识别的功能。例如，劳力士手表的购买者之所以购买劳力士手表，并不仅仅在于手表本身的功能，更在于劳力士商标的识别功能以及在此基础上对身份、

① 近年来，不断出现的高校名称商标权权属争议、侵权纠纷，也说明商标使用与以营利为目的并不存在关联。否则，如果这些高校连商标权都不享有，那么也谈不上权属和保护的问题，例如上海理工大学“沪江”商标争议、清华大学等高校名称诉讼等。上理工“沪江”商标纠纷刚落幕，清华大学又打响商标保卫战!.（2018－07－17）[2022－07－20]. https://www.sohu.com/a/241690486_100130610.

② 陈昭华. 商标使用规定之探讨. 辅仁法学，2001（21）：315－338.

③ United We Stand America，Inc. v. United We Stand，America New York，Inc.，128 F. 3d 86（2d Cir. 1997）.

地位的彰显。购买者使用劳力士手表亦在表明手表的来源。在此种意义上，对商标使用的界定不仅要考虑商标所发挥的功能，还应考虑商标使用的场景，即在何种时空范围内使用商标才属于商标法意义上的商标使用。① 商标在贴附到商品之上后就会进入市场，到达最终消费者，然后由消费者使用、转让直到商品最终报废。在商品的整个“生命”过程中发生的使用是否都属于商标法意义上的商标使用行为？笔者认为，商标性使用仅仅涉及商品在市场中流通的过程，商品未进入市场流通或者退出市场流通后的使用行为，都不属于商标法所调整的商标使用行为。上文提及的美国、加拿大商标法关于商标使用规定的“贸易过程中”的要求，无疑也体现了市场流通的要求。

（一）商标是商品跨时空流通的产物

在物品上贴附标记的做法，古已有之，但这种标记或者是出于政府或行会追究产品责任的需要，或者为了起到产品所有权宣示作用，并非为了在市场交易中让消费者便于认牌购物。“在简单商品交换经济中，产品多限于在本地集市买卖，生产者与购买者多直接交易，因此是否在其产品上标明特定标记，对生产者而言并无商业上的必要。”② 对消费者而言，由于此时基本上是面对面交易，消费者可以直接根据生产者或店铺进行“认人购物”或者“认店购物”。随着商品经济的不断发展，市场上商品的种类日益丰富，商品交易越来越多地呈现出跨时空性，消费者不再可能通过与生产者直接接触选购商品。此时商标便应运而生。商标通过其识别来源的功能保证了消费者可以买到称心如意的产品。此时，消费者相信，同样的商标标示着同一个生产者，而该生产者正是自己所信赖的产品的提供者。③ 在此种意义上，可以说商标是与市场同时产生的。“商标发挥作用的环境是市场，离开了市场，消费者不再需要识别商品，生产者不再需要

---

① 凌宗亮. 论商标权效力存续的时空边界. 上海政法学院学报（法治论丛），2016（3）：85.

② 黄海峰. 知识产权的话语与现实：版权、专利与商标史论. 武汉：华中科技大学出版社，2011：218.

③ 郑其斌. 论商标权的本质. 北京：人民法院出版社，2009：3.

标示特定商品。正是在市场的交换中，商标建立的特定联系才具有意义。”①

（二）商标权并非在商品首次投入市场时穷竭，而是贯穿于商品在市场中流通的全过程

有观点可能会认为，如果商标性使用贯穿于市场流通的全过程，那么如何解释正品在首次投入市场时其商标权便已穷竭？现有理论一般认为，商标权穷竭，是指对于经商标权人许可或以其他方式合法投放市场的商品，他人在购买之后无须经过商标权人许可，就可将该带有商标的商品再次售出或以其他方式提供给公众。② 权利穷竭的理论依据主要在于两个方面：一是权利人投资已经获得回报；二是平衡商标权人和商品所有权人的利益，确保商品的自由流通。但商标权在首次投放市场时穷竭的观点不仅无法对商标反向假冒侵权行为作出合理的解释，也没有注意到商标权与著作权、专利权所承载利益存在的区别，未能兼顾消费者对商标权享有的利益诉求。

第一，现有理论无法对商标反向假冒侵权行为作出合理的解释。商标反向假冒侵权是指未经商标注册人同意，在撤掉、隐去或者更换其注册商标后又将该商品投入市场的行为。按照现有的权利穷竭理论，商标权在商品首次投放市场后便已经穷竭，中间销售商进行的撤掉、隐去或者更换注册商标的行为便不再受商标权人的控制，商标权人无权禁止。对此，有观点认为，在商品经商标权人或被许可人第一次销售后，商标权人的使用权并未穷竭，穷竭的仅是禁止他人在商品销售中使用商标的权利。③ 也有观点认可商标权权利穷竭理论确实无法解释商标反向假冒，但认为商标权权利穷竭原则不适用于反向假冒行为④。笔者认为，使用权与禁止权是商标权完整的不可分割的权利内容，二者的界分仅仅是为了说明商标权权利范围的特殊性，并不意味着使用权与禁止权是彼此独立的两个权利。如果使

① 冯晓青. 知识产权法利益平衡理论. 北京：中国政法大学出版社，2006：157.

② 王迁. 知识产权法教程. 3 版. 北京：中国人民大学出版社，2011：425.

③ 伍鉴萍，郭文. 商品商标权权利穷竭研究. 云南大学学报（法学版），2004（1）：34.

④ 王莲峰. 商标法案例教程. 北京：清华大学出版社，2008：145.

用权没有穷竭，那么商标权便谈不上穷竭。此外，如果现有权利穷竭理论无法对特定的商标侵权行为进行解释，那么就说明该理论存在不足，我们不能以“例外”为由进行搪塞，而应该努力寻找更加合理、更具周延性的权利穷竭理论。当然，对于商标反向假冒行为究竟是否构成侵权，是构成商标侵权还是不正当竞争，理论上还存在一定的争议。[①] 笔者认为，无论是构成商标侵权，还是构成不正当竞争，实际上都承认在正品售出后，商标权人对于所有权已经发生转移的商品仍然具有一定的值得保护的利益，可以对商品的后续流通施加某种控制，这种利益明显是源于商标权人在商品上贴附的商标。否则，按照权利穷竭的观点，商品一旦售出，商标权即已穷竭，商标权人并无权利干涉商品的所有权人实施的包括去除商标在内的任何行为，这显然不符合商标权人的利益价值。

第二，现有理论忽视了消费者对商标享有的利益诉求。在带有商标的商品投放市场以后，其涉及的利益主体不限于商标权人与商品所有权人，消费者基于商标也享有防止混淆、确保商品质量同一等利益诉求。“商标法之所以将保护消费者利益作为其重要目的，是因为商标与消费者具有特别密切的联系，甚至可以说，消费者行为是商标法建立的基础。”[②] 因此，商标权与专利权或著作权存在差异，对于投放到市场的专利产品或版权作品，权利人通过独占销售已实现了其经济利益，知识产权的功能已经实现，也就是说，对该投放市场的产品，权利人的独占销售权或发行权已一次行使完毕。而商标权作为识别性标记权则不同，尽管商标权人通过商标商品的首次销售，已实现了一定的经济利益，但是商标权的功能仍未发挥完毕，商标权人仍要通过继续行使商标权来表彰商品的信誉以及维护消费者的利益。[③] 换言之，市场流通中的商品实际上涉及商标权人、商品所有权人及消费者三方利益的平衡。现有理论仅看到了商标权人与商品所有权人的利益，而忽视了消费者的相关利益。事实上，在商品首次投放市场

① 关于商标反向假冒的性质，理论上存在严重分歧。有的认为构成商标侵权，有的认为构成不正当竞争，也有的认为均不构成。张玉敏，王法强. 论商标反向假冒的性质：兼谈商标的使用权. 知识产权，2004（1）：31.

② 冯晓青. 商标法与保护消费者利益. 中华商标，2007（3）：23.

③ 张永艾. 商标权穷竭原则质疑. 政法论丛，2004（1）：25.

时，商标权人的利益亦未完全实现。商标权人的利益不仅在于经济报酬，更在于商标知名度及其商誉的培育。只有在商品经过流通顺利到达消费者后，消费者才可能对相关商标产生印象或者联想，从而积累商标的知名度或商誉。正因如此，商标权不应首次销售便穷竭。

第三，根据商标权首次销售后穷竭的理论，“商标具有质量保证功能，商标权用尽原则适用的前提条件之一是，进一步销售的商品之质量没有发生变化或损害，否则，将不具有适用商标权用尽原则的基本条件。换句话说，如果商标权人有正当的理由，特别是在商品投入市场之后，如果该商品的状况发生了改变或恶化，商标权人有权反对将该商标使用于商品继续销售，此时发生商标权用尽原则的例外。”① 但一种逻辑自洽的理论不应有如此多的例外。事实上，这并非商标权穷竭的例外，恰恰是商标权在商品流通过程中发挥效力的体现，即商标权人有权确保其原初投放市场的带有其商标的商品在流通过程中保持同一性，直到最终消费者完成购买。商标权的载体应保持同一性，这既确保商标能够发挥识别来源、质量保障等功能，也是保护消费者利益的基本要求。

（三）商标权的效力在商品到达最终消费者时即已穷竭

也许有人会认为侵权商品的使用者有可能造成旁观者的混淆，为了保护旁观者的利益，商标权的效力有必要延伸到售后。“售后混淆”的概念源于美国。在马世达钟表及无线电公司（简称“马世达公司”）与康士坦钟表公司（简称“康士坦公司”）案中，马世达公司擅自仿造了康士坦公司的一款造型独特的“大气钟”。美国第二巡回上诉法院经审理认为，尽管侵权产品购买者依据商品的标签及价格等因素通常不会发生混淆误认，但购买者的朋友们通常可能不会注意侵权商品上的厂商名称。因此法院依据此种购买者的朋友们可能发生的混淆认定马世达公司的行为构成商标侵权。笔者认为，售后混淆在美国司法实践中尚存在极大争议，售后混淆理论本身亦存在漏洞，是商标权人极力扩张其权利范围的产物，不应盲目引入。

---

① 祝建军.“旧手机翻新行为”的商标法定性：iPhone苹果商标案引发的思考.知识产权，2012（7）：73.

一方面，商标侵权判断中的消费者不应扩大到一般公众。售后混淆理论实质上将商标法所保护的消费者扩大到一般公众，不管其有无购买相关商品的意愿，只要有人发生混淆，商标权就应受到保护。然而，商标权保护的不是标识本身，而是标识所具有的识别功能，是为了便于消费者选购商品。虽然商标的功能不断丰富，已扩展到质量保障、身份彰显、广告宣传等功能，但“商标这种事物原本是为区别商品或服务的来源应运而生的。这是商标的根本功能，也是它生存的唯一理由。离开了这一根本功能，任何想主观上强加给商标以其他的功能，历史证明是徒劳的”①。就特定商品而言，如果某个人没有购买该商品的意愿，即使他看到别人购买的侵权商品可能发生混淆，商标法也没有保护他的理由和根据——他仅仅是看到了而已。因此，商标法保护的消费者应该是相关商品的购买者或者潜在购买者，即相关公众，而非一般公众。我国商标立法及司法解释保护的也是相关公众。《最高人民法院关于审理商标民事纠纷案件适用法律若干问题的解释》第 1 条第 1 项规定，将与他人注册商标相同或者相近似的文字作为企业的字号在相同或者类似商品上突出使用，容易使相关公众产生误认的，属于给他人注册商标专用权造成其他损害的行为。即使是对驰名商标的认定，《商标法》第 14 条考虑的也是“相关公众对该商标的知晓程度”。

另一方面，相关公众实际上很难发生售后混淆，即使发生，也不会对商标权人造成影响。旁观者在一般情况下并不会实际接触侵权产品，他仅仅是旁观，当看到别人手上的“LV”手提包时，他也无从判断该手提包的真假，并不知道该手提包的质量如何，除非侵权产品的做工很粗劣。同时，旁观者也不可能认为做工粗劣的产品是真品；即使旁观者确实将假品误以为真品，这种混淆并不会对商标权人的利益造成不良影响，反而是在为商标权人免费做广告宣传——旁观者甚至会产生购买真品的冲动。如果旁观者实际接触或使用了侵权商品，由于侵权商品无论是在做工方面还是在质量方面都不如真品，旁观者亦能知晓商品的真假，不会发生混淆。

此外，在理解商标性使用发生在市场流通过程中的场景要件时，还应注意新品首次流通和二手商品再次流通的区别。如果在商品到达最终消费

① 刘春田. 商标法代表了我国民事立法的方向. 中华商标，2002 (8)：7.

者后，消费者通过转让等行为再次使商品进入流通领域，此时商标权人一般无权控制二手商品的再流通，除非消费者容易发生混淆误认。例如行为人将回收的苹果手机翻新后再次销售，虽然手机外壳上仍带有苹果商标，但由于该手机确实是苹果公司生产的手机，并没有导致消费者的混淆，故该行为并不构成商标侵权。① 但是，如果二手商品经销商谎称其商品为新品，那么消费者就很容易对此发生混淆误认，经销商销售带有他人商标的商品的行为便可能构成商标侵权。

三、商标性使用的行为要件

从客观行为看，商标法所调整的商标性使用应当是在商品上使用可被消费者感知的标志，只有这样，商标才有可能让消费者据以认牌购物。“商标使用主导着商标权的产生、维持和保护，决定着商标权的生死存亡，但并非任何使用均具有如此大的威力，商标权的性质决定了只有区分来源性使用才属于使用要求中‘适格’的使用……区分来源性使用至少蕴含如下两个因素：一是公开性，二是与注册商品或服务相结合。”②

首先，商标性使用应当是可以被消费者感知的公开使用行为。即使使用人在相同或类似商品上使用了与注册商标相同或近似的标识，但如果这些标识不能为消费者感知，使用行为便不会侵害商标权人的商标权，这就要求使用行为必须面向不特定的相关公众公开。在辉瑞产品有限公司等与江苏联环药业股份有限公司等侵犯商标权纠纷案中，被诉侵权的药片虽在颜色和形状上与辉瑞产品有限公司的菱形立体商标近似，但在销售时不仅有外包装盒，而且被包装于不透明锡纸的内包装之中，最高人民法院认为：“由于该药片包装于不透明材料内，其颜色及形状并不能起到标识其来源和生产者的作用，不能认定为商标意义上的使用，因此，不属于使用相同或者近似商标的行为。”③ 因此，商标性使用要起到标识商品来源的

① 祝建军.“旧手机翻新行为”的商标法定性：iPhone 苹果商标案引发的思考. 知识产权，2012（7）：70.

② 王芳. TRIPS 协定下注册商标的使用要求. 北京：知识产权出版社，2016：128－129.

③ 最高人民法院（2009）民申字第 268 号民事裁定书。

作用，即在一般情况下，应是可以让消费者直接感知的公开使用行为。“商标权要为公众认可，商标要发挥其识别商品和服务来源的功能，从天然的标志演化成具有价值构成的符号，必须仰赖于商标权人以公开的方式，将标志投入到商业活动中，使标志和社会公众产生商誉价值的联系。否则，如果商标长期被置于秘密的或不为相关公众知悉的状态，就很难演变为‘阳光下’的资产。”① 美国的商标授权以及司法实践亦对商标的公开使用提出要求。“为了获得商标权，必须存在公开的使用（open use），也就是说，既然商标是用于区分不同经营者提供商品的，使用就应该面向相关的购买者或者潜在的购买者。仅仅是内部的使用，不产生商标权。”② 在此种意义上，公司内部的使用、行政审批过程中的使用、将商标用作关键词进行竞价排名等都不是商标法意义上的公开使用行为，不构成商标法意义上的商标使用。需要说明的是，随着声音、气味等可以获准注册为商标，公开使用并不一定必须为消费者可视，还包括通过听觉、嗅觉等为消费者感知的方式。

其次，商标性使用要求将标志与特定的商品或服务相关联，即需要将标志使用在商品或服务上。“商标的法律意义在于其与所识别的商品或服务之间的联系。商标法致力于保护商标向消费者所传递的产品来源信息的有效性。离开其所识别的产品或服务，商标并不具有独立的法律意义或价值。”③ 关于商标必须与商品或服务关联，美国早期商标法要求得比较严格，即标志必须贴附在商品上。无论是在商标权获得阶段还是在侵权诉讼中，美国国会和法院都明确提出，贴附的要求可以确保将商标权限制在法律授予其目的和宗旨的范围内。即商标权并不是如版权、专利权等一样属于概括的财产权。商标的唯一意义在于其识别商品或服务来源的功能。毕

① 黄汇. 商标撤销制度中“使用”界定基本范畴研究：运用比较研究、逻辑推理和实证分析的方法. 知识产权，2013（6）：6.

② Sterling Drug, Inc. v. Knoll A. G. Chemische Fabriken,（159 USPQ）631. 在涉及关键词的司法实践中，美国有判决也提出：“除非商标被放置在任何商品、容器、展示或广告上，或者其内部使用使公众可见，否则未发生商标使用。” Rescuecom Corp. v. Google, Inc., 456 F. Supp. 2d 393, 395 - 96, 403（NDNY 2006）; Mystique, Inc. v. 138 Int'l, Inc., 375 F. App'x 997, 999（11th Cir. 2010）. 在后一案件中，法院亦认为：“秘密的、未公开的运输不属于商标使用。”

③ United Drug Co. v. Theodore Rectanus Co., 248 U. S. 90, 97（1918）; American Foods, Inc. v. Golden Flake, Inc., 312 F. 2d 619, 625（5th Cir. 1963）.

竟将标志与商品或服务关联的要求可以确保被告使用原告的商标是为了指示来源或者作为商标使用，进而很明显会欺骗消费者。[①] 例如，在侵权诉讼中，贴附的要求可以确保被告使用的标志与其所提供商品之间有紧密联系。因为通常而言，只有标志与商品之间的这种紧密联系才可能使消费者从中获得关于商品来源的信息，进而因为被告使用的标志与原告商标的近似性而发生混淆误认。如果一个店铺的店招与店铺相隔几个红绿灯，相信没有几个消费者会把该店招和那个遥远的店铺联系起来。

当然，随着社会经济的发展，出于更有效地保护商标、防止消费者混淆的需要，关于贴附的要求变得日益缓和，贴附不再局限于商品上，而是逐渐扩展到与商品存在密切联系的包装、容器、广告宣传、交易合同、发票以及互联网等载体或环境。但无论如何扩张，标志与商品的关联都是必然的要求，否则会不适当地扩大商标权的保护范围。例如，关于在域名中使用他人商标的行为，有美国法院认为，如果被告将原告的商标注册为域名后，通过网站销售商品或服务，该类行为属于在商业中使用商标没有争议，但一些法院将法律的适用范围作了极大地扩张——即使被告在网站上没有进行商业活动。有观点认为，被告在域名中使用原告的商标很有可能阻碍网络用户访问原告自己的网站。原告的潜在客户在误入被告的网站后可能会因为气愤、失望或者认为原告根本就没有网站等原因，不再愿意继续访问原告自己的网站。因此，被告占有原告商标的行为与原告提供服务存在某种关联，也构成“与服务的提供存在关联”[②]。还有美国法院的判

---

① United Drug Co. v. Theodore Rectanus Co., 248 U.S. 90, 97 (1918); Visa U.S.A., Inc. v. Birmingham Trust Nat'l Bank, 696 F. 2d 1371, 1375 (Fed. Cir. 1982).

② E. & J. Gallo Winery v. Spider Webs Ltd., 286 F. 3d 270, 275 (5th Cir. 2002). 有观点进一步认为，要构成与商品或服务的关联，不需要被告实际在网站上销售或宣传其商品；如果被告的网站影响了原告正常提供商品或服务，就满足关联性的要求。People for the Ethical Treatment of Animals, Inc. v. Doughney, 263 F. 3d 359, 365 (4th Cir. 2001). 如果被告的网站设定了与第三方网站的链接，第三方网站上存在商品或服务的提供，对此，有观点认为，如果被告在非商业性的网站域名中使用了特定标志，但在该网站上设定了其他销售或者宣传商品或服务的网站的链接，那么被告在非商业性网站域名中使用标志的行为也满足“与商品或服务的销售或宣传相联系”的使用要求。Jews for Jesus v. Brodsky, 993 F. Supp. 282 (DNJ 1998). 还有一些法院则认为非商业性网站上使用的标志与链接网站上销售商品或服务的联系过于薄弱，并不构成商标性使用。Taubman Co. v. Webfeats, 319 F. 3d 770 (6th Cir. 2003).

决认为，被告在网站上发表的反对堕胎的宗教观点构成一种服务，这种服务通过被控侵权域名进行传播。“被告的网站向用户提供信息服务，使得相关用户确信特定的行为，包括接受原告提供的服务在道德上是错误的，而被告明显使用了原告的商标用于传播相关的信息服务。”① 笔者认为上述观点均过于放宽了对“关联性”的要求。由于域名并没有与商品或服务的销售、发行或广告联系起来，其仅仅是指示电脑在互联网上的地址，因此并不满足商标使用的要求。即使行为人注册域名是为了转让获利，存在不正当性，这也属于反不正当竞争法而非商标法调整的范畴。

此外，如果被告将原告的商标本身作为商品出售，是否属于商标与商品相关联的商标性使用，实践中也不无争议。我国台湾地区有学者持肯定说认为：“商标具表彰商标人品牌之功能，当品牌著名时，以该商标为商品，以突显品牌之流行或高品质之价值意义，达美观目的，并吸引消费者，是以商标商品化不仅符合消费常态，亦与商标法保护商标之立法意旨相符。只要该表征足以使一般商品购买人认识其为表彰商品之表征，并得借以与他人商品相区别，作为营业上商品之识别标识即可，并未限定平面使用或平面绘制之图样，亦不因具装饰功能或制作成实品而受影响。故未经商标权人同意，将商标主要表征部分立体化，足认系使用‘近似’于注册商标之图样，构成商标权之侵害。否定说认为：商标重在商品于市场上之识别机能，而以人物造型或角色等为内容之商品化权目的，乃着眼于其市场上之行销力与经济利益机能，两者属不同概念。如果认为对此种人物造型或角色名称以商标法加以保护，不无逸脱商标法之目的。若仅制造形状相同或近似于他人注册商标之立体商品，而未使用相同或近似于他人注册商标之图样者，虽或应负民事责任，但基于罪刑法定，尚难以仿冒商标罪论处。”②

在一起被告将原告球队注册商标制作成衣服徽章销售的案件中，美国第五巡回上诉法院起初认为案件涉及商标商品化的疑难问题，但最终认为徽章本身也是商标，该徽章上呈现了原告的商标。如果不使用原告的商

① Planned Parenthood Fed'n of Am.，Inc. v. Bucci，No. 97 Civ. 0629，1997 WL 133313 (SDNY Mar. 24，1997).

② 陈昭华. 将平面商标做成立体商品是否侵害商标权. 月旦法学教室，2007 (5)：28.

标，被告可能就不会获得原告球迷的市场。因此，被告使用原告的商标与涉案徽章的销售或者广告宣传直接相关。原告已经完成了“在商品销售中使用”的举证责任。① 我国司法实践中亦发生过由 2010 年上海世博会吉祥物海宝形象被制作成毛绒玩具而引发的商标商品化争议。② 对此，有观点认为，消费者之所以愿意购买毛绒海宝玩具，是因为海宝形象本身可爱，是海宝形象本身使商品具有了实质性价值。很难想象消费者会将毛绒海宝玩具本身视为区别该玩具来源的标志。因此，制售不带有其他标志的假海宝并不存在侵犯商标权的问题。而且获得注册的是平面海宝形象，与立体的毛绒海宝玩具不可能构成“同一商标”③。也有观点认为，既然上海世博局已经在玩具上注册了“海宝形象”商标，那么擅自制造和出售与海宝形象具有相同形状的玩具，就是在相同商品上使用同一商标，构成商标侵权，严重的构成假冒注册商标罪。还有观点则认为，被告将海宝平面商标用作玩具的外形，属于商标法意义上的商标性使用行为，构成商标侵权；但由于平面商标和立体商标的表现形态不同，被告的行为不属于假冒注册商标罪中对相同商标的使用，因此，不构成假冒注册商标罪。④

笔者认为，如果商标商品与该商标核定使用的商品构成相同或类似商品，那么将商标商品化的行为也属于将商标用于商品的行为，只不过此种情况下商标和商品直接合二为一，商标由原本能指、所指和对象组成的三元结构转化为能指或所指与对象组成的二元结构，这也属于商标与商品的关联，构成商标性使用行为。当然，商标的商品化要受到商标法关于功能性原则的限制。例如，我国《商标法》第 12 条规定：“以三维标志申请注册商标的，仅由商品自身的性质产生的形状、为获得技术效果而需有的商品形状或者使商品具有实质性价值的形状，不得注册。”虽然将他人平面商标制作成商品，但如果该商品形状具有上述功能性，使用人的行为自然不构成商标性使用。此外，商标商品化实质上属于将平面商标立体化，二者在形态上并不相同，故不应属于在相同商品上使用相同商标，

① Boston Prof'l Hockey Ass'n., Inc. v. Dallas Cap & Emblem Mfg., 510 F. 2d 1004, 1011.

② 参见上海市第二中级人民法院（2011）沪二中刑终字第 303 号刑事裁定书。

③ 王迁. 知识产权法教程. 3 版. 北京：中国人民大学出版社，2011：374.

④ 凌宗亮. 平面商标立体化使用行为是否构成假冒注册商标罪. 人民法院报，2012-11-15 (7).

对侵权行为人只能追究其擅自使用商标的民事责任，其行为尚不构成假冒注册商标罪。

四、商标性使用的效果要件

商标法所调整的商标使用行为应当能够使消费者在选购商品或服务时根据商品上使用的标志来区分商品或服务的来源，进而购买自己心仪的商品或服务。这就要求商标使用行为应当具有两方面的效果：一是应当起到识别商品或服务来源的作用；二是这种识别来源的作用应当发生在消费者选购商品或服务时，而不是购买商品或服务之前或之后。

首先，商标性使用应当具有识别商品或服务来源的作用，而不仅仅是为了描述商品或服务的质量、成分等特点。这既是很多国家商标立法的明确要求，也符合商标的本质。商标并不等同于标志，而是具有识别性或者显著性的标志。同理，商标权人享有的权利并不是对标志本身的专用权，商标权人仅仅有权基于特定目的在商业过程中使用相关标志，从而只有在他人为了向消费者表明商品或服务的来源而使用标志时才存在侵权。美国有学者在对大量案例进行广泛分析的基础上，认为不管何种形式的商标侵权行为，都是被告进行的商标性使用，而不是描述性的或者非商标的使用。① 起初，我国 2002 年《商标法实施条例》第 3 条规定："商标法和本条例所称商标的使用，包括将商标用于商品、商品包装或者容器以及商品交易文书上，或者将商标用于广告宣传、展览以及其他商业活动中。"该规定给人的理解是"只要是用了人家的商标，不管怎么用，都算是使用"②。这可能导致商标权保护范围的不适当扩大，使一些对并未用于区别商品来源的标志的使用被认定为侵权行为。

2013 年《商标法》修改之前的司法实践已经对此有了较为一致的认识，即商标法中的商标使用必须是"商标意义上的使用"或者"商业标识

① Milton Handler，Charles Pickett. Trade-marks and trade names：an analysis and synthesis. Columbia law review，1930（2）：169.

② 孔祥俊. 商标法适用的基本问题. 北京：中国法制出版社，2012：120.

意义上的使用”。《最高人民法院关于深圳市远航科技有限公司与深圳市腾讯计算机系统有限公司、腾讯科技（深圳）有限公司、深圳市腾讯计算机系统有限公司西安分公司侵犯商标权及不正当竞争纠纷请示案的答复》［2008 年 12 月 20 日 （2008）民三他字第 12 号］便指出：“对于在一定地域内的相关公众中约定俗成的扑克游戏名称，如果当事人不是将其作为区分商品或者服务来源的商标使用，只是将其用作反映该类游戏内容、特点等的游戏名称，可以认定为正当使用。”2013 年《商标法》采纳了司法实践中已有的认识和做法，其第 48 条规定：“本法所称商标的使用，是指将商标用于商品、商品包装或者容器以及商品交易文书上，或者将商标用于广告宣传、展览以及其他商业活动中，用于识别商品来源的行为。”在东阿阿胶股份有限公司与北京姿美堂生物技术有限公司侵害商标权纠纷上诉案中，针对擅自使用“东阿阿胶”文字的行为，法院认为，被诉侵权人将涉案商标中的文字设置为被诉商品名称中的部分文字，搜索结果和网页信息中含有该文字，对产自东阿的产品进行描述，必然要使用涉案商标文字且充分表明这是其对商品产地、性质的描述，不构成商标法意义上的使用，构成对商标中描述性信息的正当使用。① 事实上，要获得对特定标志的商标权，行为人对标志的使用也应当是在识别商品或服务来源意义上的使用，而不能让消费者认为权利人的使用系为了提升美感价值而作为商品装潢使用。

其次，商品上使用的标志应当在消费者购买商品时起到识别来源的作用。加拿大《商标法》第 4 条第 1 款规定：“如果商品在通常的贸易过程中发生所有权或占有转移，商标被使用在商品上、商品包装上或者以其他能够让商品所有权或占有的受让人感知到的方式使用，那么可以认为商标被使用在商品上。”其中的“所有权或占有转移”的时间，笔者认为应是指消费者购买商品或者商品交付的时间。美国《兰哈姆法》在规定商标侵权时也要求混淆误认的主体是“购买者”，但在 1962 年，美国国会修改《兰哈姆法》时删除了所有关于“购买者”的限定，从而禁止任何“可能造成混淆、错误或欺骗”的商标使用。“该修正案的立法历史表明，国会

① 参见北京知识产权法院（2015）京知民终字第 1196 号民事判决书。

打算澄清该条款既涉及潜在购买者，也涉及购买者。一些法院认为，根据《兰哈姆法》，这一修正案包括了售前混淆和售后混淆。”① 笔者认为，无论是售前混淆，还是售后混淆，均是商标权非理性扩张的表现，不适当地扩大了商标权的权利范围。关于售后混淆，在上文“商标性使用的场景要件”中已有论述，即商标性使用主要发生在商品的市场流通过程中，在商品到达最终消费者时，商品即已退出流通领域，故不存在商标性使用。笔者在本部分主要分析售前混淆的情况，即虽然行为人在广告宣传等过程中存在使用他人商标的行为，但在消费者最终选购商品时，行为人并没有在相关商品上使用商标，相关消费者也没有发生混淆误认。

在 Brookfield Communications，Inc. v. West Coast Entertainment Corp. 案中，在被告的行为未导致售中混淆的情况下，美国第九巡回上诉法院首次适用了售前混淆理论，认为：原本搜寻原告产品的消费者被搜索引擎引导到被告的网站，会发现一个和原告提供产品相似的产品。通过将原告的客户转移到被告网站，被告不适当地利用了原告凝聚在商标上的商誉。而且网络消费者有可能误认为被告从原告处获得许可，或者被告与原告存在某种关联，甚至会认为被告收购了原告。即使消费者点进被告网站后立刻意识到这是被告的网站，与原告没有任何联系，被告也仍然通过使用原告商标获得了消费者的光顾，提高了自身网站的点击率。这种售前混淆毫无疑问会导致原告潜在顾客的流失，应当为商标法关于“混淆”的规定所调整。② 我国司法实践中亦有判决采纳了售前混淆理论。在沃力森诉八百客案中，二审法院明确指出：“该案被告实施的行为仅可能导致售前混淆，而不会导致售中混淆。由于售前混淆同样会对商标权保护的利益造成损害，应当被纳入商标权保护范围中。”③

笔者认为，售前混淆理论过多地考虑了商标权人的利益，而未兼顾消费者以及竞争者的利益，不利于实现商标法旨在平衡各方利益的宗旨和目

① Design & Sales，Inc. v. Elec. Data Sys. Corp.，954 F. 2d 713，716 (Fed. Cir. 1992).

② Brookfield Communications，Inc. v. West Coast Entertainment Corp.，174 F. 3d 1036，1057 (9th Cir. 1999).

③ 北京市高级人民法院知识产权庭. 北京法院商标疑难案件法官讲评. 北京：法律出版社，2011：132.

的。在讨论售前混淆理论时经常援引高速公路广告牌的例子：高速公路上树立着一块广告牌，广告牌上说寻找某个商店的人应该从下一个出口驶出。可是在下一个出口没有该商店，只有竞争对手的商店。竞争对手通过该广告牌误导消费者离开高速公路，目的是让大多数消费者只能决定在其商店购物，而不是回到高速公路上继续寻找想要的商店。① 但这个例子对于售前混淆理论的证成取决于两个前提：一是消费者被误导后重新寻找其所希望的商品的成本相对较高，需要重新返回到高速公路上再次寻找；二是竞争对手提供的商品在质量等方面无法与商标权人的商品相提并论，消费者只是勉强选择竞争对手的商品。

但是在实践中，在大多数情况下，特别是在网络环境下，消费者即使存在售前混淆，其重新选择原来商品的成本并不高，而且增加了消费者选择商品的机会，特别是在竞争对手提供的商品比商标权人的商品更好时，这种选择机会的增加无疑提升了消费者的整体福利。例如，在关键词竞价排名中，消费者在键入权利人的商标后，会同时看到权利人和竞争对手的网站。也就是在高速公路的第一个出口处既有消费者的目标商店，也有竞争对手的商店。竞争对手在第一个出口设置的广告牌并没有欺骗消费者，而是向消费者传达了正确的信息。消费者根据竞争对手的广告牌，不仅可以得到其原本想寻找的商标权人的商品，而且有更多的选择。消费者可以在商标权人和竞争对手的商品之间进行比较，进而选择更加物美价廉的商品，这对于消费者来说无疑是有利的。而在互联网中，这给消费者带来的成本仅仅是"点击几下鼠标"而已，相对于消费者选择机会的增加，这个成本是微不足道的。"消费者因此被推向了一个更加多元化的商品市场，为他们转而选择性价比更高的可替代产品或找到能满足其他要求的产品提供了可能性。因此，从消费者利益角度而言，初始混淆不但没有使消费者福利受到损害，相反，还促进了其福利的提高。"② 在消费者最终没有发生混淆的情况下，之所以认定被告的行为构成侵权，其理论基础在于被告

① Brookfield Communications, Inc. v. West Coast Entertainment Corp., 174 F. 3d 1062, 1064 (9th Cir. 1999).

② 黄汇. 售前混淆之批判和售后混淆之证成：兼谈我国《商标法》的第三次修改. 电子知识产权，2008 (6)：12.

的行为不适当地将原本属于商标权人的客户转移到了被告，从而使商标权人受到损害。但是市场竞争带来的必然结果是优胜劣汰，有竞争必然有损害，关键在于合理划分正当竞争和不正当竞争之间的边界。“传统上正是消费者在购买商品时发生混淆误认或被欺骗的可能性”发挥了界定商标法调整范围的作用。① 美国联邦贸易委员会亦认为：“在最初的欺骗是转瞬即逝的情况下，消费者在可能的购买前很容易被纠正，他们从信息中得到的好处比他们受到的伤害要多。只有在售前混淆不容易被纠正的情况下，联邦贸易委员会才会采取行动。如果法院希望将消费者信息或保护目的作为商标法的立法宗旨，那么只有在消费者无法轻易地从售前混淆中恢复过来的情况下，才有必要遵循类似的分析并谴责售前混淆。”②

因此，商标并不仅仅是商标权人的“专利”，其他竞争者在正当的范围内也可以使用，用以说明其与商标权人可以提供同样好的产品。美国商标司法实践中早就承认在比较广告中使用竞争对手的商标是合法的。“他们有权利告诉公众他们在做什么，并且可以在商标产品的广泛流行中分得一杯羹……通过广告，竞争者可以表明他们正在生产、销售与商标权人同样的产品，而且做得很成功。”③ 售前混淆理论在大多数情况下仅仅保护商标权人的利益，这并不符合商标法“通过保护识别商品来源的标志降低消费者的搜寻成本从而有利于消费者福利”的目标。事实上，即使在售前混淆理论的发源地美国，司法实践中仍然存在反对的声音。部分法院拒绝适用售前混淆理论，认为：“网页的访问者会因此被吸引到被告的网页，这是搜索引擎的根本特性。初始兴趣混淆（即售前混淆。——引者注）必须导致消费者对商品或服务来源的混淆或者是误认为商标权人与商标的使用者存在联系。由于搜索结果上每一个链接都是独立的且存在区别，潜在的消费者没有机会将被告的服务、商品、广告链接与网页误认为是原告

① Mark P. McKenna. The normative foundations of trademark law. Notre Dame law review, 2007 (5): 1839 - 1916.

② Ross D. Petty. Initial interest confusion versus consumer sovereignty: a consumer protection perspective on trademark infringement. The trademark reporter, 2008 (3): 757.

③ Saxlehner v. Wagner, 216 U. S. 375, 380 (1910).

的。因此，初始兴趣混淆在这里并不适用。”① 即使确实存在竞争者不当利用他人商标的情况，而且对消费者正常选购商品造成了极大的不便，只要消费者在选购商品时未发生混淆误认，也不应由商标法调整，而是可以将其纳入反不正当竞争法调整的范畴，即认定竞争者的行为明显有违公认的商业道德，损害了消费者的利益，扰乱了正常的竞争秩序。

第三节　商标性使用相关争议问题厘清

鉴于商标性使用贯穿于商标权获得、维持以及保护等各个阶段，在不同语境下围绕商标性使用问题在理论上和实践中又产生了诸多理解和适用方面的争议。笔者认为这些争议主要涉及三个方面，即主动使用与被动使用、直接使用与间接使用以及合法使用与违法使用。对这三类争议的厘清，有助于更加准确地理解商标使用制度，进而更好地予以适用。

一、主动使用与被动使用

（一）商标被动使用何以产生

之所以有人主张商标法应当引入被动使用概念，是因为商标评审及司法实践对“索爱”“伟哥”“陆虎”等商标纠纷案的裁决结果无法为这些商标的俗称提供充分的保护，在纵容商标恶意抢注的同时，也放任消费者混淆误认情况的发生。以“索爱”商标案为例，一审法院认为：“索爱”已被广大消费者和媒体认可并使用，具有了区分不同商品来源、标示产品质量的作用，这些实际使用效果、影响自然及于索尼爱立信公司和索尼爱立

① 张今，郭斯伦. 电子商务中的商标使用及侵权责任研究. 北京：知识产权出版社，2014：142.

信（中国）公司，其实质等同于它们的使用。因此，尽管索尼爱立信（中国）公司认可其没有将“索爱”作为其未注册商标进行宣传，但消费者的认可和媒体的宣传共同作用，已经达到了索尼爱立信（中国）公司自己使用“索爱”商标的实际效果，故“索爱”实质上已经成为该公司在中国使用的商标。① 二审法院则认为：被抢注的商标是他人已经使用并有一定影响的商标。商标的使用，包括将商标用于商品、商品包装或者容器以及商品交易文书上，或者将商标用于广告宣传、展览以及其他商业活动中。因此，被抢注的商标应当由被抢注人自己在商业活动中使用。由于索尼爱立信公司未将“索爱”作为商标进行商业性的使用，一审法院的认定缺乏法律依据。② 最高人民法院亦认为，在争议商标申请日前，索尼爱立信公司并无将争议商标作为其商业标识使用的意图和行为，相关媒体对其手机产品的相关报道不能为其创设受法律保护的民事权益。③

在“索爱”商标案中，尽管法院已经查明抢注人明知“索爱”已经在相关公众中具有了较高的知名度，并且指向索尼爱立信公司的产品，其仍然在相同商品上将“索爱”注册为商标，主观恶意十分明显，但由于索尼爱立信公司并没有实际使用“索爱”商标，一审法院的判决虽然对抢注商标的行为予以规制，但缺乏明确的法律依据。二审法院的判决虽然遵循了商标法的相关规定，却有纵容商标抢注行为、导致消费者利益受损之嫌。为解决对“索爱”等商标俗称保护不足的问题，有观点提出：“对于《商标法》第 31 条关于‘不得以不正当手段抢先注册他人已经使用并有一定影响的商标’的理解不宜过于僵化、严格。法官可以在结合商标法的基本原则，在考察商标法立法本意的基础上，结合市场实际情况，根据在先使用主体的不同，将在先使用分为被动使用和主动使用两种不同的情形。所谓被动使用，即一般消费者或相关公众主动地将某一标志在特定的商品或服务上特定地指向某一生产者或者服务者，从而使相关公众客观上对商标、商标所标示的商品或服务以及商品或服务提供者之间形成唯一联系的认识，而实际发挥了商标作用的行为。与其对应的即为主动使用，生产者

① 参见北京市第一中级人民法院（2008）一中行初字第 196 号行政判决书。

② 参见北京市高级人民法院（2008）高行终字第 717 号行政判决书。

③ 参见最高人民法院（2010）知行字第 48 号民事裁定书。

或者服务者主动地将某一标识作为商标进行宣传等使用行为，从而使该标识实际发挥了商标作用的行为。”① 有学者甚至认为：“只有以消费者为核心的社会公众，将特定标志视为识别特定经营者商品或服务的标记，该标志才真正成为商标。这种结果只有通过商标被动使用行为才能达至。”因此，“商标被动使用行为不仅是商标使用行为，而且在商标使用体系中居绝对的核心地位：它不仅能够实现特定标志转化为商标，而且是特定标志转化为商标的必经途径；它不仅不需要转化为商标主动使用行为，相反，后者需要依赖它才能发挥作用；它既可能符合商标权人的内在意思，也可以违背其意志而独立成立”②。综观各种关于商标被动使用的论述可知，支持被动使用的理由主要有以下几点：

首先，商标被动使用符合商标权劳动取得理论。商标之所以有价值，是因为它代表了经营者的商誉。商标权使用取得学说强调的是商标权人通过劳动获得了商标背后的商业信誉，而不是通过劳动建立了商标与经营者之间的联系。在商标被动使用中，虽然特定商标与经营者之间的联系并不是经营者通过自己的劳动建立的，但商标背后所体现的经营者的商业信誉则是经营者自己辛勤劳动的结果。

其次，商标被动使用符合商标权保护的基本理念。商标被动使用行为使商标与特定经营者之间建立了联系，进而使商标承载了经营者的商誉。如果不赋予经营者对这种联系一定的排他性权利，任由其他人对该商标加以利用，则可能导致消费者发生混淆和误认。相反，如果承认经营者对商标被动使用行为所建立的稳定联系享有相应的权益，则有助于制止可能导致消费者发生混淆的商标使用行为，这与商标权保护的基本理念一脉相承。

最后，商标被动使用符合商标法的立法宗旨。如果承认商标被动使用行为的法律效力，赋予经营者对该商标的排他性权益，禁止他人可能导致消费者发生混淆的商标使用行为和商标注册行为，则可以体现商标法的立法宗旨：防止消费者被误导和欺骗，维护消费者的利益；防止商标权人的

① 王东勇，仪军. 抢注未注册商标之“在先使用”的司法认定：评“索爱”商标案. 电子知识产权，2011（7）：65.

② 邓宏光. 为商标被动使用行为正名. 知识产权，2011（7）：14，11.

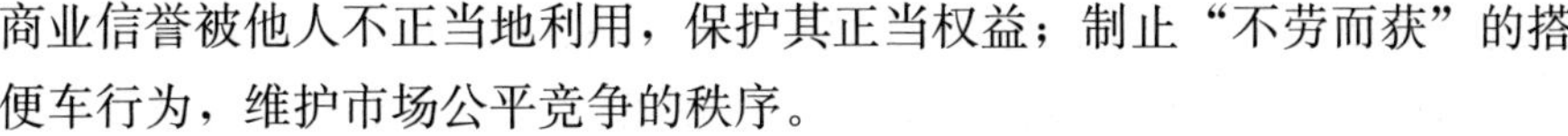

商业信誉被他人不正当地利用，保护其正当权益；制止“不劳而获”的搭便车行为，维护市场公平竞争的秩序。

（二）商标被动使用的证伪

无论是从基本语法、商誉与商标的关系，还是从消费者的核心地位以及商标法的体系协调看，商标被动使用都缺乏应有的正当性和解释力。

（1）从基本语法看，商标被动使用在语法上讲不通，违反了基本的语法常识。语态是动词的一种形式，它表示主语和谓语的关系。语态有两种：主动语态和被动语态。如果主语是动作的执行者，或者说动作是由主语完成的，就要用主动语态；如果主语是动作的承受者，或者说动作不是由主语而是由其他人完成的，则用被动语态。例如，社会公众在手机商品上使用了“索爱”商标，就是主动语态；“索爱”商标被社会公众使用在手机商品上，则是被动语态。因此，无论是主动语态，还是被动语态，其要表达的事实都是同一的，即“索爱”商标的使用主体是社会公众，只不过在表达方式上主语和谓语的位置不同而已。但从上文对商标被动使用的界定来看，支持被动使用的观点一方面认可“索爱”等商标源于社会公众在媒体、广告等载体上的主动使用行为，另一方面又认为这种使用构成被动使用。在表达方式未发生任何变化的情况下，将本属主动语态的句式说成被动语态，与基本的语法常识不符。而且让人不解的是，商标被动使用论者并未说明为什么经营者对商标的使用构成主动使用，而社会公众对商标的使用却构成被动使用。

事实上，就经营者的商标使用而言，如果说经营者对其商标主动进行宣传等使用行为是商标主动使用的话，那么商标被动使用应当是指该经营者的商标被许可使用人或者其他人使用在商品上，即被动使用的前提应是被使用的商标属于特定经营者。在此种意义上，我国相关商标司法解释事实上是承认商标被动使用行为的。《最高人民法院关于审理商标授权确权行政案件若干问题的意见》（法发〔2010〕12 号）对商标实际使用作了原则性规定，第 20 条第 2 款中规定：“商标权人自行使用、许可他人使用以及其他不违背商标权人意志的使用，均可认定属于实际使用的行为。”其中商标权人自行使用属于“主动使用”，许可他人使用以及其他人的使用则属于商标权人所享有商标的“被使用”，该被动使用也可视为商标权人的使用行为。但就对“索爱”等商标俗称的使用而言，由于相关经营者事先并未使用过这些商标俗称，有的还不愿意使用这些俗称，因此，这些俗称事先并不属于相关经营者所有，当社会公众对这些商标俗称进行使用时，并不存在相关经营者的商标“被使用”的问题，社会公众的使用自然也不能被视为特定经营者的使用。

(2) 被动使用论者的主要理由是社会公众对商标使用的结果是使该商标承载了经营者的商誉，而商标之所以受到保护，原因并不在于商标与经营者的联系，而在于商标承载的商誉，因此经营者应享有公众使用商标而产生的利益。这种观点实际上混淆了商标与商誉的关系。商标由“标记或标记组合”构成，其最本质的特征在于显著性或者识别性，即识别商品或服务来源的能力。而商品和服务提供者作为市场上的经营性主体，必定会在市场上留下“痕迹”。这种痕迹就是市场其他主体（包括消费性主体和其他经营性主体）对特定经营性主体综合品质的认知，可以被概括为对特定经营性主体综合品质的市场评价。其中对特定经营性主体综合品质的肯定性认知或者说积极的市场评价就是商誉。[①] 商标既然能够识别商品或服务的来源，与商品或服务的提供者建立联系，必然也会承载或表征商品或服务提供者的包括商誉在内的综合品质，例如商品或服务提供者的技术水平、资金实力、质量标准、经营理念、管理能力等信息。

商标与商誉之间所呈现的是一种虽相互影响但彼此独立的关系。一方面，商标与商誉之间的确存在着密切的联系。在商标可以表征或承载经营者商誉的意义上，赋予经营者商标专用权，在保护商标识别性的同时，也可以保护经营者的商誉，防止第三人搭便车、傍名牌的行为。而商誉的提高也有助于商标知名度的提高，从而使商标获得更强的保护。另一方面，商标与商誉之间又是彼此独立的。

首先，从二者的创建过程看，商标的形成并不需要以商誉的存在为前提，即使某企业刚刚设立，其注册的商标也并未实际使用，但只要特定的标志具备了区别商品或服务来源的功能，该标志就可以产生一定的商标利

① 朱谢群. 商标、商誉与知识产权：兼谈反不正当竞争法之归类. 当代法学，2003 (5)：8.

益，具有独立的价值，可以被评估、转让、许可。企业注册了商标，并不一定就享有商誉。商誉的创建实际上是一个企业各项要素间、各个子系统间以及企业与外部环境之间发挥积极协同效应的过程。在这一过程中，企业作为一个有机开放的资源和能力体系，通过对其所掌握的全方位资源要素进行有效的整合而获得了“一加一大于二”的竞争优势，而“大于二”的部分正是商誉的体现。① 因此，商标与商誉的价值具有相互独立性。在沸沸扬扬的“三鹿”奶粉事件中，声名狼藉并最终破产的“三鹿”公司可谓商誉全无，但其拥有的“三鹿”商标以及相关的保护性商标仍以 730 万元的价格被成功拍卖。

其次，从表征与被表征的关系看，商标可以表征经营者的商誉，也可以表征经营者负面的信息或评价；而商标也并非表征商誉的唯一载体，企业名称、字号、经营场所的装潢设计、产品包装等企业的标识系统或符号均可以表征经营者的商誉。因此，商标与商誉并非一一对应的关系。经营者的商誉受到侵害并不必然意味着其商标专用权也受到了侵害，对于他人侵害自身商誉的行为，经营者并不是必须通过商标法寻求救济，还可以借助企业名称、知名商品特有名称等反不正当竞争法的途径获得保护。因此，就商标被动使用而言，社会公众对“索爱”等商标俗称的使用行为虽然客观上使这些商标指向了特定的经营者，承载了经营者的商誉，但鉴于商标与商誉的独立性，享有商誉的经营者并不必然也应对该商标享有权利，特别是当这些商标指向的经营者尚未建立起商誉时，被动使用论者的观点显然更经不起推敲。以汶川大地震发生后的“范跑跑”事件为例，“范跑跑”是社会公众对某范姓教师的俗称，虽然该俗称指向了该教师，或许也承载了该教师的名誉，但该教师不能据此主张其对“范跑跑”享有专有权，从而禁止新闻媒体等社会公众继续使用该俗称。

（3）被动使用论者还有一个理由是，只有以消费者为核心的社会公众将特定标志视为识别特定商品或服务的标记，该标志才真正成为商标，这种结果只有通过商标被动使用行为才能达致。因此，以消费者为核心的社会公众才是商标制度预设的使用主体。该理由看到了消费者在商标法体系

① 徐聪颖. 论商誉与商标的法律关系：兼谈商标权的自由转让问题. 政法学刊，2010（1）：53.

中的核心地位，但存在偷换“使用”概念之嫌。诚然，以消费者为核心的社会公众是商标的决定者、评判者和缔造者。“只有当消费者而不是其他人将商标视为表示商品或服务来源的标志时，商标才开始存在。只有通过消费者的感觉，商标的功能才能够发挥。只有当消费者因商标而可能发生混淆时，才存在商标侵权。”① 但是，无论是商标实际获得显著性，还是商标知名度的提高，都是经营者实际进行使用宣传的结果，消费者在这一过程中不需要付出任何的劳动，更无须进行任何的商标使用行为。商标与消费者之间的联系或者作用并不是通过表现于外的、看得见的行为而实现的，而是发生在消费者的心理过程中。无论是对显著性的判断，还是对商标知名度以及商标侵权行为的判断，都是相关主体对消费者心理认知状态的揣摩和判断，而且这里所说的消费者并不是可以具体化的个体，而是相关行业的不特定社会公众。商标作为建立在消费者心理认知基础上的财产，其显著性、混淆和淡化等基本范畴都是对消费者特定认知状态的抽象概括，它们均表现为某种心理联想。显著性是指商标能够使消费者产生有关于商品出处的联想，混淆意味着侵权商标让消费者产生了关于商品出处的错误联想，弱化和丑化则分别对应着削弱驰名商标显著性和损害其声誉的联想。②

因此，虽然消费者在商标法中发挥着重要的作用，商标也有助于消费者在购物过程中节约大量的信息成本，但信息成本的节约是消费者在看到商标时的一种心理认知和反应，与商标法意义上的“使用”并不是同一个概念。虽然各国对商标使用的界定在内涵和外延上存在一定的差异，但都认为商标使用必须存在将特定标志使用在特定商品或服务上的行为。《现代汉语词典》对“行为”的解释是：“受思想支配而表现出来的活动。”③ 因此，商标法意义上的使用应当是表现于外的、可感知的。对消费者而言，如果说其认牌购物是对商标的一种使用，那么这种“使用”也仅仅是其内心的一种心理活动，无法表现于外，更无法被消费者直接感知。因

① 王太平. 论商标法中消费者的地位. 知识产权，2011（5）：41.

② 彭学龙. 商标法基本范畴的心理学分析. 法学研究，2008（2）：40.

③ 中国社会科学院语言研究所词典编辑室. 现代汉语词典. 7版. 北京：商务印书馆，2016：1466.

此，消费者之于商标的关系并不是一种使用关系，而是一种心理作用。作为商标能否受到保护、受到何种保护的评判者，消费者不需要对商标进行任何的使用行为。经营者对商标的使用只要能够被消费者感知，对消费者的心理认知产生影响，就可以实现商标的功能，而无须转化为消费者的被动使用。商标法中只存在主动使用行为，不存在被动使用论者所说的被动使用行为。

任何一项解释或者制度的提出不应是“头痛医头，脚痛医脚”，而应立足于整个制度体系，不仅应能够解释现实的问题，而且应与现有的其他制度相协调。商标被动使用虽然在一定程度上能够解决商标俗称的保护问题，实现禁止第三人恶意抢注的目的，但与现有的商标侵权及3年不使用撤销制度相冲突，使经营者可以轻易地借助商标被动使用规避上述制度价值的实现。按照被动使用论者的观点，商标被动使用行为既可能符合商标权人的内在意思，也可以违背其意志而独立成立。那么随之产生的问题是：首先，侵权行为人可以以“未经许可在相同或类似商品上使用与他人注册商标相同或相似商标的行为构成对商标的被动使用”为由进行不侵权的抗辩；其次，商标因3年不使用而被撤销的，权利人同样可以以第三人违背自己意志的侵权使用行为构成自己对商标的被动使用为由，辩称自己的商标不符合3年未使用的条件因而不应被撤销。

事实上，尽管侵权使用人对商标的使用确实可能符合商业使用的要求，但侵权人的使用是违背商标权人意志的使用，社会公众基于该商标使用所获得的信息也并非该商标本应承载的真实内容，因此这种情况不能被认定为商标权人的商标使用。否则，商标侵权行为的性质将变得“飘忽不定”，将完全取决于商标权人的意志：商标权人可以主张第三人未经许可的使用行为构成侵权，也可以主张该行为构成对自己商标的被动使用。这严重破坏了法律适用的严肃性。对此，《最高人民法院关于审理商标授权确权行政案件若干问题的意见》的规定很明确，即商标使用限于“自行使用、许可他人使用以及其他不违背商标权人意志的使用”。在1983年美国的 Exxon Corp. v. Humble Exploration Co. , Inc. 案中，法官对这种行为已经有结论性的陈述，即受争议的侵权使用不是商标使用行为。按照美国的商标理论，商标所有人长期不使用商标的行为已经构成了对商标使用义务的懈怠，尽管无权使用人对商标的使用可能让商标本身在商业上仍有价值，但商标所有人的消极行为已经表明对商标价值的放弃，若因侵权使用人对商标的使用而维持商标所有人对商标的控制并将商标价值归于商标所有人，这一逻辑本身就是不成立的。因此，有效的商标使用必须有商标所有人意志的主动参与。①

（三）公众使用商标的提出

综观被动使用论者的论述，虽然其承认消费者在商标法中的核心地位，却将社会公众的使用行为视为商标被动使用，其隐含的前提是商标法中的商标使用主体或者商标权人只能是特定的经营者，即特定的自然人、法人或者非法人组织。笔者认为这一前提并不成立，商标法中的商标权人一般表现为特定的经营者，但社会公众亦可以基于自己对商标的使用而成为商标使用的主体，进而成为商标权人，相应的商标可以被称为公众商标。社会公众的使用行为和经营者的使用行为在性质上是相同的，不存在被动使用和主动使用之别。社会公众基于商标使用而产生的商标利益自然归属于社会公众，而不应归于公众商标识别的相关经营者，否则这对经营者而言将成为一种“不当得利”，对商标法公共领域而言是一种损失。

首先，公众使用制度符合正义的价值诉求。追根溯源，英文中“正义”（justice）一词的词源是“dike”，其意思是“应得”（desert）②。因此，法的正义价值要求每个人的所得都必须与其所应得和功绩相符。洛克的财产权劳动理论对知识产权合理性的解释虽然受到一定的质疑，但其蕴含的“每个人得其所应得”的朴素的正义理念仍是值得肯定的。“知识产权，虽然由于其客体——知识产品的非原子世界的物质外部特征和形态而让人们觉得它捉摸不透，但知识产品同样是人们劳动的产物。既然知识产品是劳动的产物，而劳动是人自身的自然外在延伸，人的天赋权利中又包括人对自身的所有权，所以人理所当然应对知识产品享有财产权。”③ 就“索爱”等商标俗称而言，社会公众对这些名称进行了长期的使用，使之

① 朱凡，刘书琼，张今. 商标撤销制度中“商标使用”的认定. 中华商标，2010（12）：38.
② 布宁，余纪元. 西方哲学英汉对照词典. 北京：人民出版社，2001：530.
③ 李扬. 再评洛克财产权劳动理论：兼与易继明博士商榷. 现代法学，2004（1）：172.

能够区别商品或服务的来源，与特定的经营者建立了固定联系。同时，社会公众的使用并不会妨碍相关经营者正常使用其商标标识自己的商品或服务，从而为相关经营者留下了“足够多、足够好”的符号资源。因此，社会公众理应享有因自己劳动而获得的商标利益。

其次，公众使用制度有利于对商标法公共领域的保护。公共领域是知识产权法的重要内容，著作权法、商标法及专利法中均存在着各自的公共领域模式。就著作权法中的公共领域而言，有学者认为：“‘版权和公共领域实际上是一同诞生的’。只有在公共领域获得承认的前提下，版权的正当性才能被证立；而如果没有公共领域的被承认，就没有版权的正当性可言。”① 虽然“商标法没有负载版权法中引发公共领域问题的因素，例如作品的知识品格以及著作权促进文学艺术繁衍的魅力；创造性并不是获得商标权的前提；商标法律制度也不以诸如文学艺术的繁衍等崇高的使命为依归，而是创生于世俗的商业和贸易之中”②，但为了竞争者自由竞争及社会公众自由表达的利益需要，商标法仍然为社会公众自由、免费以及有效地接触符号资源预留了一块“公共领地”。通用名称、描述性标记以及行政区划名称等都是其中的重要元素，商标注册的显著性、非功能性要求也是为了让某些符号资源保留在公共领域中。但商标法公共领域中的符号并不仅仅是那些不能注册为商标或者不能作为商标使用的符号，某些事实上已经建立起识别性的商标也有可能保留在公共领域中，公众使用商标就是其中之一。承认社会公众也可以成为商标使用的主体，进而享有使用商标的权益，就是对商标法公共领域再生功能的确认和保护。特别是在当下的网络环境中，新名词、新符号不断涌现，这些往往不是单个的经营者造就的，而是社会公众共同使用的结果。任何人将这些已经产生特定含义或者建立特定指向的符号抢注为商标或者对其主张专有权，都将剥夺社会公众自由使用这些名称的利益，不适当地减损本属于商标法公共领域的资源。

事实上，不特定社会公众作为某种知识产权权利或权益的主体已经得到现有制度的认可。地理标志在某种意义上就属于特定区域的公众使用的

① 黄汇. 版权法上的公共领域研究. 现代法学，2008 (3)：51.

② 凌宗亮. 论立体商标的非功能性：兼谈我国《商标法》第 12 条的完善. 电子知识产权，2010 (3)：20.

商标。一个地理标志的产生是一个基于自然因素或历史因素的作用，历经从产品到商品再到市场的漫长过程。虽然一定地理区域内某种产品生产商、贸易商等的个体行为是该地理标志产生和发展的基础，但是某个具体经营者对该地理标志的贡献及贡献大小是难以确定的，特别是，在漫长的市场化过程中，老的贸易商和生产商可能已经消亡，新的生产商和贸易商又继续从事该地理标志产品的生产经营活动。因此，地理标志品牌价值的形成是特定区域内不特定公众长期使用该地理标志的结果，该地理标志不应由任何人所专有或独占。著作权法领域的传统知识或民间文学艺术也是如此，这些作品往往经过几代人的不断传承、修改而完成，在某种意义上属于一种公众创作作品，相关的社会公众应享有其中的利益。

在公众使用商标制度下，第三人恶意抢注“索爱”等商标俗称，将本该属于商标法公共领域的资源占为己有，侵害了社会公众对此类商标享有的使用利益。此时，公众使用商标可以通过商标无效宣告或者民事诉讼程序获得保护。

(1) 商标无效宣告对公众使用商标的保护。我国《商标法》第 44 条第 1 款规定：“已经注册的商标，违反本法第四条、第十条、第十一条、第十二条、第十九条第四款规定的，或者是以欺骗手段或者其他不正当手段取得注册的，由商标局宣告该注册商标无效；其他单位或者个人可以请求商标评审委员会宣告该注册商标无效。”因此，对于恶意抢注公众使用商标的行为，商标局可以以社会公众利益受到侵害为由，依职权主动宣告该注册商标无效；其他单位或个人也可以随时向商标评审委员会申请宣告该注册商标无效。在“索爱”商标纠纷案中，系争商标之所以没有被宣告无效，是因为索尼爱立信公司提出无效宣告的理由并非公众使用商标被侵害，而是自己享有的在先权利受到侵害。而索尼爱立信公司并不能证明其在先使用了“索爱”商标。

(2) 知识产权公益诉讼对公众使用商标的保护。按照我国《民事诉讼法》第 122 条的相关规定，有权提起民事诉讼程序的原告必须是与本案有直接利害关系的公民、法人和其他组织，而公众使用商标的权益主体是不特定的社会公众。对于第三人在相同或类似商品上使用与公众使用商标相同或相似商标进而导致消费者混淆、误认的行为，相关社会公众无权提起民事诉讼。因此，为了保护社会公众的利益，捍卫商标法以及整个知识产权法的公共领域，民事诉讼法应建立知识产权公益诉讼制度。在社会公众或相关消费者利益受到侵害，没有直接利害关系人或者直接利害关系人不愿起诉或怠于起诉时，任何公民、法人或其他组织都可以向人民法院提起公益诉讼，要求侵权行为人停止侵害。在相关立法未进行修改时，可以对我国《商标法》第60条规定的“利害关系人”作扩大解释，使之包括公众使用商标情形下的不特定社会公众，使之获得提起诉讼的法律依据。

（3）相关经营者对公众使用商标的间接保护。公众使用商标指向的是特定经营者的商品或服务，而且公众使用商标大多承载了特定经营者的商誉，而对公众使用商标的承认并不意味着相关经营者的利益得不到保护。相反，对于侵犯公众使用商标权利的行为，一方面，相关经营者作为社会公众的一员，可以以社会公众利益受到侵害为由请求宣告注册商标无效或提起公益诉讼，从而间接保护自己的商誉；另一方面，上文已述，经营者的商誉在商标、企业名称、产品包装装潢等载体上均可以得到体现，因此，相关经营者还可以以侵权人注册的公众使用商标与自己已经注册的商标、企业名称等构成近似为由请求宣告该商标无效或提起民事诉讼，要求侵权人停止侵害。这不但保护了相关经营者的商誉，也使公众使用商标得到了间接保护。

二、直接使用与间接使用

直接使用与间接使用的区分主要是为了准确界定生产商和销售商在侵权诉讼中的责任承担。例如，我国《商标法》第57条规定：“有下列行为之一的，均属侵犯注册商标专用权：（一）未经商标注册人的许可，在同一种商品上使用与其注册商标相同的商标的；（二）未经商标注册人的许可，在同一种商品上使用与其注册商标近似的商标，或者在类似商品上使用与其注册商标相同或者近似的商标，容易导致混淆的；（三）销售侵犯注册商标专用权的商品的……”第1、2项可以被称为生产侵权行为，第3项可以被称为销售侵权行为。有观点认为，销售侵权行为是指在商品或商品包装上使用与注册商标相同或者近似的商标转让、交付商品，或者为了转让、交付商品而进行广告、展示、进口、通过互联网提供的行为。简单地说，就是利用他人的注册商标，以出售、出租或其他任何方式向第三方提供商品或服务的行为，包括为促进该行为进行的辅助活动，如广告、促销、展览、服务等行为。销售侵犯注册商标专用权的商品的行为，既包括销售者未经许可自己直接使用他人注册商标销售商品的行为，也包括销售者销售他人侵害注册商标专用权的商品的行为，前者无须以他人的直接侵权行为为前提，后者须以他人的直接侵权行为为前提。[①] 也有观点认为，我国商标法对侵犯商标权的行为的规定不够系统。比如《商标法》第 57 条第 3 项的“销售侵犯注册商标专用权的商品”的行为明显可包含在第 1、2 项规定的“未经商标注册人的许可，在同一种商品上使用与其注册商标相同的商标”“未经商标注册人的许可，在同一种商品上使用与其注册商标近似的商标，或者在类似商品上使用与其注册商标相同或者近似的商标，容易导致混淆”的行为之内。[②] 对于我国《反不正当竞争法》第 6 条第 1 项规定的“擅自使用与他人有一定影响的商品名称、包装、装潢等相同或者近似的标识”的行为是否包括销售行为，亦有观点认为：“被告虽未作为生产主体直接使用混淆标识，但其作为个体工商户销售的侵权产品与知名商品特有的名称、包装、装潢相同或近似，足以导致相关消费者产生混淆，进而影响知名商品经营者的经营效益，应属反不正当竞争法中规定的‘擅自使用’。”[③]

笔者认为，上述观点未能正确区分商标直接使用和间接使用的关系，无法解释为什么生产商侵权行为不存在免于赔偿的规定，而销售商侵权行为则存在“无过错且提供合法来源”的免于赔偿的规定，例如我国《商标法》第 64 条第 2 款规定：“销售不知道是侵犯注册商标专用权的商品，能证明该商品是自己合法取得并说明提供者的，不承担赔偿责任。”

首先，如果销售商在销售商品过程中在商品或商品包装上使用与注册商标相同或者近似的商标，或者在广告宣传、互联网等上使用了他人商

① 李扬. 商标法基本原理. 北京：法律出版社，2018：230，231.

② 王太平. 商标法：原理与案例. 北京：北京大学出版社，2015：299.

③ 重庆市第一中级人民法院（2016）渝 01 民初 786 号民事判决书；重庆市高级人民法院（2017）渝民终 223 号民事判决书。

标，此时销售商的行为应属于《商标法》第 57 条第 1、2 项规定的生产侵权行为，不能适用第 3 项关于销售侵权行为的规定。在此种情况下，即使销售商能够提供合法来源，也不能免除赔偿责任。因为销售商实施了直接使用他人商标的行为。在原告杭州市西湖区龙井茶产业协会与被告上海市徐汇区玮恺茶行侵害商标权纠纷案中，上海知识产权法院认为，玮恺茶行原本销售的系散装茶叶，但在销售时向消费者提供了带有“西湖龙井”等标识的包装盒。此种行为不属于“销售侵犯注册商标专用权的商品”，而是构成未经商标注册人的许可，在同一种商品上使用与其注册商标相同或近似的商标。故玮恺茶行销售带有“西湖龙井”标识的茶叶的行为构成商标侵权。①

其次，如果销售商仅仅销售了带有他人商标的商品，并没有其他使用商标的行为，在此种情况下销售商并没有实施商标法规定的直接使用他人商标的行为。“当销售商销售带有商标的商品时，在通常意义上，销售商也在使用商标，但是这种‘使用’并不当然使销售商获得注册商标的权利，因为这种使用是为了识别商标权人而不是销售商所生产商品的来源。销售商通常不被视为其销售商品的来源。因此，如果销售商基于其销售了带有商标的商品而进行商标注册，由于该商标事实上属于生产者，那么销售商的注册是无效的。”② 因此，仅仅销售带有他人商标的商品，销售商并没有实施商标法规定的积极使用商标的行为。笔者认为，如果认为销售带有他人商标的商品属于使用，那么这种使用应属于间接使用，而非直接使用。《商标法》第 57 条第 1、2 项规定的“使用”应指直接、积极的使用行为，销售商没有实施第 1、2 项规定的积极使用商标的行为的，不应被纳入第 1、2 项进行调整。侵害商标权纠纷中生产商实施的行为实际上是指在相同或类似商品上，将权利人的商标使用在商品或商品包装、容器等的行为。销售商实施的行为则是指从侵权产品生产者购入已经贴附好权利人商标的商品再投入市场的行为。生产商实施了商标使用行为，构成直接侵权；而销售商本质上并没有实施商标使用行为，而仅仅是将带有权利

① 参见上海知识产权法院（2016）沪 73 民终 44 号民事判决书。

② Uniwell Corp. v. Uniwell North America Inc., 66 CPR (3d) 436 (1996) (FCTD).

人商标的商品投入市场，其实施的仅仅是商品销售行为，并不属于商标使用行为，因而并不构成直接侵权。[①]

最后，从违反义务的类型看，直接使用人违反的是其对于商标权的不作为义务，间接使用人违反的则是其对于商标权人的注意义务。商标权作为绝对权，具有排他性。任何人未经允许都负有不得擅自使用他人商标的不作为义务，正如任何人未经允许均不得擅自进入他人房屋、擅自取走他人物品一样。对于间接使用人而言，其之所以承担侵权责任，是因为其在销售商品过程中未尽到保护商标权人权利的注意义务。注意义务要求行为人在特定情形下必须遵循一定的行为准则及依该准则必须采取合理的防免措施。根据注意义务的明确性大小，可以将注意义务分为：法律法规、规章制度规定的注意义务，根据合同（或契约）所产生的注意义务，基于先行行为而产生的注意义务，习惯常理所要求的注意义务。[②] 笔者认为，销售商的注意义务源于商标法的明确规定，即不得销售侵害他人商标权的商品。由于反不正当竞争法并没有明确规定销售商的销售行为构成不正当竞争，故不应认为销售商亦负有反不正当竞争法中的注意义务，除非其明知他人实施不正当竞争行为而构成共同侵权。

区分直接使用和间接使用对于正确理解和认定生产商和销售商的赔偿责任具有重要的意义。关于生产商和销售商如何承担赔偿责任，一种观点认为，我国《商标法》第 57 条第 1、2 项和第 3 项分别对侵犯商标权的生产行为和销售行为进行了规定，即未经商标注册人的许可，在同一种商品或者类似商品上使用与其注册商标相同或者近似的商标的和销售侵犯注册商标专用权的商品的，分别构成侵犯商标权的生产行为和侵犯商标权的销售行为。因此，生产商和销售商的行为不属于共同侵权，二者应分别对自己的行为独立承担责任。这种观点可以被称为“独立责任说”。另一种观点认为，二人以上共同故意或共同过失，或者虽无共同故意、共同过失，但其侵害行为直接结合发生同一损害后果的，构成共同侵权，应当承担连带责任。共同侵权不限于有主观意思联络的行为，客观的行为关联也可构

① 何渊，陆萍，凌宗亮. 商标侵权案中生产商和销售商的责任承担. 中华商标，2013（3）：83.

② 周光清. 注意义务的根据探析. 江西科技师范学院学报，2004（4）：45.

成共同侵权。而生产行为和销售行为属于客观行为关联的共同侵权，销售商应在所销售侵权商品范围内与生产商承担连带责任。

笔者认为，既然销售行为属于间接使用行为，那么其在侵犯商标权意义上就并非和生产行为彼此独立。就侵权损害后果而言，生产行为和销售行为是彼此依存的关系，只有销售行为和生产行为直接结合才最终导致侵权损害后果的发生。试想，如果不以销售为目的，在商品上使用他人商标的行为是否构成侵权？如果没有侵权产品的生产行为，又何来销售行为的存在？事实上，商标权人专有控制的商标使用行为应当以商品行销为目的，即将商标贴附于商品进行销售或者其他交易，如出租或者将商标用于广告、展览和交易文书等。因此，销售行为是生产行为的必然延续，在侵权人既从事生产行为又自行销售的情况下，现有的司法实践一般认为生产行为甚至可以吸收销售行为。一方面，在民事损害赔偿方面，如果侵权人既从事生产也进行销售，则其并不需要就生产行为和销售行为分别承担赔偿责任；另一方面，在知识产权刑事保护方面，《最高人民法院、最高人民检察院关于办理侵犯知识产权刑事案件具体应用法律若干问题的解释》第13条第1款明确规定："实施刑法第二百一十三条规定的假冒注册商标犯罪，又销售该假冒注册商标的商品，构成犯罪的，应当依照刑法第二百一十三条的规定，以假冒注册商标罪定罪处罚。"此时，并不需要再认定生产商构成销售假冒注册商标的商品罪。因此，生产行为和销售行为在侵权法律后果层面上彼此关联，只有二者的直接结合才可能产生侵权损害后果，缺少其中任何一个方面，侵权后果都不会发生。

就特定的侵权产品而言，生产商和销售商分别实施的生产行为和销售行为都构成侵权行为，在销售商有过错的情况下，二者都应承担损害赔偿责任。由于侵权产品的数量是固定的，销售商据以承担赔偿责任的侵权产品正是生产商生产的产品，二者承担责任的产品基础是相同的，因此在此种意义上，权利人遭受的损失也应是确定的。例如，生产商生产10 000件侵权商品，某销售商销售了其中的100件。此时，权利人的损失是确定的，即10 000件侵权商品在市场上销售给其造成的损害。如果生产商已经就10 000件产品承担了赔偿责任，则权利人的损失已经得到填补，此时销售商如果再就其销售的100件产品承担赔偿责任，权利人将就这100

件产品获得重复赔偿。因此，就这 100 件产品而言，虽然权利人针对生产商和销售商分别享有损害赔偿请求权，但损害赔偿请求权只能实现一次。这恰与侵权责任形态中的不真正连带责任相吻合。不真正连带责任或不真正连带债务是指多数债务人就基于不同发生原因而偶然产生的同一内容的给付各负全部履行之义务，并因债务人之一的履行而使全体债务人的债务均归于消灭的债务。① 不真正连带责任对应的典型侵权行为类型是必要条件竞合侵权行为。所谓必要条件竞合侵权行为，是指两个行为中的从行为（间接侵权行为）与主行为（直接侵权行为）竞合的侵权行为方式，即从行为为主行为的实施提供了必要条件，没有从行为的实施，主行为不能造成损害后果的竞合侵权行为。②

生产商和销售商的侵权行为完全符合必要条件竞合侵权行为的特征，进而二者应承担不真正连带责任。首先，销售行为是生产行为产生侵权损害后果的必要条件。生产商生产的侵权产品只有投入市场，才会最终产生损害后果，没有后续的销售行为，生产行为的侵权后果只能是潜在的。其次，生产商和销售商承担责任的原因是不同的。生产商承担侵权责任是由于擅自使用了他人的商标，对应的法律规定为《商标法》第 57 条第 1、2 项；销售商承担侵权责任是由于销售了侵权产品，对应的法律规定为《商标法》第 57 条第 3 项。最后，生产商和销售商都应对侵权损害后果承担全部责任，而非按份责任。就销售商销售的侵权产品而言，生产商和销售商都要承担全部的损害赔偿责任。因此，在侵害商标权纠纷中，销售商和生产商承担的应是部分连带责任，之所以是部分，是因为销售商销售的侵权产品仅仅是生产商生产的侵权产品中的一部分，因此其仅在销售侵权产品范围内与生产商承担连带责任。

反之，如果按照独立责任说的观点，生产商和销售商的责任承担无论在实体裁判方面还是诉讼程序方面，都会产生不良的后果。首先，独立责任说会使损害赔偿变得不确定。如上文所述，在侵害商标权纠纷中，权利人的损失原本是确定的，但由于侵权产品销售商的数量是不确定的，有总

---

① 王利明. 中国民法案例与学理研究：债权篇（修订本）. 北京：法律出版社，2003：3.

② 杨立新. 论不真正连带责任类型体系及规则. 当代法学，2012（3）：58.

经销商、分销商、零售商等，如果这些销售商都要独立承担赔偿责任，那么导致的结果便是，销售商越多，权利人获得的赔偿也就越多，权利人获得的赔偿随销售商数量的变化而变化。其次，独立责任说会使权利人获得重复赔偿。上文对此已有论述，这里不赘述。“而通过不真正连带债务制度可以避免债权人的不当得利，避免债权人同时取得两份以上的赔偿。”① 最后，独立责任说会鼓励权利人进行批量诉讼，不利于从源头上打击侵权行为。侵害商标权的根源在于生产商，但独立责任说会使权利人为了获得更多的赔偿，即使在能够查明生产商的情况下，也不起诉生产商，而是选择起诉数量众多的销售商，这在增加司法负担的同时，也不利于有效打击侵犯商标权的行为。

也许有人会提出，既然销售商应当在销售侵权产品范围内与生产商承担连带责任，那么其承担连带责任的法律依据是什么？笔者认为，我国《民法典》侵权责任编和《商标法》对于侵犯商品权的生产商和销售商的责任承担均没有作出具体规定，《民法典》对承担连带责任的侵权行为进行了概括性规定，包括共同侵权、教唆与帮助侵权、共同危险行为以及共同加害行为。生产商和销售商之间的关系明显不符合教唆与帮助行为、共同危险行为；由于单独的生产行为和销售行为都不足以造成全部损害，二者的责任承担也不符合共同加害行为的规定。因此，问题的关键在于生产商和销售商是否构成共同侵权。关于共同侵权中“共同实施”的范围，学界一直存在主观关联共同和客观关联共同的争论，即共同侵权是否限于有主观意思联络的行为。笔者认为，共同侵权是否应包括客观关联共同，关键在于有没有将客观关联共同纳入共同侵权范畴进行调整的必要。从司法实践中的情况看，坚持主观关联共同将导致一些应当承担连带责任，但法律又无具体规定的侵权行为无法被纳入共同侵权中进行调整。事实上，共同侵权应包括客观关联共同已经被国内外立法实践所认可。虽无共同过错，但侵害行为直接结合发生同一损害后果的，构成共同侵权。《德国民法典》第 840 条第 1 款规定：“二人以上一同就因侵权行为而发生的损害

① 高圣平. 产品责任中生产者和销售者之间的不真正连带责任：以《侵权责任法》第五章为分析对象. 法学论坛，2012 (2)：19.

负责任的，作为连带债务人负责任。”因此，生产商和销售商的连带责任承担可以适用《民法典》第1168条的规定，属于共同侵权。

三、合法使用与违法使用

商标使用的合法性问题主要在商标权获得或者判断在先使用人是否具有在先使用抗辩等语境下进行探讨和分析。例如在商标授权确权行政诉讼中，法院一般要求商标使用应“公开、真实、合法”①。然而，理论上及实践中对于商标法中的商标使用是否必须具备合法性以及如何判断使用的合法性，仍存在一定的争议。

有观点认为：“只要注册人在商业活动中真实使用了注册商标，使其在市场中发挥识别作用，该商标注册就不应当被撤销。使用注册商标的商品或服务违反国家法律或者行政法规的有关规定，如产品质量不符合要求，没有获得卫生许可证或者生产许可证等，是商品生产或者服务活动违法，而不是商标使用违法，应当依据相应的法律法规处理，而不能用剥夺民事权利——注销商标注册的方式来惩罚注册人。如果说对商标使用有合法性要求，也应当是指符合商标法对商标使用的要求，即由注册人或者在注册人的控制之下，在注册指定的商品（服务）上使用注册商标。符合这些条件，就满足了商标法上的商标使用要求。”② 有观点进一步认为：根据TRIPs协议第15条第4款的规定，商标拟使用商品或者服务的性质在任何情况下都不应构成商标注册的障碍。只要在先使用的商标为相关公众所知悉，已经发挥了区别商品或者服务来源的功能，则不管该商标获得的是积极影响还是消极影响，该商标在相同或类似范围内的排他效力就有被维持的必要。如此，在商标法领域内，从商标注册角度看，探讨在先使用商标使用的商品或者服务是否违反法律禁止或者限制性规定，以及在此基础上探讨该在先使用商标获得的影响是积极影响还是消极影响，对于商标

① 北京市第一中级人民法院知识产权庭．商标确权行政审判疑难问题研究．北京：知识产权出版社，2008：148-161.

② 张玉敏．论使用在商标制度构建中的作用：写在商标法第三次修改之际．知识产权，2011(9)：7.

注册申请是否应予核准注册，并无任何实际意义。①

最高人民法院对该问题的观点前后存在反复。在云南滇虹药业集团股份有限公司与汕头市康王精细化工实业有限公司、国家工商行政管理总局商标评审委员会商标行政纠纷申请再审案（简称“康王案”）中，最高人民法院指出，商标连续 3 年不使用意义上的“使用”，应该是在商业活动中对商标进行公开、真实、合法的使用，并指出判断商标使用行为合法与否的法律依据，不限于商标法及其配套法规。经营者在违反法律法规强制性、禁止性规定的经营活动中使用商标的行为，不能被认定为商标法规定的使用行为。② 然而在申请再审人法国卡斯特兄弟股份有限公司与被申请人国家工商行政管理总局商标评审委员会、李某之商标撤销复审行政纠纷案（简称“卡斯特案”）中，最高人民法院认为，只要在商业活动中公开、真实地使用了注册商标，且注册商标的使用行为本身没有违反商标法律规定，则注册商标权利人已经尽到法律规定的使用义务；有关注册商标使用的其他经营活动是否违反进口、销售等方面的法律规定，并非商标法所要规范和调整的问题。③

笔者认为：首先，探讨商标使用行为合法与否的本质在于界定商标使用行为的法律效力。商标使用行为本质上仍属于民事法律行为，应当遵循关于民事法律行为效力的一般规定。我国《民法典》第 143 条规定：“具备下列条件的民事法律行为有效：（一）行为人具有相应的民事行为能力；（二）意思表示真实；（三）不违反法律、行政法规的强制性规定，不违背公序良俗。”因此，商标法中的商标使用应当不违反法律、行政法规的强制性规定，且不违背公序良俗。我国《商标法》第 10 条第 1 款第 8 项亦规定，有害于社会主义道德风尚或者有其他不良影响的，不得作为商标使用。该条款亦对商标使用作出了应当符合“公序良俗”的规定。在此种意义上，商标使用应当具有合法性。在原告上海台享餐饮管理有限公司与被告安徽甄旺品牌管理有限公司不正当竞争及侵害著作权纠纷案中，法院即

① 李扬. 违法使用与商标法第三十二条后半句规定的“一定影响”的关系.（2017－02－15）[2018－09－09]. http://ipr.cupl.edu.cn/info/1208/4795.htm.

② 参见最高人民法院（2007）行监字第 184－1 号驳回再审申请通知书。

③ 参见最高人民法院（2010）知行字第 55 号行政裁定书。

认为:“易产生不良社会影响的商品或服务的商业标识因存在法律瑕疵而不具有合法性,不受反不正当竞争法保护。”即使“本案原告对‘叫了个鸡’服务名称的使用的确承载了一定的社会评价、造成了一定的社会影响,但因该种评价、影响均为基于前文所述之违法行为而获取的负面、消极的市场声誉,并非源自优质服务所产生的市场美誉,故不能归入商誉范畴,亦不能被理解为《反不正当竞争法》第六条规定的‘有一定影响’的应有之义”①。

虽然 TRIPs 协议规定,商标拟使用商品或者服务的性质在任何情况下都不应构成商标注册的障碍,但对于该规定应当予以体系化理解和适用。如果相关商品或服务的性质违反公共利益或者“公序良俗”,我们就给不出必须给予注册或保护的正当理由。“应当对商品或服务的性质予以进一步区分,对由于垄断经营等因经济目的而受到销售限制的商品或服务,随着贸易自由化进程的推进,此种限制会逐渐取消,同类商品或服务的外国提供者的公共竞争利益应当受到平等保护,因此不应阻止其所持有的商标获得注册。但是,如果限制商品或服务是出于违反永恒的社会价值与公共秩序,则应当受到限制。一些国家会永久禁止抵触其宗教信仰、淫秽以及其他违反公共秩序的商品或服务在本国的营销,而不论其提供者是否为外国人。此种情况下,商品或服务的性质会导致所使用的商标不应获得注册,因为在永久禁止的违禁品上面,商标注册的目的根本就不可能实现。”②

其次,商标使用应当具有合法性,但并不意味着所有违反法律、行政法规规定的商标使用行为都属于违法的使用,只有违反法律、行政法规效力性强制规定的商标使用行为才属于商标法禁止的使用行为。商标使用合法与否中的“法”并不限于商标法相关的法律规定,但也不包括所有的法律规定,只限于法律、行政法规的效力性强制规定。“因为在强制性规定中,有些只是起到为当事人设定一般性义务的作用,有些纯粹是为了保护特殊场合下的一方当事人的利益,有些则可能是纯粹出于民法以外的法律

① 上海市浦东新区人民法院(2018)沪 0115 民初 8222 号民事判决书。

② 杨建锋. 论 TRIPS 协定下商标注册制度. 上海:复旦大学,2009:77.

规范目的，比如行政管理上的需要，所以违反强制性规定并不必然导致对合同效力的绝对否定。”① “强行法得为效力规定与取缔规定，前者着重违反行为之法律行为价值，以否认其法律效力为目的；后者着重违反行为之事实行为价值，以禁止其行为为目的。”② 因此，判断商标使用合法与否关键在于区分效力性强制规定与管理性强制规定。“正确理解、识别效力性强制性规定与管理性规定，不仅关系到民商事合同效力维护，还影响市场交易的安全与稳定。人民法院应当根据法律法规的意旨，权衡相互冲突的权益，综合认定……有关规定属于效力性强制性规定还是管理性规定。判断某项规定属于效力性强制性规定还是管理性规定的根本在于违反该规定的行为是否严重侵害国家、集体和社会公共利益，是否需要国家权力对当事人意思自治行为予以干预。”③

因此，判断商标使用是否违反效力性强制规定，进而构成违法使用应当综合权衡商标使用产生的利益以及相关的公共利益，只有禁止商标使用产生的公共利益大于商标使用产生的利益，才可以认定使用行为违法。上文提及的“康王案”和“卡斯特案”中的强制性规定或者为药品管理方面的规定，或者为进出口管理方面的规定，都属于行业管理类强制规定。该类规定更多地关涉特定行业的相关管理秩序，尚无法上升到公共利益的高度，故不存在对商标使用民事法律活动进行干预的必要。此类案件中的商标使用虽然表面上“违法”，但与社会公共秩序或公共利益并不存在根本冲突，故仍应属于合法使用。

① 崔建远. 合同法总论：上卷. 北京：中国人民大学出版社，2008：287.

② 史尚宽. 民法总论. 北京：中国政法大学出版社，2000：330.

③ 最高人民法院（2016）最高法民申 1223 号民事裁定书。

第三章 商标性使用的类型化解读

商标性使用或商标使用，是商标法中出现频率较高的概念，在商标注册、在先使用抗辩、商标不使用撤销制度、商标侵权认定以及损害赔偿确定等方面均有相关的规定。同时，商标使用又是一个看似简单却令人惊讶地难以捉摸的法律概念。有美国法院将商标使用形象地比作“反复无常的变色龙”[①]。目前，多数国家的商标立法只是对商标使用作原则性的界定，列举商标使用的具体方式，并没有对不同语境下的商标使用进行区分界定，这就容易对法律制度的理解和适用产生偏差。例如，仅仅在广告中使用商标，没有进行实际的商品生产和销售，明显属于侵权意义上的商标使用，却不一定属于商标维持意义上的商标使用。“美国《兰哈姆法》第 45 条规定的商业中使用的范围与第 32 条规定的侵权判断中使用的外延存在差别，主要体现为商标权取得阶段不包括广告中的使用，而侵权诉讼阶段则包括。”[②] 因此，对商标使用进行类型化解读，正确理解和界定不同制度语境下商标使用的含义，对于商标使用制度价值乃至商标法立法宗旨的实现无疑具有重要的理论和实践意义。

关于商标使用的类型划分，有观点认为，商标使用包含两个重要的领域：一个是商标权取得和维持中的使用，另一个是商标侵权中的使用。取得权利、维持权利的商标使用，是对权利人行为作出的评价，既关注实际使用的结果，也重视商标权人为获得实质的商标权而做出的努力。商标使用应当发挥商标的机能——识别和区分来源的能力，因此，对使用的程度和范围有一定的要求。侵权行为中的商标使用是破坏商标功能的违法使

---

① Blue Bell, Inc. v. Farah Mfg. Co. , 508 F. 2d 1260, 185 USPQ 1, 2 (CA 5 1975).

② Margreth Barrett. Internet trademark suits and the demise of “trademark use”. UC Davis law review, 2006 (2): 371.

用，侧重于使用行为可能导致的消费者混淆及损害竞争等实际后果。侵犯商标权中的商标使用在程度和范围上的要求相对较低。① 也有观点认为，对应着商标显著性的生成、增长、维持、冲淡、消逝，商标使用也相应地分为三种不同意义上的使用样态，包括以取得商标权为基础的商标使用、以维持商标权为基础的商标使用以及以侵犯商标权为基础的商标使用。② 还有观点认为，从我国商标法所规定的不同种类商标使用的目的看，商标使用可以类型化为商标专用权维持中的商标使用、对抗他人抢注中的商标使用、商标侵权行为中的商标使用以及商标侵权损害赔偿主张中的商标使用。③ 笔者认为，商标权取得和维持阶段的商标使用虽然均系“商标权人为获得实质的商标权而做出的努力”，但权利取得和权利维持的制度价值仍存在区别，特别是采取注册制度的国家对商标权维持阶段的使用要求明显要高于对商标权取得阶段的使用要求，故应当对二者予以区分。商标侵权阶段损害赔偿确定中的商标使用要求本质上仍然是为了督促商标权人实际使用商标，可以将其纳入维持阶段商标使用的要求。此外，商标权保护除了民事保护，还涉及刑事保护的问题，故可以将商标使用的外延划分为商标权取得中的商标使用、商标权维持中的商标使用、商标权民事保护中的商标使用以及商标权刑事保护中的商标使用。④ “商标性使用行为类型化的标准，就在于使用行为所处的环节不同。不同环节中的商标性使用具备相同的本质，但在具体要素上发生数目的变化以及强度上的改变，从而形成不同类型的商标性使用。”⑤

---

① 张今，郭斯伦. 电子商务中的商标使用及侵权责任研究. 北京：知识产权出版社，2014：23.

② 李雨峰. 侵害商标权判定标准研究. 北京：知识产权出版社，2016：187.

③ 刘铁光，吴玉宝. “商标使用”的类型化及其构成标准的多元化. 知识产权，2015（11）：46.

④ 需要说明的是，商标权保护还涉及行政保护问题，但考虑到就商标使用而言，商标权的行政保护和民事保护并无本质区别，而且本书主要涉及商标权的司法保护问题，故对于商标权行政保护中的商标使用问题不专门进行论述。

⑤ 杨雄文，程晖. 论商标性使用类型化的逻辑与建构. 科技与法律，2023（2）：84.

第一节　商标权取得中的商标使用

关于商标权取得的方式，综观各国商标立法，总体上存在使用取得商标权和注册取得商标权两种不同的制度体系。“商标保护的历史表明，最早对商标提供保护的普通法国家通过判例法以商标在公众中享有声誉为保护前提，而商标声誉则是通过商标的实际使用建立起来的。”① 但是，由于使用取得商标权存在不足，越来越多的国家采取注册取得商标权的模式。“在今天的国际保护中，以及在大多数国家的国内商标制度中，‘获得注册’是取得商标权的唯一途径。”② 然而，值得进一步思考的是，商标注册对于商标权的意义究竟为何？注册取得的真的是“商标权”吗？为什么已经注册取得的商标权还会因为不使用而丧失？这些都需要我们回到问题的本源去思考商标权取得的模式，并以此为基础厘清取得商标权的具体方式。

一、商标注册与商标权取得的关系

关于商标注册与商标权取得的关系，理论上大体上存在授权说和确权说两种观点。根据授权说的观点，商标权是由行政机关的行政行为创设的。商标权在注册之前是不存在的，只有通过行政机关的注册行为，商标权才可以产生。“注册商标的申请注册是以拟注册的商标能够识别商品或者服务为前提，并不要求其已具有实际的识别作用。而一旦获得注册后，注册商标不论实际使用的情况如何，均受法律保护。从这种意义上说，商标注册赋予了其法律上的权利，预留了市场使用的法律空间。即使此前已因为使用而具有了事实上的商标意义，注册商标也不是简单地对这种权利

① 王春燕. 商标保护法律框架的比较研究. 法商研究，2001（4）：12.

② 郑成思. WTO 知识产权协议逐条讲解. 北京：中国方正出版社，2001：64.

或事实状态的确认，而是使该商标脱胎换骨地获得了新的注册商标专用权。这正是笔者不倾向于将商标注册称为商标确权而主张商标授权的重要原因。”① 确权说则认为商标注册属于行政确认，是对主体已经享有的权利的确认。“商标权是商标所有人自己创设的权利，由于商标权保护的是商誉，而商誉是商标所有人多年来积累使用商标的凝结，这是一种普通法上的权利，只是因为现代社会设立了登记制度以后，为公示商标权的权利范围和主体，才将注册作为取得商标权的一个程序。注册完全是程序性的，它对商标权的取得无实质性的影响。”② 还有观点进一步认为，商标注册是一种特殊的行政确认，其特殊性体现为商标注册扩大了商标权效力的地域范围。③

（一）商标注册取得商标权的反思

无论是授权说还是确权说，其隐含的前提都是商标注册可以取得商标权，是商标权取得的要件。但是商标权本质上属于民事权利，作为私权的民事权利并不存在需要行政机关授予或者确认权利的问题，行政机关仅是对民事权利的取得和范围进行公示。注册获得的不是权利本身，而是可以对抗第三人的效力。否则，如果注册可以取得商标权，就无法解释未实际使用注册商标不能获得保护或者不能获得充分保护的问题。

对于未实际使用注册商标的保护，司法实践中大多认为商标专用权的保护不需要以注册商标实际使用为条件。“商标权是一种财产权，商标权人的权利包括自己使用和禁止他人使用两部分。这两部分是独立的。商标权人即使自己不使用，只要是商标未被撤销，其他人也不可以使用，商标权人可以行使禁止权以排除他人使用。”④ 因此，在注册商标被撤销前，

---

① 孔祥俊. 商标与不正当竞争法：原理和判例. 北京：法律出版社，2009：30.

② 李雨峰，曹世海. 商标权注册取得制度的改造：兼论我国《商标法》的第三次修改. 现代法学，2014（3）：65.

③ 徐家力.《商标法》的定位反思：兼谈我国《商标法》的第三次修订//中国社会科学院知识产权中心，中国知识产权培训中心.《商标法》修订中的若干问题. 北京：知识产权出版社，2011：25.

④ 闫文军. 注册后未使用的商标的侵权认定与救济//北京市高级人民法院民事审判第三庭. 知识产权办案参考：第9辑. 北京：中国方正出版社，2004：61.

被告不得以原告商标未使用为由对原告的商标专用权提出质疑。但是对于侵权认定，司法实践中存在不同的裁判观点。

多数法院在侵权认定时并不考虑注册商标未经使用的因素，在被告于相同或类似商品上使用与原告注册商标相同或近似商标，容易导致消费者混淆、误认时，即认定被告的行为构成侵权，应当赔偿原告经济损失。例如在北京御生堂生物工程技术有限公司诉北京御生堂生物工程有限公司等商标侵权纠纷案中，一审法院没有考虑在被告实施侵权行为之前，原告即已停止使用其注册商标的事实，以三被告获利数额超过原告诉请500万元的数额为由，判决对原告的赔偿请求予以全额支持。二审法院考虑到原告停止使用其商标的事实，将赔偿金额更改为50万元。① 有的法院在认定被告的行为侵犯原告未使用注册商标专用权的同时，认为原告商标未使用的事实可以证明被告侵权行为未对原告造成实际经营上的损失，因此，考虑到原告未提供经济损失的相关证据，对原告经济赔偿的请求不予支持。在原告北京中农科技术开发公司诉被告中国农业生产资料集团公司侵犯商标专用权案中，法院认为，原告注册商标虽然连续3年没有使用，但该商标尚未被相关管理部门废止，仍应受到法律保护。但此情节能证明被告侵权行为未对原告造成实际经营上的损失，因此对原告经济赔偿的请求不予支持。②

少数法院在允许未使用注册商标专用权人提起侵权诉讼的同时，以原告商标未实际使用，从而无法将双方标志进行比对为由，认定被告的行为不构成侵权。在贵州长寿乐保健品公司诉云南红河光明股份有限公司等注册商标侵权纠纷案中，二审法院认为，被告的“红河红”只作为商品名称使用，与原告注册商标“红河”的字体、字形不同，文字上也有区别，且原告未提交有关“红河”文字商标在产品上使用的证据，故无法从实物上加以辨别。从被告“开远牌红河红”葡萄酒产品瓶贴及外包装的装潢看，以购买者的一般注意力为标准，购买者不会对商品来源产生误认。③

① 参见北京市第一中级人民法院（2004）一中民初字第276号民事判决书；北京市高级人民法院（2005）高民终字第206号民事判决书。

② 参见北京市海淀区人民法院（2004）海民初字第8212号民事判决书。

③ 参见贵州省高级人民法院（2006）黔高民二终字第15号民事判决书。

《商标法》第 64 条第 1 款对上述争议在一定程度上进行了明确，规定："注册商标专用权人请求赔偿，被控侵权人以注册商标专用权人未使用注册商标提出抗辩的，人民法院可以要求注册商标专用权人提供此前三年内实际使用该注册商标的证据。注册商标专用权人不能证明此前三年内实际使用过该注册商标，也不能证明因侵权行为受到其他损失的，被控侵权人不承担赔偿责任。"实际上，按照《商标法》第 49 条第 2 款的规定，"注册商标没有正当理由连续三年不使用的，任何单位或者个人可以向商标局申请撤销该注册商标。所以，从这个角度讲，此类情形商标专用权人闲置了其所注册的商标，注册商标的专用权处于可被撤销的状态，其注册商标的专用权利存在瑕疵，其他人使用该注册商标的，不应承担赔偿责任"[①]。且不论未实际使用注册商标权人是否应当获得停止侵权的救济[②]，仅从赔偿责任看，同样是注册商标，是否对该商标进行实际使用对于商标权人的利益将产生不同的影响。如果注册可以获得商标权，为什么同样是注册商标，在寻求救济时却存在如此大的差别?

事实上，"权利本质为法律所保护的利益，凡依法律归属于个人生活之利益（精神的或物质的）即为权利"[③]。未实际使用注册商标不能获得赔偿，实质上意味着商标法并不认可未实际使用注册商标存在值得保护的

---

① 何永坚. 新《商标法》条文解读与适用指南. 北京：法律出版社，2013：185.

② 《欧盟商标条例》及德国、英国等国的商标法对于未实际使用注册商标的权利均规定了若干程序和实体上的限制。程序上，如果注册后 5 年内未使用，则注册商标权人的异议权、宣告无效权会受到限制。实体上，未实际使用注册商标的停止侵害、赔偿损失等请求权均会受到限制。例如《德国商标和其他标志保护法》第 25 条第 1 款规定："如果在请求提出之前 5 年内，该商标没有根据第 26 条使用于作为赖以提出这些请求理由的商品或服务上，只要该商标在此日期前已至少注册 5 年，则注册商标所有权人应无权对第三方提出任何第 14、18 和 19 条所述的请求。"而该法第 14 条第 5 款规定："任何人违反第 2 至 4 款的规定使用一个标志，该商标所有人可以起诉要求禁止这种使用。"对于未实际使用的注册商标，有观点认为，从立法意图上考察，商标法赋予被控侵权人抗辩权，使其免于承担损害赔偿责任，是在肯定其使用可撤销注册商标的行为。如再禁止其将来使用该注册商标的行为，无疑是与该立法意图相违背的，殊不足取。刘春林. 商标三年不使用抗辩制度研究. 中华商标，2014（10）：36.

③ 郑玉波. 民法总则. 北京：中国政法大学出版社，2003：61. 关于民事权利的本质，主要存在意思说、利益说、法力说、权力说等，我国多数学者坚持权利为利益的观点。张驰. 民事权利本质论. 华东政法大学学报，2011（5）：40.

利益，而没有承载利益的商标权无法被称为真正的权利。[①] 也许有人会提出，根据我国商标法的规定，未实际使用注册商标仍然可以获得停止侵权的救济，这也属于一种值得保护的利益。对此，笔者认为：根据我国《商标法》第 49 条第 2 款的规定，“注册商标成为其核定使用的商品的通用名称或者没有正当理由连续三年不使用的，任何单位或者个人可以向商标局申请撤销该注册商标”，因此，如果注册商标已经连续 3 年未使用，商标权人在侵权诉讼中原则上不能获得停止侵权的救济；如果注册商标未使用的时间尚未超过 3 年，司法实践中亦有不支持停止侵权诉讼请求的案例。即使商标权人能够获得停止侵权的救济，也仅仅意味着商标权人有权在 3 年内禁止他人使用特定的商标。笔者认为这更多地属于一种资格，而不是民事利益，即 3 年内商标注册人有权优先使用某个标志，但只有实际使用了某个标志，该标志上才可能存在值得保护的利益。“任何一个文字形式、图案或符号，不管它们天然地多么适合于做某些商品或服务的标记，亦非天然就是其他事物的标记。没有文字、图案或符号与特定的商品或服务这二者在市场上作为‘标’与‘本’相联系的法律事实，就不会产生‘商标’这种法律关系。说到底，商标反映的是一种利益关系，这种利益是通过在市场上把标记与商品或服务不断地联系在一起而产生的。”[②]

也许正是意识到“注册取得商标权”难以自圆其说，有观点提出注册获得的并非实质意义上的商标权，而是拟制的商标权：“商标权保护的实质是保护商标对其商品或服务的来源识别性，而商标的来源识别性只有通过实际使用之后方可取得。本质意义上的商标，只有通过使用获得来源识别性之后方可取得实质的商标权。而注册体制下的商标法规定，注册即可取得商标权，实际上是法律通过拟制的方式，使未实际使用的商标获得相当于实际使用商标的权利。因此，在注册体制的商标法中，商标申请人对

① 对此，有观点认为：“我国商标法是权利授予法，只有通过注册登记的方式才能取得商标权，与通过商标使用获得财产利益相比，两者可以分别称为形式商标权和实质商标权。”刘维. 商标权的救济基础研究. 北京：法律出版社，2016：134.

② 刘春田. 商标与商标权辨析. 知识产权，1998 (1)：12.

核准注册的商标所获得权利是一种‘法律拟制的商标权’。”[①] 主张注册获得的是拟制的商标权的，徒增概念的混淆，不如直接认可注册并不可以获得商标权的事实，真正意义上的商标权只有通过使用才可以获得。“在知识产权取得过程中，‘国家授予’或‘法律确认’是必要的，这是因为知识产权的独占性特征靠智力劳动本身是无法产生的，这恰恰是法律制度设计的结果。但是，将‘国家授予’或‘法律确认’看作是知识产权产生的直接原因是不科学的，它忽视了智力劳动对知识财产的本源性意义。”[②] 就商标权的取得而言，具有“本源性意义”的无疑是使用，而不是注册。

（二）商标注册的本质在于公示公信

商标注册并不能获得商标权，取得商标权的唯一路径是使用，注册仅仅是使商标获得对抗第三人的效力，并以此为基础保护善意第三人的合理信赖。“公示的目的是将物权这一绝对权予以公示，使物权法律关系处于公示状态，而不是公示物权变动行为，不仅物权这一绝对权应采取权利法定原则，必须公示，其他绝对权也是如此。”[③] 商标权作为一种绝对权，其具有的专有和排他的效力也决定了商标权必须公示，只有经过公示的商标权才具有对抗任何第三人的正当性基础。“就其属性而言，商标权是与物权非常类似的绝对权和支配权，它的义务主体是不特定的多数人，商标权无需第三人的帮助，其所有人便可实现其利益。既然义务主体是不特定的第三人，为交易安全之考量，在制度上就必须设计一种权利的公示方法，让第三人知晓商标权的范围有多大。在这一点上，它与物权无异。”[④] 在美国，商标权的获得主要来自商标的实际使用，商标的注册，不过是对已经使用的商标的公告，仅仅产生程序性的权利，而非实体性的权

---

① 刘铁光．商标法基本范畴的界定及其制度的体系化解释与改造．北京：法律出版社，2017：25.

② 吴汉东．知识产权的私权与人权属性：以《知识产权协议》与《世界人权公约》为对象．法学研究，2003（3）：68.

③ 齐毅保．论物权公示的性质和制度价值．中外法学，1997（3）：47.

④ 李雨峰，曹世海．商标权注册取得制度的改造：兼论我国《商标法》的第三次修改．现代法学，2014（3）：66.

利。① 从权利公示公信的角度看，注册产生的程序性权利主要在于“确认商标构成符合法定要素要求，明确商标载体边界，保证商标形式稳定，并将商标式样公示，形成公示公信效力。注册制度能够保护相对方的信赖，使得他人对注册商标的权利予以尊重并不妨碍个人自由”②。

首先，对于注册前未经使用的商标，注册是对行为人采用该商标的公示。

行为人在决定采用某个标志作为商标后，有的不经过使用直接申请商标注册，有的经过使用后再进行商标注册。上文提及的确权说即使成立，实际上也只能解释商标注册前已经使用的情形，商标注册前未进行任何使用的，实际上并没有任何权利或权益需要得到确认，因为此时的商标仅仅表现为标志本身。因此，对于未经使用直接申请商标注册的情形，商标注册应当是对某个标志已经被申请人采用这一事实的公示，以告知第三人不要再选择相同或近似的标志作为商标使用或注册，以免造成资源的不必要浪费。“在注册阶段降低对使用的要求并不会存在问题，因为注册本身便是对后来者的告知，而仅仅象征性使用本身却无法被其他竞争者知道。其他经营者在着手产品开发前只需要查询注册簿就可以。”③ 也就是说，采用某个标志的事实也需要通过注册予以公示。即使行为人在先决定采用某个标志作为商标，但如果没有及时申请注册登记，他便无法以采用标志的时间在先为由对抗在后将该标志申请注册的善意第三人。只有在第三人明知或应知他人已经采用某个标志并准备作为商标使用或申请，仍然擅自将该标志抢注为商标时，在先采用该标志的人才有权提出异议或者主张相关的商标申请权或商标权归其所有。例如，我国《商标法》第 15 条规定：“未经授权，代理人或者代表人以自己的名义将被代理人或者被代表人的商标进行注册，被代理人或者被代表人提出异议的，不予注册并禁止使用。就同一种商品或者类似商品申请注册的商标与他人在先使用的未注册商标相同或者近似，申请人与该他人具有前款规定以外的合同、业务往来

① 李明德. 美国知识产权法. 2 版. 北京：法律出版社，2014：599.

② 付继存. 形式主义视角下我国商标注册制度价值研究. 知识产权，2011 (5)：76.

③ Weight Watchers International, Inc. v. I. Rokeach & Sons, Inc., 211 USPQ 700, 709 (TMTAB 1981).

关系或者其他关系而明知该他人商标存在，该他人提出异议的，不予注册。”

同时，注册人也获得了在一定期限内排他使用该标志的资格，在该期限内，任何第三人未经允许都不得进行使用。例如，我国商标法规定的注册人独占某个标志的期限为3年，3年过后其他人都可以申请撤销该注册登记，从而使注册人丧失上述使用某个标志的资格。在美国，对于以意向使用为基础提交的注册申请，在商标审查通过后美国专利商标局会将商标予以公告。若在公告期内无人异议或异议不成立，则美国专利商标局会在公告期结束后下发核准通知书，要求申请人自通知日起6个月内提交使用证据。若申请人未在规定期限内提交使用证据或办理延期，则美国专利商标局将视为申请人放弃该商标注册申请。[①] 上述规定均表明，对于未经实际使用直接申请商标注册的情形，注册仅仅使申请人获得了在一定期限内专有使用某个标志的资格。只有经过实际使用，相关标志承载了使用人的商誉，这种资格才转化为值得保护的利益，商标权才最终产生——这类似于民法中的先占。只不过物权的客体具有有体性，先占本身即为一种公示方式，而商标则具有无体性，在先采用某个标志本身无法为他人知晓，必须通过注册登记予以公示。

“权利有两个核心要素，即作为实质要素的利益以及作为形式要素的法律保护，两者相结合即为权利——受法律保护的利益。”[②] 就商标权而言，其值得保护的利益在于识别商品或服务的能力或者其所承载的经营者的商誉，这种利益只有经过实际使用才可以获得。在此种意义上，注册获得的并非民事权利，而仅仅是某种资格。“商标权作为一项财产权，不是来自于商标局的注册，而是来自于商标的实际使用和由此产生的商誉，也即消费者对商标的积极评价。更有学者基于对商标使用行为的强调，而认为我国商标法中的商标注册制度是对‘商标权所保护的特定利益的异

① 薛友飞. 美国商标的使用证据要求、审查趋势、潜在风险及应对策略. 中国知识产权杂志，2018（19）：110－113.

② 彭诚信. 现代权利视域中利益理论的更新与发展. 东方法学，2018（1）：101.

化’。”① 因此，对于未经实际使用直接申请注册的商标而言，注册人获得商标权的路径应该是“采用某个标志＋申请登记＋实际使用”，只有经过上述三个阶段，注册人才能真正获得商标权。

其次，对于注册前已经实际使用的商标，经过注册登记的商标权人可以对抗任何第三人，未经注册的商标权人不能对抗善意第三人。

注册是对基于使用所获得商标权的公示，一经注册，任何第三人都不得擅自使用相同或近似的标志。这也是为什么在商标侵权诉讼中，可以直接推定行为人存在主观过错的原因，也是为什么未经注册的商标要获得保护一般要求被控侵权人主观上应当知道他人已经在先使用的事实，即未经注册不得对抗善意第三人。在采取商标注册模式的立法中，商标法一般都认可使用对于获得商标权的作用和价值，例如我国《商标法》经过一系列修改亦认可未注册商标也可以获得一定的保护，这种保护总体上可以分为三个层次：一是对未注册驰名商标的保护。我国《商标法》第 13 条第 2 款规定：“就相同或者类似商品申请注册的商标是复制、摹仿或者翻译他人未在中国注册的驰名商标，容易导致混淆的，不予注册并禁止使用。”根据《最高人民法院关于审理商标民事纠纷案件适用法律若干问题的解释》第 2 条的规定，“复制、摹仿、翻译他人未在中国注册的驰名商标或其主要部分，在相同或者类似商品上作为商标使用，容易导致混淆的，应当承担停止侵害的民事法律责任”。二是对已经使用并有一定影响的未注册商标的法律保护。我国《商标法》第 59 条第 3 款规定：“商标注册人申请商标注册前，他人已经在同一种商品或者类似商品上先于商标注册人使用与注册商标相同或者近似并有一定影响的商标的，注册商标专用权人无权禁止该使用人在原使用范围内继续使用该商标，但可以要求其附加适当区别标识。”第 32 条还规定：“申请商标注册不得损害他人现有的在先权利，也不得以不正当手段抢先注册他人已经使用并有一定影响的商标。”三是普通未注册商标亦可以受到一定程度的保护。我国《商标法》第 15 条规定：“未经授权，代理人或者代表人以自己的名义将被代理人或者被

① 赵建蕊. 商标使用在 TRIPs 中的体现及在网络环境下的新发展. 北京：中国政法大学出版社，2014：27.

代表人的商标进行注册，被代理人或者被代表人提出异议的，不予注册并禁止使用。就同一种商品或者类似商品申请注册的商标与他人在先使用的未注册商标相同或者近似，申请人与该他人具有前款规定以外的合同、业务往来关系或者其他关系而明知该他人商标存在，该他人提出异议的，不予注册。”

从上述保护条件看，一方面，对未注册商标的保护只能对抗主观上存在恶意的使用人。例如未注册驰名商标之所以要求达到驰名的程度，实际上是为了证明第三人主观上应当知道在先商标存在的事实；对于已经使用并有一定影响的未注册商标，使用人还可以获得反不正当竞争法对于有一定影响商品名称、包装、装潢的保护，而不正当竞争行为的认定也要求行为人具有明知的主观故意。另一方面，对未注册商标的保护不能对抗善意第三人。就在先使用抗辩的规定而言，从正面解读是在先使用人只能在原有范围内使用，从反面解读则是在先使用人的使用行为虽然先于他人申请注册商标的行为，但由于在先使用人未进行注册登记，故不得对抗在后的商标注册人，即不得要求在后的商标注册人停止使用。此外，在先使用未注册商标缺乏对抗力，还表现为两个善意的使用人可以共存。例如，在不同地域范围内使用相同或者近似的知名商品特有的名称、包装、装潢，在后使用者能够证明其善意使用的，通常不构成《反不正当竞争法》第 6 条规定的不正当竞争行为。美国司法实践中也存在“共同使用”的原则。“在通常的案件中，双方当事人是在同一市场使用同一商标，在先使用者享有优先权。不过，当双方当事人独立地在同类产品上使用相同的商标，而且是在二者全然分割的遥远市场上，在先使用的问题在法律上就不太重要了。除非有证据表明第二个使用者在选择商标时，对于第一个使用者的利益具有某种刻意的敌意，例如利用其商品的声誉，排斥其商业的发展……”① 从中也可以看出在先使用人不能对抗在后的善意使用人，但可以对抗主观上存在故意的使用人。在上诉人上海故事丝绸发展有限公司、上海紫绮服饰有限公司与被上诉人上海兵利服饰有限公司擅自使用知名商品特有名称纠纷案中，法院认定上诉人主张的“上海故事”在商标准予注

① 李明德. 美国知识产权法. 2 版. 北京：法律出版社，2014：527.

册决定作出前构成知名商品特有名称，被上诉人作为同行业的经营者，应当知道上诉人已经在先使用“上海故事”，仍然在相同商品上使用相同的名称，其擅自使用的行为构成不正当竞争。[①] 在该案中，正是基于被上诉人主观上明知或应知上诉人商标的存在，上诉人的未注册商标权益才可能获得保护。因此，对于注册前已经使用的商标，权利人要获得具有对抗第三人效力的商标权，实际上应当经过“采用某个标志＋实际使用＋注册登记”三个阶段。

最后，经过注册公告的商标权所展现出来的权利状态对于善意的商标注册人以及第三人均具有合理信赖效力。

“公示公信力就是物权外观值得社会公众普遍信任，法律保护基于这种信任所产生的物权变动效果。它以公示推定力和决定力为基础。”[②] 就商标权而言，商标的注册登记对于社会公众同样具有普遍的公信力。经核准公告的商标权即使最终被宣告无效或者撤销，或者其内容与实际情形不一致，对于基于该注册状态而发生的相关交易、判决等，法律仍承认其具有与真实商标权存在相同的法律效果，并不会因为商标权最终不存在或错误而溯及既往。例如，我国《商标法》第 47 条第 2 款规定：“宣告注册商标无效的决定或者裁定，对宣告无效前人民法院做出并已执行的商标侵权案件的判决、裁定、调解书和工商行政管理部门做出并已执行的商标侵权案件的处理决定以及已经履行的商标转让或者使用许可合同不具有追溯力。但是，因商标注册人的恶意给他人造成的损失，应当给予赔偿。”

此外，如果商标注册申请人在申请某个商标注册时并不存在搭便车或侵害他人在先权利的故意，即使该商标核准注册后被以侵害在先权利为由撤销，对于撤销前的商标注册申请人的使用行为，在先权利人亦不应主张该使用行为构成侵权。因为对于善意的商标注册申请人而言，商标核准注册即意味着其获得了使用该标志的资格，其有权信赖该注册登记而进行正当的商标使用，除非其申请注册时即具有主观恶意。在原告济民公司与被告亿华公司侵害商标权纠纷案中，法院认为：商标局或商评委关于准予商

① 参见上海知识产权法院（2017）沪 73 民终 237 号民事裁定书。

② 常鹏翱. 物权公示效力的再解读. 华东政法学院学报，2006（4）：132.

标注册的决定对于商标权人在内的社会公众均具有一定的公信力，因信赖商标注册部门的决定而实施的相关商标使用、许可、转让或者保护等行为应当受到保护，不能因为注册商标之后被撤销或无效而使得原本合法的行为转变为侵权行为，否则基于注册商标而进行的各种市场活动将缺乏稳定性和可预期性，不利于市场主体的交易安全。但是，申请注册和使用商标，应当遵循诚实信用原则。如果商标注册人在申请商标注册时或者使用注册商标时，主观上存在恶意，即明知其申请注册或使用的商标侵害他人在先权利，那么商标注册人值得保护的信赖利益便不复存在。不论注册商标是否被撤销或者宣告无效，在先的权利人均可以主张在后的商标使用行为构成侵权。①

二、商标权取得中商标使用的认定

前文已经论述，无论是否采取商标权注册取得模式，注册均为采用某个标志以及商标使用行为的公示方式，只有使用行为才是获得商标权的唯一方式。“商标和服务标记的权利是通过在产品或服务的提供或广告中采用和实际使用商标来建立和维护的。标记不能在实际使用之外存在或受到保护，因为如果不使用，标记就不能执行其识别特定经营者的产品或服务并将其与其他经营者的产品或服务区分开来的功能。没有公开使用，商标不能用来表征经营者的商誉。仅打算在未来营业或使用商标是不够的，不足以确立商品或服务商标的权利，而且也不可能保留或注册商标以备将来使用。”② 如果要获得商标权，应当如何进行商标使用？是否必须在实际提供商品或服务过程中使用商标？还是在广告、合同等媒介中使用亦可以获得商标权？仅仅在一次商品销售中使用了商标是否足以获得商标权？注册模式下如何确定在先使用行为才能使同一天的申请者获得注册优先权？这些问题都值得进一步思考和分析。

① 参见上海知识产权法院（2017）沪73民终299号民事判决书；凌宗亮．商标民事、行政交叉案件中侵权行为的判断．中国知识产权报，2018－09－26（9）．

② David A. Westernberg. What's in a name：establishing and maintaining trademark and service mark rights. The business lawyer，1986（1）：65.

（一）商标权取得意义上的商标使用的定性分析

首先，商标权取得意义上的商标使用应当是在商业交易中的真诚使用。

从商标使用的内涵或质的规定性来看，商标权取得意义上的商标使用除了要满足本书第二章中论述的商标性使用的构成要件，还应满足在通常贸易中真诚使用的要求。“从立法的历史中可以清楚地看出，商标使用的质量而不是数量和频率是评判商标使用的标准。如果使用是已确立的、正在进行的商业销售或装运的一部分，不仅仅是为了保留商标上的权利，那么它将被认为是在正常的贸易过程中的真诚使用——无论销售数量、发货数量或者销售或发货地点如何。相反，如果使用的目的仅仅是保留商标上的权利，即使是常规的销售也可能不足以符合资格。”① 美国《兰哈姆法》在规定商标注册的条件时要求商标确系正在商业中使用或者有真诚的使用意图。根据该法第1127条的规定，“在商业中使用”是指在日常商业活动中对一个商标的真诚使用，而不仅仅是为了保留一个商标的权利。具体而言，有观点认为，真诚使用取决于两个要素：一是商标申请注册依据的商品交易是否是真实发生的；二是是否存在持续努力或意图继续使用商标。② 加拿大商标司法实践也认为，“正常的贸易过程”是指商品交易应当在通常的贸易过程中真诚地进行商业往来。仅仅交付产品样品并不足以构成商标使用，除非在合理期限内进行了正常的商业使用。③ 《欧盟商标条例》第18条关于商标使用的规定亦存在“真正使用”（genuine use）的要求。

当然，真诚的使用意图毕竟是一种主观心理状态，需要在商标注册申

① Walter Baker & Co. v. Delapenha，CCNJ，160 F. 746，748；Wallace & Co. v. Repetti，Inc.，2 Cir.，266 F. 307，308. 这些案件的观点认为，商标权的成立并不取决于任何特定持续期间的使用，一旦真诚地采用某个商标并且实际使用，便产生了商标权，并且优先于随后的使用人。

② J. McCarthy. Trademarks and unfair competition. 4th ed. St. Paul，MN：West Group，1998.

③ Pernod Ricard v. Molson Companies，Ltd.，18 CPR (3d) 160 (1987) (FCTD)；Molson Companies Ltd. v. Halter，28 CPR (2d) 158 (1976) (FCTD).

请审查或者案件审理中最大限度地客观化，通过一些客观存在的证据探求使用人的主观意图。“真诚使用的意图应当通过客观标准来衡量，而客观标准必须反映申请人对预期使用的诚意。‘真诚’一词应反映出申请人根据所有客观因素对其意图作出的公正、客观的判断。这些客观因素包括销售报告和分析、长期战略计划、产品测试、竞争性市场报告、顾问建议、客户要求、销售新产品的历史模式、消费者调查和产品开发报告。对于申请人和律师来说，重要的是要共同努力制定一项协议，建立适当的‘书面记录’，以支持真实意图的展现。”① 在 Honda Motor Co. v. Winkelmann 案中，鉴于商标使用人在申请商标注册过程中没有提交任何文件证明其在美国存在使用商标的真实意图，客观上也没有在美国开展任何的商业活动，没有制定或采用任何的商业计划或战略，没有确定任何的贸易渠道，美国商标审查和上诉委员会认定申请人没有真诚的商标使用意图。在 Weight Watchers International，Inc. v. I. Rokeach & Sons，Inc 案中，美国商标审查和上诉委员会对于是否构成真诚的商业使用进行了细致的分析，最终认定系争的交易属于为获得商标权而实施的虚假交易。第一，实际运输的商品与最终打算投向市场的商品之间存在区别：一个是鱼线产品，另一个是低碳水化合物食品。第二，交易并不是公开的、面向公众的。使用商标的产品被运送给了食品销售公司的老板，之后根本没有对外销售，而是被公司老板带回家自己消费了。第三，商标使用的方式也很特别以至于真正的消费者可能根本无法将其视为商标。②

真诚使用意图的要求对我国司法实践中不断出现的商标囤积现象也有一定的规制作用。如果经营者同时注册了大量商标囤而不用或者待价而沽，甚至向其他正当使用人提出侵权诉讼，法院就可以以相关经营者没有真诚的使用意图为由，认定其无法获得真正的商标权，进而对其相关权利主张不予保护。例如，在涉及优衣库商标侵权纠纷的多起案件中，原告广州中唯企业管理咨询服务有限公司注册有“拉玛尼”“凡希哲”等各类商

① Daniel R. Bereskin，Miles J. Alexander，Nadine Jacobson. Bona fide intent to use in the United States and Canada. The trademark reporter，2010 (3)：709.

② Weight Watchers International，Inc. v. I. Rokeach & Sons，Inc.，211 USPQ 700 (TTAB 1981).

标 1 931 个，原告广州市指南针会展服务有限公司注册有“舒马仕”“派宝龙”等各类商标 706 个，这些注册商标核定使用的商品或服务涉及 16 个类别。从如此大量的商标注册和申请可以推定商标权人不可能具有实际使用的真诚意图，进而认定其不应获得商标权的保护。[①] 我国《商标法》第 4 条第 1 款也明确规定：“自然人、法人或者其他组织在生产经营活动中，对其商品或者服务需要取得商标专用权的，应当向商标局申请商标注册。不以使用为目的的恶意商标注册申请，应当予以驳回。”在再审申请人武汉中郡校园服务有限公司与被申请人国家工商行政管理总局商标评审委员会等商标权无效行政纠纷案中，再审申请人在多个类别的商品和服务上申请注册了包括争议商标在内的 1 000 余件商标，但均未投入使用。对此，最高人民法院认为：商标申请及转让都应该基于企业正常生产经营活动的需要，商标 3 年不使用撤销制度的目的也是促进商标的使用，发挥商标的真正价值。武汉中郡校园服务有限公司的商标注册行为，并非基于其正常生产经营活动的需要，而是为了大量囤积商标，谋取不正当利益，该种行为属于《商标法》第 44 条第 1 款规定的“其他不正当手段取得注册”的情形。[②]

其次，商标权取得意义上的商标使用应当是在商品或服务上的实际使用。

各国商标法对于商标使用的外延的规定均较为广泛，不仅包括将商标使用于商品、商品包装或容器，还包括将商标使用于与商品相关的交易文书、广告宣传、展览以及其他商业活动，但是否上述形式的商标使用行为均能取得商标权，并不明确。我国商标法虽然采取注册模式，但实际上也涉及使用能否取得商标权或商标利益的问题。例如，我国《商标法》第 64 条第 1 款规定：“注册商标专用权人请求赔偿，被控侵权人以注册商标专用权人未使用注册商标提出抗辩的，人民法院可以要求注册商标专用权

① 在原告针对正当使用人提起的侵权诉讼中，法院均没有考虑原告同时注册大量商标的事实，进而从本源上对原告商标权的正当性进行质疑或否定，而是推定原告享有合法有效的商标权。有的法院判决被告停止侵权并赔偿损失；有的法院判决被告停止侵权，但不赔偿损失；也有的法院以不会产生混淆为由，认定不构成侵权。祝建军. 囤积商标牟利的司法规制：优衣库商标侵权案引发的思考. 知识产权，2008（1）：33－40.

② 参见最高人民法院（2017）最高法行申 4191 号行政裁定书。

人提供此前三年内实际使用该注册商标的证据。注册商标专用权人不能证明此前三年内实际使用该注册商标，也不能证明因侵权行为受到其他损失的，被控侵权人不承担赔偿责任。”如何准确界定“此前三年内实际使用该注册商标”，并未引起商标审查部门或人民法院的重视。虽然在有的案件中法院认为上述规定中的“商标使用”应指实际的商业使用，但法院并未明确“实际的商业使用”究竟指何种使用，是必须在商品上使用，还是包括在广告宣传、交易文书中的使用。[①] 笔者认为，商标的本质在于区分不同商品或服务的来源，只有商品或服务已经实际进入市场流通，消费者才可能面对区分和识别的问题。如果仅仅是为商品或服务的销售进行广告宣传等准备工作，消费者虽然也能感知到相关的商标，但由于商标与商品并未实际结合，消费者无法真正体验商品的质量，无法达到认牌购物的效果。因此，商标权取得意义上的商标使用应当限于能够为消费者直接感知的在商品或者商品包装、容器上的使用。仅仅在广告宣传等与商品相关的销售活动中使用，应属于增加商品知名度的辅助性使用，仍需要以在商品或服务上实际使用为基础，否则不足以确保使用人获得商标权。“标志必须使用于据以识别的商品上或者其容器上。仅仅选择一个标记，或者选择它来做广告是不够的。它必须在通常的商业活动中实际使用于正在销售或打算销售的商品上，而且它必须实际贴附在商品上。”[②]

例如，美国《兰哈姆法》在界定商品上或服务中的商标使用时，对商品上和服务中的使用分别进行了规定，商品上的商标使用并不包括广告中的使用。即当商标以任何形式展示在商品或其容器上，或与之有关的展示品上，或者粘贴在商品的标牌或标签上。如果由于商品的性质不能这样展示，则展示在与商品或其销售相关的文件上以及在商品销售和运输过程中展示。该商标应被视为在商业中使用于商品上。当商标在服务的销售或广告中使用或展示时，并且服务提供者从事着与该服务相关的商业，该商标应被视为在商业中使用于服务上。虽然上述关于服务中使用商标的规定包

① 参见上海市闵行区人民法院（2014）闵民三（知）初字第168号民事判决书；上海市第一中级人民法院（2014）沪一中民五（知）终字第110号民事判决书。

② Nims. Nims on unfair competition and trade-marks. 2nd ed. New York: Baker, Voorhis, 1917.

括在广告中的使用，但有观点认为："这些条款通常应解释为在广告宣传中使用商标前，相关服务商标已经用于与特定业务相关的服务，并且广告涉及已经向公众提供的服务。"① 美国最高法院亦认为，根据判例法，商标权建立在占有优先权的基础上，也就是说，商标的权利人必须是第一个在同类产品上使用或利用相同商标的人。② "除非该商标附属于使用该标志的既定业务或交易，否则不存在任何商标之上的财产权。"③

如果商标仅仅在展览中进行了展示，而使用商标的商品尚未实际公开销售，这种使用也不属于商标权取得意义上的商标使用。在 Gay Toys, Inc. v. McDonald's Corp. 案中，商标使用的证据是在一次商业展览中的卡车石膏模型上的使用，美国商标审查和上诉委员会认为石膏模型并不等同于实际的商品，在展览期间，被告并没有在实际商品上使用商标，故相

---

① J. S. Paluch Co. v. Irwin，215 USPQ 533 (TTAB 1982)。美国司法实践中很多案例都认为仅仅在广告中宣传未来将提供某种服务，并不属于"使用"服务商标。Greyhound Corp. v. Armour Life Insurance Co.，214 USPQ 473，474 (TTAB 1982)；In re Nationwide Mutual Insurance Co.，124 USPQ 465 (TTAB 1960)；Springfield Fire & Marine Insurance Co. v. Founders' Fire & Marine Insurance Co.，115 F Supp 787，99 USPQ 38 (ND Calif 1953). 甚至更为保守的观点认为，即使已经开始公开提供服务，但尚未真正与消费者发生交易，同样不满足在商业中提供服务的要求。美国商标审查和上诉委员会在一起案件中即认为："仅仅公开宣传未来将提供某种服务是不足以符合商标申请条件的。法律规定不仅要求在销售或广告服务中展示商标，而且要求必须实际提供这些服务，才能构成在商业中使用服务商标。" Intermed Communications，Inc. v. Chaney，197 USPQ 501，507 - 08 (TTAB 1977). 当然关于是否必须存在实际的交易是存在争议的。也有判决认为，即使最终没有顾客实际购买服务，但在向潜在的消费者提供服务的商业过程中使用商标也可以获得服务商标的所有权。Koppers Co. v. Krupp-Koppers GmbH，517 F Supp 836，210 USPQ 711，725 - 26 (WD Pa 1981).

② Columbia Mill Co. v. Alcorn.，150 U. S. 460 (1893)；Carroll & Son Co. v. McIlvaine & Baldwin，CCNY，171 F. 125，128，1909. 在后一案件中，法院认为最早将商品投向市场并且事实上最先将具有识别性的标记使用在商品上的人应当获得商标权。Guth Chocolate Co. v. Guth，D. C. Md.，215 F. 750，767，decided in 1914，affirmed 4 Cir.，224 F. 932. 该案中，法院认为，商标必须在某种程度上被贴附于商品上或者被出售时的包装上。除此之外，没有其他任何方式可以获得商标权。Ritz Cycle Car Co. v. Driggs-Seabury Ordnance Corp.，DCNY，237 F. 125，128，decided in 1916. 该案中，法院认为，不可否认的是，基本的原则在于，必须将采用的商标使用于相关的物品或载体上，仅仅采用某个标志，即使为此投入了大量的金钱，进行了使用前的准备，也无法获得商标权。

③ Hanover Star Milling Co. v. Metcalf，240 U. S. 403 (1916).

关的商标申请自始无效。① 有观点甚至认为，在后的实际商业销售中的使用要优先于在先的仅仅在广告宣传中的使用。“被告或者第三人在使用涉案商标时虽然知道原告已经在报纸上为其产品进行广告宣传的事实，但这并不重要。现有证据表明被告或第三人最早将商标实际使用在商品上，这是判断谁享有商标权的关键因素。”② 因此，商标权取得意义上的商标使用应当是在商品或服务提供过程中的实际使用，而不能仅仅是为商品或服务做准备过程中的使用。“经营者必须实际将商标使用在商品上并且投入市场销售。”③ 正所谓“没有商品或服务的交易，便没有商标权”④。在此种意义上，侵权对注册商标权人造成实际损失的前提是该商标已经与提供者的商品或服务产生了稳定的联系，并且该商标已经具有商誉。只有被控侵权人对该注册商标的使用损害了这种联系，或者利用注册商标权人的注册商标的商誉获取了利益，才需要向注册商标权人赔偿损失。因此，注册商标权人的“商标使用”必须使商标标识与商品或服务已经产生实际的联系，方可产生商誉。为此，商标侵权损害赔偿主张的“商标使用”，应该以商标与商品或服务已经实际产生识别的联系为标准。⑤

---

① Gay Toys, Inc. v. McDonald's Corp., 585 F. 2d 1067, 199 USPQ 722 (CCPA 1978). 曾经在相当长的时间内，美国商标审查和上诉委员会以及相关法院对于与商品相关的广告、合同、订单等材料中的使用是否满足商标使用要求都采取十分严格的立场。原美国海关及专利上诉法院（CCPA）规定，发票、公告、订单表格、提单、传单、说明书、宣传册、宣传品等不构成可接受的商标使用样本，In re Chicago Rawhide Mfg. Co., 455 F2d 563, 173 USPQ 8 (CCPA 1972)。直到 1979 年，美国商标审查和上诉委员会仍然对“与商品相关的展示”采用比较严格的标准，认为如果使用的证据仅仅限于商品包装或容器上，就不能认定其属于符合要求的适当使用。根据现行法律，如果没有其他与商品实际联系的使用行为，仅仅在销售和促销手册上使用，并不属于与商品相关的展示中的使用。In re Bright of America, Inc., 205 USPQ 63 (TTAB 1979). 但在 20 世纪 70 年代后期，美国商标审查和上诉委员会以及相关法院逐渐开始采取相对宽松的标准，认为只要产品说明书与所销售商品的使用是不可分割、紧密联系的，在说明书或类似材料上的使用就构成对商标本身的充分使用。In re Ultraflight, Inc., 221 USPQ 903 (TTAB 1984). In re E. A. Miller & Sons Packing Co., 225 USPQ 592 (TTAB 1985).

② Western Stove Co. v. Geo. D. Roper Corp., 82 F. Supp. 206.

③ Nims. Nims on unfair competition and trade-marks. 2nd ed. New York: Baker, Voorhis, 1917.

④ Van Camp Sea Food Co. v. Universal Trading Co., 138 USPQ 323, 324-25 (Trademark Trial & App. Bd. 1963); Sun-Maid Raisin Growers v. Sunaid Food Products, Inc., 254 F. Supp. 649, 149 USPQ 252, 253 (S. D. Fla. 1964).

⑤ 刘铁光，吴玉宝.“商标使用”的类型化及其构成标准的多元化. 知识产权，2015 (11): 51.

（二）商标权取得意义上的商标使用的定量分析

如果商标使用是真诚的，且实际使用于商品或服务上，那么要获得商标权是否还需要满足一定使用范围或程度的要求？是否只要存在实际的商品或服务交易，就一定能确保获得商标权？对此，国内外立法和实践中存在诸多不同的观点和裁判标准。

第一，在先实际使用说。该观点认为只要使用人属于在先使用且实际进行了商品或服务的销售，就可以获得商标权，对于使用的数量并不应作过于严格的要求。例如，在有的案件中，美国法院认为使用的持续性对于获得商标权并不是必要的。“商标权的成立并不取决于任何特定持续期间的使用，一旦真诚的采用某个商标并且实际使用，便产生了商标权，并且优先于随后的使用人。”① 在有的案件中，美国法院则强调在先使用的重要性。“在先使用本身是具有决定性的——即使在被告开始使用时，原告尚未充分使用或者足以确立在相关公众中的联系。否则，很难证明在何时足够多的消费者已经将该商标与原告联系起来，进而推断被告的使用可能导致混淆。因此，只要原告已经开始使用，其他经营者便不得使用原告臆造出的商标。”②“即使第一次使用并不广泛，也未导致市场深度渗透或公众广泛认可，也可以确立所有权。”③

第二，最低限度使用说。该观点认为商标权取得意义上的商标使用并不要求取得广泛的市场认知，只要进行了最低限度的使用就满足要求，这种最低限度的使用应当达到让消费者具有混淆误认的可能性。例如，在有的案件中，美国法院认为，在没有申请商标注册的情况下，任何超过最低

---

① Walter Baker & Co. v. Delapenha, CCNJ, 160 F. 746, 748; Wallace & Co. v. Repetti, Inc., 2 Cir., 266 F. 307, 308.

② Waldes v. International Manufacturers Agency, DCNY, 237 F. 502, 505, 1916. 还可参见 Columbia Mill Co. v. Alcorn, 150 U. S. 460, 463, 464, 14 S. Ct. 151, 152, 37 L. Ed. 1144 decided in 1893，该案中，法院认为，使用商标的专有权必须建立在优先使用的基础上。换言之，商标权主张者是最先将商标使用在生产的商品上的人。Carroll & Son Co. v. McIlvaine & Baldwin, CCNY, 171 F. 125, 128, 1909，该案中，法院认为，最早将商品投向市场并且事实上最先将具有识别性的标记使用在商品上的人应当获得商标权。

③ Allard Enterprises v. Advanced Programming Resources, 146 F. 3d 350 (6th Cir. 1998).

限度的使用行为都应受到商标法的保护。在此种情况下，使用商标商品的市场占有率并不一定很大，但必须足以导致相关公众具有混淆误认的可能性。[①]“真正的测试性的销售或者小规模的实验性销售，只要不是名义上或象征性的使用，就都满足获得商标权的标准。”[②] 美国第六巡回上诉法院在案件审理中也十分重视商标使用对公众认知的影响，认为公众对商标的认知是对当事人实际使用商标的有效证明，当事人实际使用商标必须在社会公众中建立起商标与商品的认知，否则社会公众不可能将当事人使用的商标与商品联系起来，也不可能发生混淆误认。[③]

第三，特定区域市场占有率标准。该观点主要是美国第三巡回上诉法院在一起案件中提出的，即判断当事人是否实际使用了商标应当综合考虑使用商标商品的销量、商品销售量的增长趋势、实际购买该商品的人数以及潜在客户的规模、广告宣传的范围等四个因素，以确定使用商标商品在某一地区的市场占有率是否足以确保商标获得商标权的保护。该案中，法院认为原告只提交了销量相对较少的销售报告，销售规模并没有扩大的趋势，原告也没有进行相关的广告宣传，故没有支持原告关于商标所有权的主张。[④] 美国商标审查和上诉委员会在审查商标注册申请人提交的使用声明时同样采取了较为严格的标准，该委员会认为判断使用是否符合要求有两个标准：一是商标申请人使用商标的范围和程度是否足够广泛和充分，进而达到了商业规模的使用；二是这种使用是否已经在相关公众中建立了稳定的认知。[⑤]

第四，“有一定影响”标准。即商标经过权利人持续的使用，在特定区域内取得了一定的知名度，为相关公众所知悉。例如，我国《商标法》第 59 条第 3 款规定：“商标注册人申请商标注册前，他人已经在同一种商品或者类似商品上先于商标注册人使用与注册商标相同或者近似并有一定

---

① Swee Tarts v. Sunline, Inc., 380 F. 2d 923, 929 (8th Cir. 1967).

② E. I. du Pont de Nemours & Co. v. G. C. Murphy Co., 199 USPQ (BNA) 807, 812 (TMTAB 1978).

③ Circuit City Stores, Inc. v. Carmax, Inc., 165 F. 3d 1047 (6th Cir. 1999).

④ Lucent Information Management v. Lucent Technologies, 186 F. 3d 311 (3d Cir. 1999). 该案中的少数意见认为法院采取的标准过于严格，不利于中小企业的商标权保护。

⑤ Hilton Hotels Corp. v. Station Casinos, Inc., 2000 TTAB LEXIS 187 (2000); Amy B. Cohen. Intent to use: a failed experiment. University of San Francisco law review, 2001, 35: 683 - 726.

影响的商标的，注册商标专用权人无权禁止该使用人在原使用范围内继续使用该商标，但可以要求其附加适当区别标识。”① 根据我国《反不正当竞争法》第6条第1项的规定，商品名称、包装、装潢等要获得反不正当竞争法的保护亦应满足“有一定影响”的要求。② 在梁某等与安徽采蝶轩蛋糕集团有限公司、合肥采蝶轩企业管理服务有限公司、安徽巴莉甜甜食品有限公司侵害商标权、不正当竞争纠纷案中，法院认为：结合合肥采蝶轩食品有限责任公司2004年之前由安徽省质量协会等单位授予的多项荣誉的内容分析，采蝶轩集团公司在合肥区域的“采蝶轩”直营门店已经达184家，应该说，在本案系争的安徽合肥地区，采蝶轩集团公司的“采蝶轩”标识品牌已具有较高的知名度和美誉度，在梁某于2004年11月注册涉案“采蝶轩”商标之前已经具有一定影响。经过多年的经营活动，“采蝶轩”字号和标识已与采蝶轩集团公司经营的蛋糕、面包等烘焙食品相联系，起到了区分商品来源的作用，发挥了未注册商标的功能。采蝶轩集团公司对“采蝶轩”字号和与“采蝶轩”有关的商业标识具有在先使用权。③

笔者认为，商标之所以受到保护，源于其承载的识别商品或服务来源的利益或者商誉。申请商标注册只要求特定标志具备识别可能性即可，但要将特定的标志作为商标进行保护，或者使用人实际主张对某个标志的商标权，则必须要求该标志具备识别商品或服务来源的实际能力，即商标使用必须能够让相关公众实际具有将标志与商品建立来源关联的认知。这就使得商标权取得意义上的商标使用不应是一次或极少量的使用，而必须在使用范围和程度上满足一定量的要求。因此上述观点中的在先实际使用说和最低限度使用说都不适当地降低了获得商标权的门槛，至多可以作为申

① 关于在先使用的法律性质，存在权利说和抗辩说等不同观点。倪朱亮. 商标在先使用制度的体系化研究：以“影响力”为逻辑主线. 浙江工商大学学报，2015（5）：74-83；佟姝. 商标先用权抗辩制度若干问题研究：以最高人民法院公布的部分典型案例为研究范本. 法律适用，2016（9）：64. 但讨论商标在先使用的性质必须将商标在先使用和未注册商标使用相区分，必须在具体的行为语境下分析具体行为的法律性质。虽然我国商标法是从不侵权抗辩的角度对在先使用进行规定的，但这主要是由于其他人已经进行了商标注册，在没有注册商标存在的情况下，未注册商标经过使用可以获得权利或者权益已经获得了较为一致的认识，例如未注册商标可以对外许可、转让。

② 理论及实践中相当多的观点认为，商品名称、包装、装潢等本质上是未注册商标。

③ 参见安徽省高级人民法院（2013）皖民三终字第00072号民事判决书。

请商标注册对使用的要求，而不应作为获得商标权的要求。因为少量的使用客观上尚无法让消费者将商标与特定商品的来源建立关联。而特定区域市场占有率标准又过于严格，一定程度上不利于中小企业获得商标权的保护，容易导致大企业对中小企业的市场挤压和侵占。而且市场占有率与消费者对商标的认知也没有必然的联系，市场占有率低并不必然意味着商标没有知名度或者消费者没有建立相应的认知。

因此，笔者认为“有一定影响”的标准相对更为契合商标权保护的本质，能够很好地平衡商标权保护和市场自由竞争的关系，不至于使大量符号资源轻易地从公共领域转为经营者的独占财产，同时也能较好地防止市场混淆和不正当竞争，可以作为商标权取得意义上的商标使用的定量标准，即商标权取得意义上的商标使用应当达到在特定地域范围内具有一定影响的程度，继而使消费者能够实际认知。根据《最高人民法院关于审理商标授权确权行政案件若干问题的规定》第 23 条第 2 款的规定，在先使用人举证证明其在先商标有一定的持续使用时间、区域、销售量或者广告宣传的，人民法院可以认定为有一定影响。实践中，我们可以参照上述规定，结合在先使用商标的持续使用时间、使用区域、经营规模、广告宣传情况等进行综合判断。在具体认定时，需要结合具体个案的情况进行综合认定，不可能划定统一、固定的标准。对“有一定影响”的要求总体上不应过高，应当结合使用人的经营区域进行认定。只要在使用人所在经营区域范围内为相关公众所知晓，即可以认定有一定影响，而不必要求在全国范围内或大部分区域范围内具有影响。

此外，对于我国《商标法》第 32 条、第 59 条第 3 款规定的“有一定影响”与《反不正当竞争法》第 6 条规定的“有一定影响”之间的关系应当如何理解和把握，实践中亦存在争议。有观点认为，《反不正当竞争法》第 6 条予以保护的商业标识“有一定影响”与《商标法》第 32 条以及第 59 条第 3 款规定的“有一定影响”相比，范围更广，程度更深，应相当于《商标法》第 13 条规定的“为相关公众所熟知”①。还有观点认为，从

① 黄璞琳. 新《反不正当竞争法》与《商标法》在仿冒混淆方面的衔接问题浅析. 中华商标，2018 (2)：43-47.

知名度的高低看，《商标法》第 59 条第 3 款的要求低于《商标法》第 13 条规定的驰名商标和第 32 条后半段规定的知名商标。① 对此，笔者认为，从法律解释的角度看，对于相同的法律概念或术语，在同一部法律或相同主题的法律体系中，应当作相同的理解，除非法律有明确的相反规定。就“在先使用并有一定影响”的界定而言，无论是商标法，还是反不正当竞争法，均是用于划定商业标识的保护门槛，即法律保护的未注册商标以及商品名称、包装、装潢等必须满足有一定影响的保护条件，才可以受到保护。从现有的法律规定无法得出《商标法》第 32 条规定的“有一定影响”的知名度要求要高于第 59 条第 3 款的规定，二者应当作相同的理解。

三、商标注册申请语境下商标使用的要求

虽然商标权的取得离不开商标的实际使用，但出于权利公示以及权利稳定性、确定性等方面的考虑，即便是采用使用取得制度的美国等国家也建立了商标注册体系，要求在注册前需要对商标进行使用或具有使用意图。例如美国《兰哈姆法》规定，已使用商标或者有真诚的意图使用商标的人可以申请商标注册。加拿大《商标法》规定，商标申请人应当符合以下条件：(1) 在加拿大进行了使用；(2) 在国外进行使用但在加拿大国内具有知名度；(3) 在国外进行注册并且使用；(4) 意图在加拿大使用。采取注册模式的国家虽然未明确要求商标在商标权申请注册前应当实际使用，但使用对于获得商标权仍具有重要的优先权意义。例如我国《商标法》第 31 条规定：“两个或者两个以上的商标注册申请人，在同一种商品或者类似商品上，以相同或者近似的商标申请注册的，初步审定并公告申请在先的商标；同一天申请的，初步审定并公告使用在先的商标，驳回其他人的申请，不予公告。”那么，由此产生的问题是：为获得商标注册或者注册优先权所需要的使用是否应与商标权取得意义上的使用作相同的理解？例如，在两个商标同一天申请注册的情况下，一个申请于 2018 年 1 月 1 日并进行了广告宣传，另一个申请于 2018 年 3 月并进行了实际的商

① 李扬. 商标在先使用抗辩研究. 知识产权，2016 (10)：11.

品销售，那么应当核准何者的商标申请？对此，我国理论及司法实践中未见充分的探讨。

美国商标审查和司法实践一般认为，与获得普通法意义上的商标权相比，授予联邦商标注册对使用的要求没那么严格，任何真正的交易，只要不是“纯粹的虚假交易”，如果存在继续使用商标的意图，就足以支持联邦商标注册。① 在商标注册核准之后，美国商标注册部门会要求申请人在最迟 3 年内提交实际使用的声明，否则，商标权无法获得实质保护。对商标核准注册后实际使用声明中使用行为的审查要求明显要高于对注册申请阶段使用的要求。②

一方面，从使用的质的规定性看，对于商标注册申请阶段的使用并没有必须在商品或服务上实际使用的严格要求，在广告宣传等与商品相关的载体上使用足以满足注册申请阶段对于使用的要求。“为了在美国专利商标局的诉讼程序中确立优先权，非技术性商标或服务标志的使用，例如在商品销售或提供服务之前的广告和促销活动中使用，可能就足够了；相比之下，仅在实际销售、运输货物或提供服务时才存在足以获得商标或服务商标权利的使用。”③ 为此，美国审判实践中发展出了“类似于商标使用”（use analogous to trademark use）的概念。在一起商标异议案件中，异议人虽然没有将系争商标实际使用于商品上，法院仍然支持了其提出的优先

① La Societe Anonyme des Parfums le Galion v. Jean Patou, Inc., 495 F. 2d 1265 (2d Cir. 1974); Avakoff v. Southern Pacific Co., 765 F. 2d 1097, 1098 (Fed. Cir. 1985).

② 根据美国《兰哈姆法》第 1 条第 2、4 款的规定，意图使用的注册申请主要有以下几个环节：(1) 申请人在提出申请时，应当提交真诚使用商标的声明，并说明将要在何种产品或服务上使用有关商标。(2) 专利商标局经过审查、公告和异议等程序后，向申请人颁发“允许通知”(a notice of allowance)，而非注册证书。(3) 在颁发“允许通知”之后的 6 个月内，申请人必须提供在商业中真实使用相关商标的声明，或者要求延期。(4) 专利商标局在接到真实使用的声明后，将再次进行审查。如果审查合格，才颁发注册证书。李明德. 美国知识产权法. 2 版. 北京：法律出版社，2014：525.

③ Hovnanian Enters. v. Covered Bridge Estates, 195 USPQ 658 (TTAB 1977); Liqwacon Corp. v. Browning-Ferris Indus., 203 USPQ 305 (TTAB 1979). 美国司法实践已经承认通过广泛的预售广告和促销可以建立商标申请的优先权。Marvel Comics, Ltd. v. Defiant, 837 F. Supp. 546, 548 - 49 (SDNY 1993). 该案中，商标申请人仅仅在一次漫画书发行大会上发行了 1 000 册漫画书，法院认为尽管尚未有实际的销售活动，但上述发行活动，加上其他广告宣传活动，足以使申请人获得商标注册。

权主张，认为异议人在文件和广告材料以及订单中对货物名称的使用行为“类似于商标使用”，足以在商标注册申请阶段确立优先权。① 之后，美国联邦巡回上诉法院亦接受了“类似于商标使用”的概念，认为类似于商标使用是指在性质和程度上能够建立特定标志与商品之间关联关系的使用。在 Malcolm Nicol & Co. v. Witco Corp. 案中，美国联邦巡回上诉法院认为，在广告宣传册、产品目录、报纸、新闻稿中的使用足以使对方当事人的商标注册失效，尽管商标注册人在异议人的上述使用行为之后已经将系争商标实际使用于商品上，并在商业中使用，但异议人仍然基于类似于商标使用获得了商标申请注册的优先权。②

另一方面，从使用的量的规定性看，仅仅少量的使用，甚至一次使用，只要存在继续使用商标的真实意图，就足以满足商标注册的要求。“商标所有权取决于商业使用。在注册阶段降低对使用的要求并不存在问题，因为注册本身便是对后来者的告知，其他竞争者在着手产品开发前只要查询注册登记簿就可以，而仅仅象征性使用本身却无法被其他竞争者知道。”③ 在 Department of Justice v. Calspan Corp. 案中，法院认为单次销售活动，加上继续销售的意图，足以使销售商获得商标注册。④ “考虑到开发新产品所需要投入的成本以及申请商标注册过程中面临的不确定性风险，在缺少意图使用规定的情况下，在商业交易中象征性的使用或者单次的商品运输足以满足申请商标注册的要求——尽管尚无证据表明商标在商

① John Wood Mfg. Co. v. Servel, Inc., 77 F. 2d 946 (CCPA 1935).

② Malcolm Nicol & Co. v. Witco Corp., 881 F. 2d 1063, 1065 (Fed. Cir. 1989). 此外，在产品目录、广告中进行的使用足以确立相关商标的优先权。Lands' End, Inc. v. Manbeck, 797 F. Supp. 511, 514 (E. D. Va. 1992). 向公众发送使用商标的样品也可以确立优先权。Harod v. Sage Prods., Inc., 188 F. Supp. 2d 1369, 1376 (S. D. Ga. 2002).

③ Weight Watchers International, Inc. v. I. Rokeach & Sons, Inc., 211 USPQ 700, 709 (TMTAB 1981).

④ Department of Justice v. Calspan Corp., 578 F. 2d 295 (CCPA 1978). Axton-Fisher Tobacco Co. v. Fortune Tobacco Co., 23 CCPA 982, 82 F. 2d 295 (CCPA 1936); Maternally Yours, Inc. v. Your Maternity Shop, Inc., 234 F. 2d 538, 542 (2d Cir. 1956); Community of Roquefort v. Santo, 58 CCPA 1303, 443F. 2d 1196 (CCPA 1971).

品上实际使用的具体方式。”①

因此，对于商标注册申请阶段的使用要求，应当注意与商标权取得阶段的使用相区分。降低对注册申请阶段的使用要求，主要是考虑到最大限度地降低商标使用人的商业风险，通过降低注册申请阶段的使用要求而为使用人提供某种确定性。否则使用人先期投入大量成本进行商品开发、宣传和销售，最终却在申请商标时无法获得注册，使用人前期的投入将化为乌有。② 就我国商标注册而言，两个申请人同一天申请的，判断使用在先的标准也不应太严格，即使在先使用人仅仅是在广告宣传中使用，也满足优先权意义上在先使用的要求，可以获得商标注册的优先权。

第二节 商标权维持中的商标使用

与专利权、著作权等知识产权一旦获得，不论是否使用，权利人均可以在特定期限内获得确定的专有权利不同，商标权的获得不是“一劳永逸”的，权利人必须持续地使用商标才能维持商标权的效力，否则商标权便可能面临灭失的风险。“商标权人从来不需要保持特定水平的销售或广告以维持商标权或者联邦注册的效力，但他必须在特定的市场中持续地使用商标，以保持消费者对于商标的认知和商标的识别力。”③ “其实即使持有注册商标，如果不实际使用在商品或服务上，其商标价值也得不到体现。无数事实充分说明，仅持有商标注册证，不实际使用在商品或服务上，不保证商品或服务的质量，商标的价值没有根基。”④ 事实上，相较

① Standard Pressed Steel v. Midwest Chrome Process Co., 183 USPQ (BNA) 758 (TTAB 1974). 当然，此处的象征性使用应当是真实的交易，而不应是虚假的交易，主要强调的是使用的数量不需要很大。

② ZAZU Designs v. L'Oreal S. A., 979 F. 2d 499.

③ Dreyfus Fund Inc. v. Royal Bank of Canada, 525 F. Supp. 1108, 1115, 213 USPQ 872, 877 (SDNY 1981); Anvil Brand, Inc. v. Consolidated Foods Corp., 464 F. Supp. 474, 481, 204 USPQ 209, 215-16 (SDNY 1978).

④ 郭修申. 以“实际使用”为核心构建商标保护制度. 中华商标，2009 (10): 34.

于为获得商标权而进行的商标使用，商标权维持阶段的商标使用的认定标准更为严格。“没有交易，就没有商标”的格言说明维持商标权的使用相较于获得商标权的使用更为严格。如果说单次的真诚的商品销售足以满足获得商标权的使用要求，那么在商标权因为未使用而受到质疑时，对于商标使用的定量分析便尤为关键。① 为此，相关国际公约及国内外立法均对商标注册后的商标使用以及不使用的法律后果进行了规定，但对商标不使用的法律后果以及如何认定商标维持阶段的商标使用等问题，仍需要进一步分析，以统一关于维持阶段商标使用法律性质、不使用法律后果以及具体认定方面的观点和标准。

一、商标权维持阶段商标使用的义务属性

根据我国《民法典》第 123 条的规定，商标权是权利人依法就商标享有的专有的权利。这种“专有权”主要体现为两个方面：一是使用权能，即权利人有权在核定使用的商品上使用核准注册的商标；二是禁用权能，即权利人有权禁止他人在相同或类似商品上使用与注册商标相同或近似的标志。在此种意义上，使用商标是商标权的基本权能，是商标权作为专有权利的应有之义。但是商标权人享有的上述“专有权”并不是无条件的，而是存在限制的。即商标权人如果在特定期间内一直未使用商标，其享有的专有权可能会灭失；而商标权人要行使其禁用权，同样需要对商标进行实际使用，否则其权利可能会受到限制。在此种意义上，使用既是商标权人享有的基本权利，也是一种义务，是权利人行使商标权应当满足的条件。商标权人在获得商标注册后应当及时对商标进行实际使用，否则其权利将面临灭失或无法正常行使的危险。“无论从商标功能的产生、强化过程来看，还是从商标价值的累积过程来看，商业使用都是商标受法律保护最重要、最基本的条件。”② 因此，即使商标注册获得的是某种权利，这

① Robert W. Sacoff. The trademark use requirement in trademark registration, opposition and cancellation proceedings. The trademark reporter, 1986 (2): 99 - 136.

② 张玉敏. 论使用在商标制度构建中的作用：写在商标法第三次修改之际. 知识产权，2011 (9): 3.

种权利也是附条件或附义务的，即商标注册人应当在特定期间内将商标进行使用。

一方面，特定期间内未实际使用的商标可能面临权利丧失的风险。相关国际条约以及国内外商标立法均对商标注册后的使用义务进行了规定。TRIPs协议第19条第1款规定："如维持注册需要使用商标方可，则只有在至少连续3年不使用后方可注销注册，除非商标所有权人根据对商标使用存在的障碍说明正当理由。出现商标人意志以外的情况而构成对商标使用的障碍，例如对受商标保护的货物或服务实施进口限制或其他政府要求，此类情况应被视为不使用商标的正当理由。"《欧盟商标条例》第18条第1款规定："如果在商标注册后的5年内，商标所有人未将欧盟商标在欧盟内投入与其注册相关的商品或服务上真正使用，或者这种使用在不间断的5年期间内中止，那么该欧盟商标应受到制裁，除非具有不使用的正当理由。"《德国商标和其他标志保护法》第26条第1款规定："因注册商标或注册的维持提出的请求取决于该商标的使用，所有人必须在本国范围内将商标真正使用于注册的商品或服务上，除非有不使用的正当理由。"该法第49条进一步规定，如果在某商标注册之日起的连续5年内，该商标没有如第26条所述投入使用，则应当应请求注销该商标的注册。根据美国《兰哈姆法》第45条的规定，当使用被中断且具有不再使用的意图时，商标应视为"被放弃"。不再使用的意图可以从具体情况中推定。连续3年不使用应被视为放弃的初步证据。我国《商标法》第49条亦规定，没有正当理由连续3年不使用的，任何单位或者个人可以向商标局申请撤销该注册商标。

另一方面，商标未实际使用的，即使尚未满足商标撤销期限的要求而无法被撤销，权利人的程序性或实体性权利也可能受到限制。在欧盟，欧盟商标在5年内不使用不仅会面临被撤销的风险，还会使该注册商标所有人本应享有的对在后商标注册的异议权以及宣告无效权受到限制。例如，《欧盟商标条例》第8条、第47条规定，如果在后申请的商标在相同或类似商品或服务上与在先注册的商标相同或近似且存在混淆可能性等情形，在先注册的商标所有人有权对在后的商标注册申请提出异议，使在后申请的商标不能被注册。但在先注册商标所有人的上述"异议权"会因其在5

年内不使用注册商标而被拒绝行使。① 德国商标法对注册人使用的要求不仅涵盖了《欧盟商标条例》所涉及的对在后商标注册的异议权和宣告无效权等程序性权利，还涵盖了注册商标所有人向第三人主张商标侵权的实体性权利。例如，《德国商标和其他标志保护法》第 25 条第 1 款对于“由于不使用的排除请求”进行了规定，即：“如果在请求提出之前 5 年内，该商标没有根据第 26 条使用于作为赖以提出这些请求理由的商品或服务上，只要该商标在此日期前已至少注册 5 年，则注册商标所有权人应无权对第三方提出任何第 14、18 和 19 条所述的请求。”② 我国《商标法》对于未实际使用注册商标权利人的损害赔偿请求权亦规定了限制，第 64 条第 1 款规定：“注册商标专用权人请求赔偿，被控侵权人以注册商标专用权人未使用注册商标提出抗辩的，人民法院可以要求注册商标专用权人提供此前三年内实际使用该注册商标的证据。注册商标专用权人不能证明此前三年内实际使用过该注册商标，也不能证明因侵权行为受到其他损失的，被控侵权人不承担赔偿责任。”

二、商标连续不使用的法律后果

既然商标使用是权利人获得商标注册后应当负有的义务，那么违反义务自然会产生相应的责任。综观各国商标立法的规定，商标不使用的法律后果大体上可以分为两种情形：一是商标连续 3 年或 5 年未使用的，任何人均可以请求商标注册部门撤销该商标。“在大多数采取注册原则的国家，尽管在商标提出申请注册时不以商标实际使用为前提条件，但都明确商标注册人在享有法律所赋予商标专用权的同时，都规定了商标使用义务，即注册商标专用权必须通过连续的使用来维护，否则商标专用权就会丧失。一般都规定在商标注册后，如果连续三年或五年不使用，第三人可以根据商标法的有关条款，以该商标连续不使用为由，向商标主管当局提出撤销

① 王芳. TRIPS 协定下注册商标的使用要求. 北京：知识产权出版社，2016：86.

② 《德国商标和其他标志保护法》第 14、18 条规定的是禁令救济、损害赔偿金，第 19 条规定的是告知请求权。王芳. TRIPS 协定下注册商标的使用要求. 北京：知识产权出版社，2016：96.

该商标的注册申请。”① 例如，上文提及的欧盟、德国等的商标法均有类似的规定。我国商标法亦采取“商标不使用予以撤销”的做法。二是商标不使用推定构成权利放弃。上文提及的美国《兰哈姆法》即认为，当使用被中断且具有不再使用的意图时，商标应视为“被放弃”。对于上述关于商标不使用法律后果的不同立法模式，笔者认为，不使用视为放弃的立法更符合商标权为私权的本质，更具有制度和逻辑上的解释力。

（一）“不使用撤销”与商标权的私权属性不符

“不使用撤销”的观点更多体现的是公权对私权的管理，不符合商标权为私权的本质。TRIPs 协议在前言中便开宗明义地指明“知识产权属私权”，我国《民法典》总则编第五章亦将知识产权规定为民事权利之一。商标权作为一种知识产权，无疑也是一种民事权利。“商标法虽然涉及一些程序法、公法的规定，但是其内容依然是以实体法为基础的私权制度，诸如权利取得程序、权利变动程序、权利救济程序等无不以私权保护为中心或目标。”② 既然商标权为私权，是民事权利，那么围绕商标权的相关制度设计就应该体现民法思维和私法的逻辑，将私法的理念贯穿于商标权取得、维持、消灭的始终。“商标权的私权性质，决定了它得以栖身的法律家园只能是民法。无论历史与人为因素导致知识产权法在形式上与民法相距多么远，它们共有的相同私权基因却是无法改变的。因此，在立法上，必须运用民法的思想、民法的方法、民法的体系、民法的制度关照和统领商标法律制度。”③ 在私法的理念下，商标权人负有使用商标的民事义务，而民事义务的不履行将产生特定的不利后果或者民事责任，但由民事义务向民事责任的转化仍应在私法范畴内进行探讨，不应脱离私法的范畴转而进入行政法的调整领域，进而使得商标权人因为不使用商标而承担行政处罚的责任。我国商标法在“加强商标管理”立法宗旨的指导下，对于商标不使用法律后果的规定实际上已经脱离了私法的范畴，将本属于民法调整的对象纳入行政法调整，将商标不使用规定为商标权人负有的强制

① 郭修申. 以“实际使用”为核心构建商标保护制度. 中华商标，2009 (10)：36.

② 吴汉东. 知识产权的多元属性及研究范式. 中国社会科学，2011 (5)：40.

③ 刘春田. 民法原则与商标立法. 知识产权，2010 (1)：5.

性义务，不履行该义务将受到商标被撤销的行政处罚。我国《商标法》在“商标使用的管理”一章中对注册商标没有正当理由连续 3 年不使用的情形进行了规定，商标局应当在收到撤销申请之日起 9 个月内做出决定；当事人对撤销决定不服的，可以申请复审，继而向人民法院起诉。上述规定显然将商标使用纳入行政管理的范畴，连续 3 年不使用的将受到行政处罚。“商标权的撤销是商标主管机关实现商标使用管理的一种行政制裁手段，即对于违反商标法有关规定使用注册商标的行为，商标局可以通过撤销注册商标、终止注册商标专用权来予以处罚。”①

这实际上是对商标注册以及商标行政管理的误读。“商标权是一项民事权利，商标注册是对民事主体正当主张的审查、确认和公示，商标权原本并非商标注册机构授予或让渡的权利，也不是商标注册机构代表国家授予民事主体的。从当事人于公共资源中选取元素以为设计，到商标设计的选取、商标的运用、商标产生价值，转化为财产，或者因经营不善造成亏损，都是商标注册人的事，与商标注册机构从无干系。商标注册机构作为为他人所主张的财产依法进行审查、登记、注册，出具法定证明的机构，无权任意予夺他人注册商标。市场活动中的注册商标是注册人的合法财产，不是政府职能部门任意予夺的‘批件’。这与因使用不当或因违反交通规则，公安局不可能因此没收他人的汽车是同样的道理。”②

（二）“不使用撤销”容易产生制度解释上的矛盾

如果商标连续未使用的后果是可能被商标主管部门撤销，而根据我国《商标法》第 55 条第 2 款的规定，被撤销的注册商标，由商标局予以公告，该注册商标专用权自公告之日起终止，那么由此产生的问题是：在注册商标被商标局撤销前，其是否还享有注册商标专用权？在注册商标被撤销后，权利人是否可以主张第三人在撤销前实施的行为构成侵权？对此，在商标授权确权和侵权诉讼中，相关决定和裁判均存在不一致的认识。

商标局和商标评审委员会的观点认为，即使注册商标存在 3 年连续未

① 徐升权. 商标法：原理、规范与现实回应. 北京：知识产权出版社，2016：123.

② 刘春田. 民法原则与商标立法. 知识产权，2010（1）：9.

使用的情况，但只要未被撤销，该商标仍为有效的注册商标，应该予以保护。在“BOTAO”商标注册案中，薄涛公司于2009年12月11日以连续3年不使用为由对引证商标提出了商标撤销申请，并向商标局提出应在撤销案件审结后再对其注册申请予以审理；但商标评审委员会认为，引证商标在撤销前仍为在先注册的有效商标，故案件的审理不应以撤销案件的审理结果为依据。① 但北京市第一中级人民法院在另一起类似案件中认为，尽管引证商标尚未注销，但其注册人的企业主体资格已消亡长达8年，也无任何主体承继该商标专用权。法院据此推定该引证商标已经连续多年未实际使用，并认为在此情况下，核准申请商标并不会与引证商标构成实际的市场权利冲突，最终撤销了商标评审委员会的决定。②

在商标侵权诉讼中，法院的判决也存在不同的认识。一种观点认为，即使原告的注册商标存在3年不使用应撤销的情形，在该商标被撤销前，其持有人仍享有注册商标专用权，因此实际使用人应承担停止侵权、赔偿损失等侵权责任。③ 也有观点认为，商标的生命在于实际使用而非注册，商标受保护的原因不在于商标的形式本身，而在于它代表的商品或服务；原告所有的注册商标未实际使用且已被撤销的，追溯保护这种形式意义上的商标权已无必要更无实质意义。④

可见，“不使用撤销”的观点容易产生法律适用方面的混乱和矛盾。一方面，商标在被撤销前确实属于有效的注册商标，不予以保护似乎与商标法的规定不符；另一方面，如果对连续3年不使用的商标予以保护，例如判令侵权人停止侵权，而该商标事后又被商标局撤销，那么法院的判决将陷入无法执行或者与商标局的决定相互矛盾的尴尬境地。如果在商标刑事或行政案件中，出现注册商标连续3年不使用的情况，而该商标尚未被申请撤销，那么有关部门是否应该严格按照商标法的规定追究相关行为人的刑事责任或行政责任？这都是商标“不使用撤销”观点可能要面临和解

① 参见北京市第一中级人民法院（2010）一中知行初字第3022号行政判决书。

② 参见北京市第一中级人民法院（2010）一中知行初字第1259号行政判决书。

③ 参见上海市高级人民法院（2007）沪高民三（知）终字第29号民事判决书；湖北省宜昌市中级人民法院（2006）宜中民三初字第8号、第9号民事判决书。

④ 参见江苏省南京市中级人民法院（2008）宁民三初字第227号民事判决书。

决的问题，即商标在撤销前，如果不予保护可能会违反商标法，面临“有法不依、执法不严”的指责；但如果给予保护，又可能会面临“机械执法、执法不公”的尴尬。“在我国必须启动行政程序才能撤销注册商标。例如，在对商标侵权案件的处理中，有被诉侵权人提出抗辩，认为原告的商标超过三年未使用而应当被撤销，而法院则认为司法裁判不能替代行政执法，商标管理属于商标管理部门的行政权力，法院不可越俎代庖，不能以任何理由直接通过司法程序对注册商标作出撤销决定，因此依然判决侵权成立。这种机械化的认识无疑使得相关案件的处理更加复杂，增加当事人的诉讼成本，案件的处理结果也可能会不合理。”①

（三）商标连续不使用的后果应为推定权利放弃

既然商标权属于一种民事权利，相关的制度规定就应当与民法的相关规定保持一致。就物权而言，我国《民法典》专章对“物权的设立、变更、转让和消灭”作了规定，从中可以看出作为民事权利，其基本的逻辑主线或者说权利的运行轨迹在于权利的取得、变更、转让和消灭，即民事权利既然可以获得，也就存在消灭的问题。商标连续使用的要求主要是为了防止大量的商标“注而不用”，督促注册商标权利人积极地将商标投入实际使用，最大限度地发挥商标的功能和价值。其本质在于建立一种权利退出机制，让闲置不用的商标回归公共领域，继而对商标资源进行再分配，将有限的商标资源留给最需要的经营者使用。在民法的逻辑体系下，上述商标权的“退出机制”实际上便是权利的消灭制度。商标权可以基于很多原因而消灭：既可以因为到期不续展而消灭，也可以基于权利人主动放弃而消灭，还可以基于违反商标管理规定被商标局撤销而消灭。

就 3 年不使用商标而言，我国 2001 年《商标法》第 44 条规定：“使用注册商标，有下列行为之一的，由商标局责令限期改正或者撤销其注册商标：（一）自行改变注册商标的；（二）自行改变注册商标的注册人名义、地址或者其他注册事项的；（三）自行转让注册商标的；（四）连续三年停止使用的。”由此，将连续 3 年不使用和自行改变注册商标并列作为

① 戴彬. 论商标权的取得与消灭. 上海：华东政法大学，2013：93.

可以由商标局依职权撤销注册商标的事由。2013 年修正的《商标法》第 49 条对连续 3 年不使用和自行改变注册商标进一步作了区分，规定："商标注册人在使用注册商标的过程中，自行改变注册商标、注册人名义、地址或者其他注册事项的，由地方工商行政管理部门责令限期改正；期满不改正的，由商标局撤销其注册商标。注册商标成为其核定使用的商品的通用名称或者没有正当理由连续三年不使用的，任何单位或者个人可以向商标局申请撤销该注册商标。商标局应当自收到申请之日起九个月内做出决定。有特殊情况需要延长的，经国务院工商行政管理部门批准，可以延长三个月。"虽然 2013 年《商标法》第 49 条的规定相较于 2001 年的规定在理念上有了极大的进步，意识到自行改变注册商标等行为和连续 3 年不使用行为相区别，更为贴近私法的理念，但在后果上均规定由商标局撤销，只不过前者是商标局依职权撤销，后者是依申请撤销。

对此，有观点指出，《商标法》第六章"商标使用的管理"中的撤销，性质上属于对使用不当或者长期不使用的注册商标的注销。注销与撤销的区别在于，注销不是对商标注册效力的否定，而只是对注册商标长期不使用或者严重违规使用的一种处置，其效力自注销之日起向后发生。[①] 且不论"自行改变注册商标"等违反商标使用管理规定的行为是否应被注销，仅就"连续三年不使用"而言，这明显属于私法的范畴，属于商标权人如何行使权利和使用商标的问题。尽管使用是注册商标权利人负有的义务，但这种义务也是属于民事义务的范畴，商标权人并不因为商标注册而负有了一种强制性的行政管理上的义务。这种使用义务是否履行仍属于商标权人意思自治的范畴，连续 3 年不使用至多意味着商标注册人可能丧失商标权，但绝不意味着商标注册人要承担商标被撤销的行政责任。"撤销停止使用的注册商标制度也反映了行政权对商标权的强行干预。商标权既然是一种私权，决定是否使用商标应由商标所有人自由选择，但商标法强迫商标所有人必须以一定的方式将商标投入商业使用，而且强迫商标所有人必须持之以恒地使用注册商标，否则将剥夺商标所有人的既有商标权，这种

① 张玉敏. 论使用在商标制度构建中的作用：写在商标法第三次修改之际. 知识产权，2011(9)：5.

行为无疑是国家利用公权力对私人权利的强行干涉，这是与现代法治精神背道而驰的。”① 事实上，TRIPs 协议第 19 条关于注册商标不使用的法律后果的英文表述为“cancel”，而 TRIPs 协议第 62 条关于知识产权的取得和维持及当事方之间的相关程序的规定中同时出现了“revocation”和“cancellation”，这说明二者应具有不同的含义，而“cancel”一般翻译为“取消”而非“撤销”。因此，注册商标连续 3 年不使用的法律后果应为权利的灭失，任何人均可以申请注销该商标，而不是由商标局撤销。

商标权权利灭失或者注销商标的理论基础在于连续未使用可以推定权利人已经不再有意愿保留该商标，进而在客观上放弃了注册商标权，即连续 3 年不使用构成权利人放弃注册商标权的推定，这种推定可以被权利人提交的具有继续使用商标的意图的证据所推翻。采取“权利放弃推定”的观点更符合商标权为私权的本质属性。既然商标权为权利人享有的专有权利，那么权利既可以行使，也可以选择不行使，权利人享有充分的自由，这原本是权利的应有之义。正是在该意义上，有观点认为：“商标权的保护期限是有限的，只要商标在注册后的 3 年内使用过，其后该商标是否使用应由商标所有人自由决定，由市场规律去支配商标所有人的行为，这更加符合市场经济的规律。假如商标所有人中断使用自己的注册商标，10 年期满后其商标权自然丧失，法律没有必要规定提前将其撤销；如果停止使用的商标要申请续展，立法上是否可以考虑在续展条件上设限，排除长期不使用的商标继续享有权利，或许这样规定更加科学。”②

笔者认为，该观点只看到了商标权的权利属性，而忽视了其同时具有的义务属性。与专利权、著作权不同，商标权虽然属于权利人享有的专有权利，但其市场性决定了其必须在市场中使用才具有价值，而且使用不是“一劳永逸”的，而是需要持续地使用。在此意义上，商标权人行使权利的自由又是受到限制的，即其虽然可以选择不实际使用商标，但要承担一定的不利后果。如果连续 3 年未使用，法律会推定权利人事实上放弃了商标权，这正是商标权人不履行使用商标义务而面临的不利后果。正如同物

① 杨爱葵．撤销停止使用的注册商标刍议．云南大学学报（法学版），2008（3）：107.

② 杨爱葵．撤销停止使用的注册商标刍议．云南大学学报（法学版），2008（3）：110.

权法中的“抛弃物”制度，商标权人亦可以通过明确的意思表示或默示的行为放弃商标权。“要成立商标或商号的放弃，必须满足两个条件：权利人没有使用；在合理的可预见的未来没有恢复使用的意图。2 年不使用是推定放弃的初步证据。”①

相较于撤销制度，放弃推定制度更符合商标权的私权属性，是在私法理念和体系下对商标权连续不使用制度的合理建构。在“权利放弃推定”制度下，商标权的灭失并不取决于商标局的撤销，而是连续不使用商标这一民事法律事实经过所产生的法律后果。这一制度不仅可以将商标不使用纳入民事法律行为这一民法体系中进行解释，而且可以避免上文提到的撤销制度可能带来的法律适用上的矛盾和尴尬。例如，在我国，如果商标权人连续 3 年未使用商标，按照权利放弃推定，可以推定权利人放弃了商标权，那么在商标授权确权程序和民事侵权程序乃至商标刑事程序中，已经放弃的权利便不再受到保护，当事人无须先行请求商标局对注册商标予以撤销，人民法院可以径行判定商标权是否放弃，因为这本属于民事法律事实，属于人民法院可以判定的范畴。而商标权人放弃权利的时间点也不再是商标被撤销之日，而是 3 年不使用期限届满之时，这不仅更符合私法的理念，而且处理结果更为公平合理。对于在先使用并有一定影响的商标的认定，在有的案件中，法院事实上已经认可在先使用的商标可以在长时间的中断使用后放弃。在北京中怡康经济咨询有限责任公司诉国家工商总局商标评审委员会等商标异议复审行政纠纷案中，法院即认为，对未注册商标的保护不仅要判断时间维度上谁使用在先，而且要判断是否持续使用并在相关公众中具有一定的知名度。虽然曾在先使用但该使用行为已经中断的，不宜再作为在先注册商标受到保护。② 该案的裁判表明，即使是在先使用并有一定影响的商标，如果长期未使用也无法获得保护，其背后的理论基础同样是商标的权利放弃推定制度。

---

① Silverman v. CBS Inc., 870 F. 2d 40, 45 (2d Cir. 1989).

② 吴斌. 中断使用的在先商标能否认定为“在先使用并有一定影响的商标”?：评析北京中怡康经济咨询有限责任公司诉国家工商总局商标评审委员会等商标异议复审行政纠纷案. 中华商标，2016（11）：47. 具体案情参见北京市高级人民法院（2010）高行终字第 274 号行政判决书。

从国外的立法规定看，未采取权利放弃推定制度的部分国家，对于不使用导致的商标撤销或注销，在程序上也作出了与其他原因导致的商标撤销不同的规定，大多将该类程序交由法院居中裁判，而不是由商标注册部门依职权予以撤销，体现了商标权为私权的理念。《德国商标和其他标志保护法》第49条系关于商标不使用而撤销的规定，第50条系关于驳回的绝对理由导致商标无效的规定。该法就上述不同情形分别规定了相应的商标注销程序。对于因商标不使用而提起的商标注销程序，该法第53条规定："1. 尽管根据第55条，有向法院提出注销诉讼的请求权，基于撤销（第49条）请求的注销可以呈送给专利局。2. 专利局应当将此请求通知注册商标所有人，并且要求其告知专利局，是否反对该注销请求。3. 如果注册商标所有人没能在通知到达后2个月内对该注销提出反对，则应当注销该商标的注册。4. 如果注册商标所有人对注销提出反对，专利局应当相应地通知该请求提出人，并通知他必须根据第55条通过向法院提起诉讼，而提出注销请求。"对于因驳回的绝对理由而提起的商标注销程序，该法第54条规定："1. 基于驳回的绝对理由（第50条）的注销请求，应当向专利局提出。任何人可以提出这样的请求。2. 应当同时缴纳收费表规定的费用，在没有缴纳费用的情况下，应当认为没有提出该请求。3. 当已提出一项注销请求或已依职权启动注销程序时，专利局应当相应通知注册商标所有人。如果他在该通知送达后的2个月内没有对该注销提出反对，则应当注销该商标的注册。如果他对该注销提出了反对，则应当执行注销程序。"因此，在德国，驳回的绝对理由导致的商标注销，应当通过专利局主导的注销程序；而连续不使用导致的商标注销最终应当由申请人向法院提出注销诉讼。而根据该法第55条第1款的规定，申请撤销（第49条）或者基于在先权利提起注销请求的诉讼，应当针对注册的商标所有人或其权利继受者提出。

根据《法国知识产权法典》第L.714—5条的规定，无正当理由连续5年没有在注册时指定的商品或服务上实际使用商标的，其所有人丧失商标权利。任何利害关系人均可向法院提起失效诉讼。诉讼请求只涉及部分指定商品或服务的，失效也只涉及有关商品或服务。《埃及知识产权法》第91条亦规定："有管辖权的法院如果认定商标连续5年没有得到实际使用，可以根据利害关系人的请求，作出可执行的裁决，撤销商标注册。”

三、商标权维持中商标使用的认定

商标权维持中商标使用的认定，直接关系到商标权的存废，而使用标准如何把握也直接影响商标能否充分有效地发挥其应有的功能，因此商标权维持中的商标使用在整个商标法体系中具有十分重要的地位。对于商标权维持中商标使用的构成标准，有观点认为，商标权维持中的商标使用必须达到能够让消费者识别商品（服务）来源的程度时，才符合注册商标维持制度中商标使用的要求。“毕竟如给予 3 年或 5 年的使用期限，还不能让商标在市场上具有识别性，传递商品来源信息，可见权利人是没有尽到自己的使用义务，也背离了商标基本的识别功能。”① 也有观点认为，应该确立意图或意思在连续不使用撤销制度中作为商标使用的核心，通过外在的使用形式判断商标使用是否具有真实的使用意图。商标权维持中的商标使用应该要求商标权人主观上具有诚实地将该商标用作区分商品（服务）来源的意图，但并不苛求这种商标使用在客观上已经具有使相关公众可以识别商品（服务）来源的效果。② 在商标授权确权司法实践中，有人总结出商标使用应当满足如下条件：使用必须符合法定的表现形式；必须是对注册商标的规范使用；使用行为发生在中国境内；是在商标权控制下的使用；必须是公开、真实、合法的商业使用。③

笔者认为，商标权维持中的商标使用必然属于商标法意义上的使用，应当满足商标使用的共性条件，但在商标权维持的语境下，不应笼统地讨

① 张慧霞，杜思思. 商标使用的类型化解读. 电子知识产权，2020（12）：67.

② 刘铁光，吴玉宝.“商标使用”的类型化及其构成标准的多元化. 知识产权，2015（11）：49.

③ 北京市第一中级人民法院知识产权庭. 商标确权行政审批疑难问题研究. 北京：人民法院出版社，2008：148. 此外，有人专门对涉注册商标无正当理由 3 年不使用撤销案件的判决书进行统计：约 46%的判决书中明确了商标使用应是“公开、真实、合法”的；约 28%的判决书载明商标使用应使商标起到区分商品或服务来源的作用或构成商标法意义上的使用；约 32%的判决书要求商标使用为商业使用；还有部分判决书提到了有效的、真实的、善意的、持续的使用。王芳. TRIPS 协定下注册商标的使用要求. 北京：知识产权出版社，2016：164.

论商标使用的构成，而是应当围绕特定的语境，反映商标权维持语境下商标使用的特殊性，主要表现在使用的质和量两个方面。在质的规定性方面，商标权维持中的使用要求与商标权取得中的使用要求基本相同，均要求具有真诚的使用意图；在量的规定性方面，商标权维持中的使用要比商标权取得中的使用更为严格，要求具有使用的持续性，而且限于核定使用的商品和核准注册的商标。因此，商标权维持中的商标使用应当坚持主客观的统一，不能仅仅强调主观意图，因为此时商标已经获得注册，不同于为获得注册的前期准备阶段，商标权人有充分的时间做好将使用商标的商品或服务实际投入市场的准备，此时商标应当已经能够实际发挥识别商品或服务来源的作用，而不能仍然停留在可能性上。

“商标使用是否充分进而足以维持商标权或者商标注册取决于使用的质量和数量。其中具体因素的考量标准需要根据实际的语境进行判断。如果涉及商标权取得或者商标注册阶段，重点主要看最初使用是否是真诚的以及是否能够表明使用人在合理期间内将使用行为从零星的使用提高到商业规模的使用。此时初始使用的数量并不特别重要——甚至单次的销售，只要是真实的，都足以满足要求。但在注册后的使用阶段，判断使用的水平是否足以维持商标权，关键在于使用的商业规模，而不应仍停留在象征性使用（token use）上。”① 对使用程度的不同要求实际上是由不同的商业和政策考虑决定的，符合基本的商业发展规律。在商标申请阶段，经营者往往处于产品研发或初始化阶段，出于防范市场风险的需要，经营者不可能在此时便投入大规模的商业使用，因此，真诚的初始化使用原则是合理的；但在商标注册后的商标权维持阶段，经营者已经做了充分的将商品推向市场的准备，具备了大规模商业使用的条件，因此这一阶段的使用程度或者水平的要求就不应和商标权取得阶段的要求等量齐观，而是对使用规模有更为严格的要求。

（一）商标权维持阶段商标使用的主观意图分析

商标权维持中的商标使用应当是真诚的商业使用，而不仅仅是为了维

① Robert W. Sacoff. The trademark use requirement in trademark registration, opposition and cancellation proceedings. The trademark reporter, 1986 (2): 99 - 136.

持商标权而进行的使用。判断是否是真诚的使用，关键在于商标使用是否旨在开拓商品或服务的市场，维持市场占有率。在真诚使用的意义上，在商标注册阶段对商标使用采取的较为宽松的标准可能并不满足维持商标权的要求，例如，象征性的使用可能满足商标注册的使用要求，但不足以维持商标权。为了维持商标权，商标使用应当是为了积累或者维持商标所承载的商誉，这就要求商标权人证明其对商标的使用是“有意的、连续的，不是零星的、随意的或临时的”①。“维权使用旨在维护商标，避免遭废止其注册，商标权人应就其确有使用注册商标之事实负举证责任，所提之使用证据应证明其实际使用之商标为注册商标或同一性商标，且使用证据应足以证明商标之真实使用，并符合一般商业交易习惯，若仅为维持商标注册而临时制作或象征性之使用证据，不符合商标系用来指示商品或服务来源之功能，不具商标保护必要性。”②

一方面，真诚的商标使用应当是商业性使用，即为了商品或服务的销售而在市场中进行的使用。针对侵权使用行为提起诉讼并不构成商标使用，基于非商业性目的使用商标的零星许可并不足以构成防止商标权放弃的使用行为。推翻商标权放弃的使用行为必须是商业性使用。被告依据的使用行为并不足以使相关公众将商标与商标权建立认知联系，这对于商标权保护是十分重要的。仅仅在赠品上使用商标不属于真诚的商业性使用。③ 在 Anvil Brand，Inc. v. Consolidated Foods Corp. 案中，美国法院认为，商标权人已经放弃了商标，因为其不再在正常生产的 T 恤衫上使用商标，而是在促销商品上使用。在促销商品上使用商标的行为并不是为了促进销售或者有目的的商业安排的需要。商标权人仅仅是为了消耗库存的商标标签以及 1970 年到 1973 年间销售量很小的事实表明商标权人的使用并不是为了区分商品来源以及提高商标权人商誉的使用。④ 同理，商品停产后，仅仅为了清理库存需要而进行的商品销售也不属于维持商标权意义

① La Societe Anonyme des Parfums Le Galion v. JeanPatou，Inc.，495 F. 2d 1265，1271，181 USPQ 545 [548] (CA 2 1974).

② 黄铭杰. 商标使用规范之现在与未来. 台北：元照出版公司，2015：223.

③ Silverman v. CBS，Inc.，870 F. 2d 40 (2d Cir. 1989).

④ Anvil Brand，Inc. v. Consolidated Foods Corp.，464 F. Supp. 474，477 (SDNY 1978).

上的真诚使用，因为此时的销售已经不再具有占有市场的意图，纯粹是为了清理库存。在 Del-Rain Corp. v. Pelonis USA，Ltd. 案中，美国第二巡回上诉法院维持了地方法院认定商标权人已放弃其商标的裁定，因为商标权人事实上要让系争商标退出市场，而其商标使用仅是为了出清存货。上诉法院认为，美国《兰哈姆法》所规范的使用并非任何使用，特别是将放弃的产品所遗留的存货予以清仓的行为并非在通常的交易活动中所从事的善意使用。尽管有 25 000 件商标产品的清仓销售量，但上诉法院认为此销售行为不影响对使用的认定。权利人的行销是为了让商标产品退出市场，因为该行销行为之目的是摧毁商标。根据判例法，该行为不是对商标进行商业上开发利用的活动，因而不能被视为商业上的真诚使用。① 当然，使用商品的数量并不是绝对的，而是要考虑经营者自身的规模、所处行业的特点等情况。否则，如果商业使用的绝对量不大就构成商标权放弃的话，小微企业相比于大型企业会更加难以维持其注册商标。②

另一方面，商业性使用不应仅仅为了维持或保留商标权，而应旨在真实地开拓市场。在 La Societe Anonyme des Parfums Le Galion v. Jean Patou, Inc. 案中，商标权人在 20 年的时间里共计销售了 89 瓶带有“SNOB”商标的香水，没有任何的广告，1951 年至 1969 年的销售额不到 600 美元，净利润 100 美元。美国地区法院认为，虽然商标权人的销售数量很少，但销售并不是虚假的，因为每一次销售都是可以盈利的，而且是向真正的消费者销售。美国第二巡回上诉法院推翻了一审判决，认为商标权人微量的销售业务并不是真实的使用，无法为商标权保护提供正当性基础。商标权人进行的销售活动并不是为了商业性使用商标而进行的商业规划的一部分。其真实的目的是排除竞争者的使用，这种“纯粹防卫性”的象征性使用并不足以获得具有强制力的商标权。③ 此外，权利人在商业活动中有意安排的商标使用行为同样不属于真诚的使用。在 Exxon Corp. v. Humble Exploration Co.，Inc. 案中，涉案的“HUMBLE”商标仅仅用于

① Del-Rain Corp. v. Pelonis USA，Ltd.，29 F. App35 (2d Cir. 2002).

② Money Store v. Harriscorp Finance，1988 WL 96544 (N. D. Ill. Sept. 15，1988).

③ La Societe Anonyme des Parfums Le Galion v. Jean Patou，Inc.，495 F. 2d 1265，1272 (2d Cir. 1974).

向特定客户销售的独立产品上，或者使用在特定的发票上。没有任何销售行为是基于“HUMBLE”商标的商品来源识别作用。同时，消费者都会被告知销售的特定产品都会带有“HUMBLE”商标以及发票，但实际上是带有“Exxon”商标的产品。法院认为，商标法并不允许仅仅为了禁止他人使用而囤积商标。这些特意安排的销售行为不能起到识别商品来源的基本作用，并不属于《兰哈姆法》意义上的使用行为。我们并不能仅仅因为商标权人在销售时主观上是为了维持商标而认定在销售的商品上使用的商标并不足以起到识别商品来源的作用。关键在于商标的作用是真实的还是虚构的。如果商标识别商品来源的作用只针对特定的客户，那么销售中使用商标就是虚构的。① 我国商标授权确权实践中亦有对商标使用应为真实的商业性使用的要求。所谓“真实的、善意的商标使用行为”系指商标注册人为真正发挥商标的识别作用而进行的使用行为。一般而言，如果商标注册人的使用行为已具有一定规模，就可推定此种使用行为系真实的、善意的商标使用行为。如果实际使用证据表明仅有 2 次发货行为，由于使用规模过小，也不足以证明诉争商标的使用行为是真实的、善意的商标使用行为。②

（二）商标权维持阶段商标使用的客观方面分析

（1）商标使用的主体。

商标既可以由商标权人自行使用，也可以由商标权人控制的许可使用人以及其他有关联关系的主体使用。《最高人民法院关于审理商标授权确权行政案件若干问题的规定》第 26 条第 1 款规定：“商标权人自行使用、他人经许可使用以及其他不违背商标权人意志的使用，均可认定为商标法第四十九条第二款所称的使用。”对于没有明确授权关系，但使用人与商标权人存在控股、母子公司等关联关系的，是否属于商标使用，有观点认

① Exxon Corp. v. Humble Exploration Co., Inc., 695 F. 2d 96, 100 - 01, 217 USPQ 1200 (CA 5 1983).

② 参见北京知识产权法院（2015）京知行初字第 5117 号行政判决书。北京市高级人民法院在案件中亦认为：出货单和发票仅仅证明了一次商品销售行为，销售对象仅为一个主体，在没有其他证据佐证的情况下，无法认定该使用行为属于真实的商标使用行为。参见北京市高级人民法院（2016）京行终 115 号行政判决书。

为，尽管注册商标权人与实际使用人存在控股关系，但由于实际使用人未取得涉案商标权人的使用授权，在实际使用人无法证明其有权使用涉案商标的情况下，其对商标的使用行为不能认定为商标注册人的使用行为。① 也有观点认为，商标权人和实际使用人存在特殊经济利益关系的，可以认定成立事实上的许可使用关系。例如，在关联企业中，被控股公司对商标的使用视为控股公司对商标的使用，可以认定为存在事实上的许可使用关系。② 还有观点认为，尽管商标注册人未提供其与实际使用人之间存在商标许可使用关系的书面证明，但商标权人明知实际使用人使用其商标却未提出异议，应视为商标权人同意使用人对涉案商标的使用。③ 笔者认为，对于"不违背商标权人意志的使用"的理解应当合理体现商标权维持制度的立法宗旨，既不能让商标权人面临随时可能失去商标权的危险，也不能允许商标权人通过默许原属侵权使用的行为而免于被认定为权利放弃。因此，对于没有明确许可使用授权关系的使用行为，不能因为缺乏授权关系而一概不认定为商标权人的使用，也不能因为商标权人没有提出异议而一概认为构成默认的许可，而是应该将构成许可限于商标权人和实际使用人存在控股等关联关系的情况，例如集团公司内部不同成员对集团公司商标的使用。否则，如果认可没有特定关联关系企业的使用行为也构成商标权人的使用，商标权人很有可能将与其毫无关系的第三人的侵权使用认可为自身许可的使用，从而规避连续使用商标的规定。

（2）实际使用的商品类别。

在核定的商品上实际使用商标自然属于商标使用，但实践中经常出现在类似商品上的使用、在核定使用的部分商品上的使用以及在核定使用商品下位概念的具体商品上的使用，对于上述使用行为是否构成商标权维持意义上的商标使用，仍需要具体分析。

首先，对于在类似商品上的使用是否可以维持商标权存在正反两方面的观点。我国最高人民法院认为，在注册商标连续 3 年停止使用予以撤销制度中，复审商标的使用行为应以核定使用的商品为限。在具体案件中，

① 参见北京市第一中级人民法院（2006）一中行初字第 1052 号行政判决书。

② 参见北京市高级人民法院（2011）高行终字第 1701 号行政判决书。

③ 参见北京市第一中级人民法院（2007）一中行初字第 84 号行政判决书。

最高人民法院认为，在不在注册核定商品范围内的“批墙膏”上的使用不能支持对“油漆”等注册商品的使用。[①] 北京市高级人民法院亦认为，注册商标因连续 3 年停止使用被撤销注册的，所撤销的是注册商标的专用权，而不是注册商标的禁用权。而注册商标专用权仅限于核准注册的商标和核定使用的商品，并不包括与核准注册的商标相近似的商标，也不包括与核定使用的商品相类似的商品。因此，注册商标在与核定使用的商品相类似的商品上的使用，以及与核准注册的商标相近似的商标在与核定使用的商品相同或相类似的商品上的使用，均不属于注册商标专用权的范围，这种使用也不构成注册商标专用权意义上的使用，其不足以动摇或者改变注册商标未在核定商品上实际使用的事实，故也就不足以维持注册商标在核定商品上的注册。[②] 欧盟司法实践中亦认为，在核准注册之外的其他商品或服务上使用商标，即使实际使用的商品或服务与核定使用的商品或服务是类似的，也不属于法律规定的真诚使用。[③] 美国对于实际使用商品的把握比较灵活。“当商标权人在特定商品上停止使用商标，如果他继续在类似商品上使用，并且相关公众认为两种商品具有相同的来源，且新的商品属于商标权人正常的商业扩张范围，那么商标权人并不构成商标权放弃。”[④] 美国《反不正当竞争法第三次重述》亦规定，如果实际使用的商品或服务与核定使用的商品或服务存在实质性关联，以至于潜在的消费者极有可能会认为实际使用的商品与核定商品具有相同的来源，那么实际使用商品的变化并不会导致商标权的放弃。[⑤] 笔者同意最高人民法院以及北京市高级人民法院的观点，在商标权维持阶段实际使用的商品应严格限定

① 参见最高人民法院（2015）知行字第 255 号行政裁定书。

② 参见北京市高级人民法院（2016）京行终 2844 号行政判决书。

③ British Sugar plc v. James Robertson & Sons Ltd.，[1996] RPC 281 at 288.

④ Robinson Co. v. Plastics Research and Development Corp.，264 F. Supp. 852，863 (W. D. Ark. 1967). Life Industries Corp. v. Star Brite Distributing，Co.，832 F. Supp. 54，55 (EDNY 1993).

⑤ Restatement (Third) of Unfair Competition，§ 30 comment b (1995). 只有实际使用商品的消费群体或者销售渠道与核定商品差别较大，才可能不足以支持属于商标权维持意义上的商标使用。例如，核定商品为香烟，实际使用在威士忌、钢笔、手表、太阳镜上，法院便认为实际使用不属于对核定商品的使用。Imperial Tobacco Limited v. Philip Morris，Inc. 899 F. 2d 1575，1582 (Fed. Cir. 1990).

于核定使用的商品，在类似商品上的使用不应被视为对核定商品的使用，而是应该另行提出商标注册。

其次，核定使用的商品为多个商品的，仅在其中部分商品上的使用是否可以视为在全部商品上均进行了使用？对此，在理论上及各国司法实践中存在不同观点：一是严格按照核定商品项目，即商标使用行为仅能维持其在该项商品上的注册；二是效力延及商标核定的全部商品，只要商标在核定的任意一项商品上进行了使用即可维持商标的注册；三是效力延及类似商品，即商标使用行为可以维持其在该项商品以及相类似的商品上的注册。① 在“博奥及图形”商标案中，法院认为：“如果注册商标在一种核定使用商品上进行了使用，其在该种商品上的注册就应当得到维持，他人则无法再于类似商品上注册相同或者近似的商标。因此，在博奥商贸公司提供了在‘振动按摩器’上使用的证据的情况下，视为其在‘体育活动器械’这一类似商品上的使用，并不会损害他人的利益，没有违背立法目的。”② 但是有观点认为，如果核定的不同商品之间不构成类似商品，那么在非类似商品上的注册商标应当被撤销。在“白大夫 DOCTOR BAI”商标案中，法院认为：“诉争商标在‘牙膏、口香水’商品上连续三年未进行使用，且与‘洗发液’等商品不属于类似商品。因此，不能因为诉争商标在‘洗发液’等商品上的使用，就视为在‘牙膏、口香水’商品上的使用。”③

对此，笔者认为，在核定商品存在多个的情况下，即使不同商品之间构成类似商品，仅仅在其中一个商品上的使用，也不应被视为在其他核定类似商品上的使用。虽然此种情况下其他人无法再在该类似商品上注册相同或近似的商标，但这不意味着商标注册人可以“不劳而获”，否则便会变相鼓励商标注册人在申请商标注册时尽可能多地将类似商品一并注册，从而事实上确立了防御商标的制度。同理，如果核定商品属于上位概念的商品，而注册人仅仅在下位概念的商品上实际使用了商标，那么也不应被

---

① 陈曦. 注册商标连续三年不使用撤销案件中在核定商品上使用的判断. 中华商标，2018（7）：44.

② 北京市高级人民法院（2008）高行终字第339号行政判决书。

③ 北京市高级人民法院（2015）高行（知）终字第3604号行政判决书。

视为在上位概念的商品上进行了使用。对此，裁判的标准应当是鼓励申请人在申请商标注册时“按需申请”，而不是盲目追求商标注册核定商品的“大而全”。欧盟法院认为，如果核定使用的商品是宽泛的类别，实际使用的是其中较为具体的商品类型，那么不能认为商标权人在上位概念商品的意义上进行了实际使用。①

（3）实际使用的商标样态。

实践中，商标权人并未严格按照核准注册的商标样态进行使用，而是进行变形使用，此时是否可以认定属于对注册商标的使用？对此，国内外立法及司法实践大多认为，实际使用的商标标志与核准使用的商标标志虽有差别，但未改变其显著特征的，可以被视为对注册商标的使用。《保护工业产权巴黎公约》第 5 条第 3 款第 2 项明确允许实际使用的商标与注册商标可以在某些因素上存在一定的不同，只要这种变化没有改变该注册商标的显著性。《欧盟商标条例》第 18 条、英国《商标法》第 46 条第 2 款、《德国商标和其他标志保护法》第 26 条第 3 款、《法国知识产权法典》第 L. 714—5 条均规定，不改变显著性的变形使用构成注册商标使用要求中的商标使用。② 就欧盟司法实践而言，在 FRUIT 案中，欧盟普通法院回答了使用组合商标“FRUIT OF THE LOOM”是否构成对商标“FRUIT”的使用。法院认为，虽然 FRUIT 是组合商标的重要组成部分，但额外的 LOOM 部分同样重要，因此，原告不能证明其对 FRUIT 进行了真正的使用。③ 如果标志 A 和 B 均为注册商标，A 和 B 本身具有实质相同的显著性，那么实际使用标志 A 应当被认为是对注册商标 A 的使用，还是对注册商标 B 的使用？对此，欧盟法院存在不同的观点。在有的案件中，欧盟法院认为由于实际使用的标志也为注册商标，那么就不应被视为对核准注册商标的使用④；在有的案件中，欧盟法院则认为，商标权人对变形商标的使用不应因为变形使用的标志本身也是注册商标，而被认为不

① Reber Holding GmbH & Co. KG v. OHIM, CJEU, judgment of July 17, 2014, C-141/13.

② 王芳. TRIPS 协定下注册商标的使用要求. 北京：知识产权出版社，2016：132.

③ Fruit of the Loom Inc. v. OHIM GC, judgment of June 21, 2012, T-514/10.

④ Bernhard Rintisch v. KlausEder, CJEU, judgment of October 25, 2012, in case C-553/11.

能构成对另一具有实质相同显著性的注册商标的真正使用。[①]

德国最高法院认为，图 3－1 中的商标使用形式不属于对“PROTI”商标的真正使用，因为这些标志中的“4－K”和“PLEX”具有独特性，相关公众并不会认为图 3－1 中实际使用的标志中的“PROTI”属于独立的标志。[②] 但德国最高法院认为，图 3－2 中的商标使用形式构成对“PROTI”商标的真正使用，因为增加的元素“PLUS”和“OWER”是描述性的，相关公众主要是将其中的“PROTI”作为识别来源的标志。[③]

图 3－1 “PROTI”商标的变形使用（1）

图 3－2 “PROTI”商标的变形使用（2）

但在“Specsavers”商标案中，欧盟法院认为，对图 3－3 中的文字和图形的组合标志（上方）的实际使用，可以构成对单独的图形标志（下方）的使用，只要实际使用标志和核准注册标志之间的变化没有改变核准注册商标的显著特征。[④]

---

① Bernhard Rintisch v. KlausEder, CJEU, judgment of October 25, 2012, in case C－553/11. [PROTI], para. 30.

② BGH 2013 GRUR, 840, 842 paras. 19－25—PROTI Ⅱ.

③ BGH 2013 GRUR, 840, 843 paras. 26－38—PROTI Ⅱ.

④ Specsavers International Healthcare Ltd. & others v. Asda Stores Ltd., CJEU, judgment of July 18, 2013, in case C－252/12.

图 3-3　“Specsavers”商标的变形使用

根据美国《商标审查手册》，在商标注册后第五年和第六年提交的实际使用的样本必须和注册时核准的商标实质性相同。虽然允许对商标背景或形式作出改变或更新，但这种变化不应该导致对核准商标的实质性改变。① 具体到每个案件中实际掌握的标准，美国司法实践认为，关键的问题在于实际使用的标志是否让消费者产生了其与核准注册的商标不同的商业印象（different commercial impression）。根据该标准，图 3-4 中的改变被认为是非实质性的②，图 3-5 中的改变被认为是实质性的。③

图 3-4　实际使用标志的非实质性改变

① United States Patent and Trademark Office. Trademark manual of examining procedure. 8th ed. [2022-10-10]. http://www.uspto.gov/sites/default/files/documents/TM-TMEP-8th-edition.pdf.

② In re Hot Stuff Foods，LLC，Serial No. 77392514 (TTAB March 8，2013).

③ In re Space Adventures，Ltd.，Serial No. 76391912 (TTAB May 26，2005).

图 3-5 实际使用标志的实质性改变

德国司法实践中则主要看实际使用的标志与注册商标是否被相关消费者视为同一标志。① 在 Ausburger Puppenkiste 案中，原告注册了“Puppenkiste”商标，并以 shop. puppenkiste. de 作为网址，但未单独使用“Puppenkiste”商标。法院认为：“shop”与“Ausburger”均具有独立标示效果，因此，于“Puppenkiste”前加上此二词之一，均已改变其原有之标示特质，不适用《德国商标和其他标志保护法》第 26 条第 3 款的规定，故不属于商标权维持之使用行为。② 加拿大司法实践中则认为，只要实际使用的标志不会导致消费者误认为其是与核准注册的标志不同的标志，实际使用标志的变化就不会影响商标的主要显著特征，实际使用标志就可以被视为是对注册商标的实际使用。③ 在具体案件中，加拿大法院对登记注册的商标和实际使用的商标进行比对，判断二者的区别是否足够细微以至于不加注意的消费者会认为二者都代表相同的来源。如图 3-6，法院认为左边实际使用的标志并不构成对右边登记注册的商标的真诚使用。④

我国最高人民法院亦未要求实际使用的标志必须与核准注册的商标完全相同，只要实际使用的标志未改变核准注册商标的显著特征即可。⑤ 因此，笔者认为，对于实际使用的标志，出于生产经营或者商品营销的需要，商标权人难免会根据实际情况作出一些调整，如果严格要求实际使用

① BGH GRUR 1986, 892, 893; BGH GRUR 2000, 1038, 1039; BGH GRUR 2009, 772, 775.

② BGH GRUR 2009, 772.

③ 29 CPR (3d) 391 (1990) (FCTD), revd 44 CPR (3d) 59 (1992) (FCA).

④ Registrar of Trade Marks v. Companies International Pour L'informatique CII Honeywell Bull, Societe Anonyme, (1985), 4 CPR (3d) 523 (FCA).

⑤ 参见最高人民法院（2017）最高法行再 47 号行政判决书。《最高人民法院关于审理商标授权确权行政案件若干问题的规定》第 26 条第 2 款亦明确规定：“实际使用的商标标志与核准注册的商标标志有细微差别，但未改变其显著特征的，可以视为注册商标的使用。”

图 3-6　实际使用的标志与登记注册的商标

的标志必须与核准注册的商标完全相同，未免过于严苛，而且会导致商标稍有变化便要重新申请注册，一定程度上也会增加商标注册机关的负担。因此，应当允许实际使用的标志有一定的变化。《最高人民法院关于审理商标民事纠纷案件适用法律若干问题的解释》第 9 条以及《最高人民法院、最高人民检察院关于办理侵犯知识产权刑事案件具体应用法律若干问题的解释》第 8 条均明确规定，相同商标包括与注册商标完全相同以及在视觉上基本无差别的商标。最高人民法院、最高人民检察院、公安部《关于办理侵犯知识产权刑事案件适用法律若干问题的意见》第 6 条对相同商标也予以明确，规定如下："具有下列情形之一，可以认定为'与其注册商标相同的商标'：（一）改变注册商标的字体、字母大小写或者文字横竖排列，与注册商标之间仅有细微差别的；（二）改变注册商标的文字、字母、数字等之间的间距，不影响体现注册商标显著特征的；（三）改变注册商标颜色的；（四）其他与注册商标在视觉上基本无差别、足以对公众产生误导的商标。"笔者认为，上述规定采用的标准与德国司法实践中的"社会公众认为同一标志"、美国司法实践中的"相同商业印象"等标准并无本质差别。只要增加元素或者变形后的标志没有形成新的显著性或者商业印象，从而没有使相关公众认为实际使用的标志和核准注册的商标系不同的标志或者核准注册的商标无法独立作为识别商品或服务来源的主要部分，就可以认定实际使用的标志属于对核准注册商标的使用。

（4）实际使用的形式。

使用商标的形式多种多样，可以直接使用在商品或商品包装上，可以使用在商品交易文书、发票、使用说明书上，还可以在广告宣传中使用，那么上述使用是否均可以构成商标权维持中的商标使用？笔者认为，之所以要求商标必须使用才可以维持商标权的存在，主要原因在于督促商标权人在商品或服务上实际使用商标，即将带有商标的商品或服务投入市场流通，从而达到通过商标帮助消费者选购、识别商品或服务的目的。如果没有实际的商品或服务提供，仅仅停留在广告宣传或者签署合同上，消费者实际上无法实际接触到具体的商品或服务，也就无法形成对商品或服务的实际体验，自然不需要也无法在市场中对商品或服务进行识别。既然市场中根本不存在带有商标的商品流通，自然也谈不上混淆或误认的问题。因此，商标制度最终目的在于让消费者在琳琅满目的商品中选购心仪的商品，商标必须实际使用在商品上，而不是仅仅停留在广告宣传中，才可能最终实现商标制度的价值。在此种意义上，商标权维持阶段的商标使用应是在商品或商品包装、容器上的实际使用。“基于不使用撤销制度的立法目的，维持注册的商标使用应当是真实的、能够发挥商标识别作用的使用。而要使商标发挥识别作用，就必须将商标使用于注册指定的商品或服务上，行销于市。”① “商标法要求的使用应当是真实的、善意的和具有一定商业规模的使用，仅仅为了应付使用的义务而进行的象征性使用并不能满足法律的要求。德国、法国和英国等许多国家的判例均认为仅仅在报纸、杂志、广播电视或互联网上做广告而没有实际销售商品的，一般不构成使用。”② 在康王商标撤销案中，北京市第一中级人民法院和北京市高级人民法院均认为，仅仅在广告中的使用，不能满足商标法对注册商标的使用要求，不足以维持商标注册。③ 广告宣传中仅涉及商标，而未指定服务类别的，由于无法实现商标的标示来源的功能，不能视为注册商标的使用。④ “若无直接证据显示诉争商标于指定期间内已经实际进入了商品流通领域，从而实际发挥了区分商品或服务来源的作用，则不宜认定该商标实际进行了使用。”⑤

---

① 田晓玲. 注册商标三年不使用撤销制度研究. 学术论坛，2010（3）：174.

② 王迁. 知识产权法教程. 2版. 北京：中国人民大学出版社，2009：452.

③ 参见北京市第一中级人民法院（2006）一中行初字第1052号行政判决书；北京市高级人民法院（2007）高行终字第78号行政判决书。

④ 参见北京市第一中级人民法院（2009）一中行初字第917号行政判决书。

⑤ 北京市高级人民法院（2020）京行终4036号行政判决书。

(5) 实际使用的时间。

商标不使用是一种连续的、不间断的状态。对于连续3年不使用的起算点，主要存在两种不同认识：一是认为应当自申请撤销注册商标之日起算，即从申请日向前推算3年；二是认为应当由申请人主张起算点，不论以此前的哪一天作为起算点，只要有一段时间构成连续3年不使用的状态即可。[①] 上述不同认识实际上反映了对商标权放弃后是否可以通过后续使用恢复的不同认识。有观点认为："商标权放弃是不可以通过后续的使用得以恢复的。任何后续的使用行为，都代表了新的独立的使用，不能用来推翻在先的放弃行为。"[②] 但也有观点认为，商标的生命力归根结底在于实际使用。虽然曾有连续3年不使用的事实，但在撤销程序中，连续3年不使用的撤销事由已经消失，商标已经产生了实际效果，适用《商标法》第49条第2款的规定已丧失了事实基础。而且，从实际效果看，商标注册人已经实际使用商标的，相当于已经"改过自新"，应当既往不咎和宽大为怀，否则就会陷入为撤销而撤销或者有意惩罚商标注册人的境地，是一种机械和僵化的做法，对于权利人不公平，也不符合常理。[③]

对此，笔者认为，商标权放弃制度的确应当平衡商标权人的利益和其他使用相同商标的竞争者的利益，最大限度地发挥商标权放弃制度"物尽其用"的功效，即优质的商标资源应当由最有需要使用商标的竞争者，而不是躺在商标上的"睡眠者"所用。因此，商标权连续不使用推定放弃后在一定程度上是可以恢复的，即在他人申请撤销已经放弃的注册商标前，商标使用人已经恢复使用的，可以认为商标权人已经将被放弃的商标再次占有，使得商标权"失而复得"。其他竞争者若要使用他人放弃的商标，应当首先向商标主管部门申请撤销，否则可能面临恢复商标权的权利人的追诉。当然，为了防止商标权人通过突击使用而长期不当占有商标资源，商标权人恢复使用的时间也应加以限制，即如果商标权人系在他人申请商标撤销之日前三个月或半年才又重新恢复使用，那么此种情形的使用不应

① 孔祥俊. 商标与不正当竞争法：原理和判例. 北京：法律出版社，2009：88.

② Ambrit, Inc. v. Kraft, Inc., 805 F. 2d 974, 993 - 95 (11th Cir. 1986); Parfums Nautee, Ltd. v. American International Industries, 22 USPQ 2d 1306, 1310 (TTAB 1992).

③ 孔祥俊. 商标与不正当竞争法：原理和判例. 北京：法律出版社，2009：89.

被视为可以产生恢复商标权的效力。特别是在申请撤销商标的审理期间，商标权人使用商标的证据更不应得到采信。

《欧盟商标条例》第 58 条第 1 款（a）项即规定："如果在 5 年期限届满后、撤销申请或反诉提出前的间隙，商标已经开始或重新被投入使用，则无人可主张欧盟所有权人的商标权利被撤销；如果撤销申请或反诉在 5 年不使用的期限届满后被提出，而注册商标开始或重新使用是在该撤销申请或反诉提起之前的 3 个月内发生的，且商标所有人已经意识到撤销申请或反诉可能被提起，则这种使用将不被考虑。"日本《商标法》第 50 条第 3 款亦有类似规定。有学者指出："日本《商标法》这样规定的原因在于：提出撤销注册商标请求的人往往是长期实际使用该注册商标但又不想让自己陷入侵害注册商标权纠纷的竞争者，由于该注册商标发挥的识别机能指向请求人的商品，积聚的信用也属于请求人的信用，如果允许商标权人在得知请求人提出撤销请求后突击使用其注册商标从而免遭撤销的后果，则请求人的使用行为很可能构成侵权行为。在商标权人的差止请求权和损害赔偿请求权都得到法院支持的情况下，请求人不但要付出一笔赔偿费用，而且不得不改用其他商标。如此，请求人通过使用商标积聚的信用和财产都将付之东流，而商标权人则可轻而易举地获得请求人的劳动和投资在商标上积聚起来的信用和无形财产。这种情况的出现不但对实际使用者不公平，也是不符合商标法创设商标专用权的趣旨的。"①

（三）商标不使用放弃是否需要考虑主观意图

商标权的放弃是否系纯粹客观的判断？是否只要商标连续 3 年未使用就构成放弃，还是需要考虑商标权人的主观状态，即必须存在放弃商标的主观意图？商标权人如果证明存在恢复使用商标的意图，是否可以推翻商标权放弃？对此，美国司法实践中一般认为需要考虑商标权人的主观意图，但究竟是需要撤销申请人证明商标权人存在放弃商标权的意图还是需要商标权人举证证明其具有恢复使用商标的意图，实践中存在两种不同的

① 李扬. 注册商标不使用撤销制度中的"商标使用"界定：中国与日本相关立法、司法之比较. 法学，2009（10）：107.

观点：一种观点认为，如果商标权放弃的初步证据存在，即撤销申请人证明商标权人连续未使用商标，那么此时举证责任发生转移，商标权人负有证明存在恢复商标使用意图的举证责任。[①] 另一种观点认为，连续未使用商标的事实只产生使商标权人提交证据证明其未使用存在正当理由或者其不具有放弃商标权的意图的义务，最终证明商标权放弃的举证责任还是应由撤销申请人承担。也就是说最终应由撤销申请人证明商标权人存在放弃商标权的主观意图。[②] 事实上，证明商标权人存在放弃商标权的意图和具有恢复使用商标权的意图并不是一回事。商标权人可能不具有放弃商标权的意图，但又缺乏恢复使用商标的意愿。恢复使用商标的意图要求商标权人需要制定明确的重新在商业中使用商标的计划。但如果仅仅是缺乏放弃商标权的意图，那么商标权人可能既无须对商标进行实际的商业使用，也不需要制定恢复商标使用的计划，而仍然可以维持商标权。

笔者认为，结合商标权维持阶段商标使用制度旨在防止商标囤积的制度价值，商标权人主观方面的意图要求应是在存在连续不使用的事实后，商标权人需要证明其具有恢复使用商标的意图，而且必须说明未使用的正当理由。TRIPs 协议第 19 条第 1 款便规定："如维持注册需要使用商标方可，则只有在至少连续 3 年不使用后方可注销注册，除非商标所有权人根据对商标使用存在的障碍说明正当理由。出现商标人意志以外的情况而构成对商标使用的障碍，例如对受商标保护的货物或服务实施进口限制或其他政府要求，此类情况应被视为不使用商标的正当理由。"根据我国《商标法实施条例》第 67 条的规定，不可抗力、政府政策性限制、破产清算以及其他不可归责于商标注册人的正当事由均属于商标权人未使用的正当理由。因此，商标权人要推翻放弃的推定，不仅要证明其具有恢复使用的意图，而且应当证明连续未使用是基于商标权人自身意志以外的正当事由。

① Exxon Corp. v. Humble Exploration, 695 F. 2d 96, 100 - 01, 217 USPQ 1200 (CA 5 1983).

② Star-Kist Foods, Inc. v. P. J. Rhodes & Co., 769 F. 2d 1393, 1396, 227 USPQ 44, 46 (CA 9 1985); Miller Brewing Co. v. Oland's Breweries Ltd., [1971] 548 F. 2d 349, 352, 192 USPQ 266, 266 (CCPA 1976).

（四）剩余商誉对商标权放弃是否产生影响

商标未使用包括注册前后均未使用和曾经使用过但事后中断使用两种情况。从来未使用过的注册商标不可能承载商标权人的商誉或者知名度；但当注册商标经过使用并获得了知名度，而且虽然中断使用但在撤销申请提出时仍然具有知名度，并且消费者仍然可能会将商标和商标权人建立认知关联时，商标的知名度对于商标权放弃的推定是否产生影响？对此，有观点认为，商标权人不可以通过证明商标仍然具有知名度而推翻商标权放弃的推定。公众的认知或者剩余的商誉在法律上并不足以阻止商标权放弃。有美国法院认为："根据我们的法律制度，权利人通常有放弃他们的权利或财产利益的自由。毫无疑问法院会保护名称中的财产权利。但这种权利，例如任意性商标的权利或者其他权利都可能基于捐赠或放弃而成为公共财产。"① 在 Exxon Corp. v. Humble Exploration Co., Inc. 案中，法院认为，商标权放弃判断的关键在于商标权人的行为和意图，而不是社会公众的使用或认知——即使商标上仍然存在广泛的公众认知。否则，商标可以仅仅为了防止他人使用而被商标权人所囤积，这是商标法所不允许的。② 但相反观点则认为，商标权放弃的判断应当考虑消费者防止混淆误认的利益。如果商标仍然具有知名度，消费者仍然会将不使用的商标和原来的商标权人联系起来，则推定商标权放弃会破坏商标的信息传递功能，后来者的使用无疑会增加消费者的选择成本，导致消费者的混淆误认。③在 American Motors Corporation v. Action-Age, Inc. 案中，商标权人已经连续多年停止生产使用争议商标的小汽车，但在其发现其他经营者准备申请争议商标时提出了异议。美国商标审查和上诉委员会认为，虽然异议人在多年前便停止生产使用争议商标的小汽车，但由于仍然有大量的消费者在使用该品牌的汽车，争议商标仍然拥有相当高的知名度，故商标权人

---

① Singer Mfg. Co. v. June Mfg. Co., 163 US 169, 186 (1896).

② Exxon Corp. v. Humble Exploration Co., Inc., 695 F. 2d 96, 100－01, 217 USPQ 1200 (CA 5 1983).

③ Jake Lindford. Valuing residual goodwill after trademark forfeiture. Notre Dame law review, 2018 (2): 811.

停止使用的行为并不构成权利放弃。[①] 我国司法实践也面临相同的问题。例如，根据我国《商标法》第 64 条第 1 款的规定，注册商标专用权人不能证明此前 3 年内实际使用过该注册商标，也不能证明因侵权行为受到其他损失的，被控侵权人不承担赔偿责任。但不明确的是，虽然商标连续未使用但仍然具有知名度的，权利人是否有权获得赔偿？

笔者认为，商标权作为一种财产权，不论其是否有价值都可以基于商标权人明示或默示的行为而被放弃。被放弃的商标是否具有知名度对于商标权放弃的判断不应产生任何影响，只要商标权人连续 3 年未使用商标且没有正当理由，商标权便已经放弃。至于商标权放弃后，消费者利益的保护可以通过配套的制度设计最大限度地降低对消费者利益的影响。首先，应当规定在商标权放弃后的一定期间内不允许申请相同或近似的商标。商标的知名度确实不可能在一夜之间消失殆尽，商标法可以规定一定的期限为商标权因放弃而注销后的"商誉冷却期"，在该期间内其他人不应申请与被放弃商标相同或近似的商标。我国《商标法》第 50 条即规定："注册商标被撤销、被宣告无效或者期满不再续展的，自撤销、宣告无效或者注销之日起一年内，商标局对与该商标相同或者近似的商标注册申请，不予核准。"其次，其他经营者使用被放弃的商标可能导致混淆误认的，原商标权人或者利害关系人可以请求后来的使用者通过附加区别性标识等方式消除消费者可能产生的混淆误认，这样可以将商标权放弃可能给消费者利益造成的影响降到最低。

第三节　商标权民事保护中的商标使用

在侵害商标权诉讼中，商标性使用的范围直接影响商标权的保护以及消费者的利益，因此，相较于商标权取得、维持阶段的商标使用，侵权诉讼中的商标使用的外延最为广泛，被控侵权人出于行销商品或服务的目

① American Motors Corporation v. Action-Age, Inc., 178 USPQ 377, 379 (TTAB 1973).

的，在市场流通过程中以消费者可感知的方式实施的任何可能识别商品或服务来源的商标使用，均可能构成商标侵权，既包括在商品或商品包装上的使用，也包括在交易文书、广告宣传等媒介中的使用。“商标形成和维持意义上的商标使用与商标侵权判断中的商标使用的根本区别是前者着重于在先的未注册商标是否实际地进行商业规模的使用，从而使商标能够产生或者维持其影响和识别力，后者则着重于被指控的商标侵权行为是否在使用商标，且其使用是否可能对注册商标产生不利的影响。”① 因此，我国《商标法》第 48 条规定的使用形式都可能构成侵害商标权中的商标使用。根据《德国商标和其他标志保护法》的规定，构成侵权的商标使用的外延明显要广于维持商标权中的商标使用的外延，出于销售的目的持有侵权商品的行为都属于侵权行为，但仅持有使用商标的商品由于未能获得或维持商品的市场占有率，明显不符合商标权维持意义上的商标使用要求。正是认识到侵权诉讼中的商标使用的外延要远远大于商标权取得或维持中的商标使用的外延，有观点便认为，在侵权诉讼中，不需要商标使用具有识别商品或服务来源的作用，只要使用行为容易导致消费者的混淆误认或者破坏商标权的质量保证、广告宣传等功能，便构成对商标权的侵害。“在注册商标撤销制度中，为了避免没有进行任何形式使用的注册商标给他人的商标选择自由造成过大妨碍，当然应该对使用进行严格解释，即要求其使用必须是发挥识别机能的使用。而在商标侵权行为判断中，被侵害的商标往往是已经使用并积聚了商标权人市场信用的商标，为切实保护商标权人已经积聚的市场信用，此时对使用应进行扩大解释，即其使用不限于发挥识别机能的使用。”② 对此，理论上及实践中存在极大的争议，围绕“商标侵权诉讼是否限于商标性使用”进行了深入的探讨和激烈的争论，也产生了观点不同的司法裁判。

① 王太平. 从“无印良品”案到“PRETUL”案：涉外定牌加工的法律性质. 法学评论，2017 (6)：184.

② 李雨峰. 侵害商标权判定标准研究. 北京：知识产权出版社，2016：164.

一、商标性使用是否应为商标侵权判断的前提

我国《商标法》第48条规定："本法所称商标的使用，是指将商标用于商品、商品包装或者容器以及商品交易文书上，或者将商标用于广告宣传、展览以及其他商业活动中，用于识别商品来源的行为。"关于该类规定是否以及如何在商标侵权判断中发挥作用，国内外理论及司法实践均存在着较大的争议。"多年来，商标性使用的问题一直是商标侵权责任争论的焦点。学者、法院、商标权人以及相关协会都加入了这场争论，即商标性使用是否应当在商标侵权特别是网络侵权中发挥'守门人'的角色。"①

（一）据以研究的案例

金夫人公司于2002年获准注册"金夫人GOLDENLADY及图"商标，核定服务项目为摄影、出租婚纱礼服。2015年，金夫人公司发现米兰公司擅自将"金夫人"设定为百度搜索关键词，虽然在搜索链接和结果页面中均无"金夫人"字样，但金夫人公司认为米兰公司将其商标设定为关键词的行为构成商标侵权及不正当竞争。对此，一审法院认为，金夫人公司与米兰公司向社会公众提供的是同一种类型的服务。消费者在"金夫人"的关键词下搜索婚纱摄影服务企业信息时，希望获取的搜索结果应是与金夫人公司存在关联的全部信息，而非在与金夫人公司有关的信息中混杂了其他企业的无关信息；与金夫人公司没有任何关联关系的米兰公司的企业信息非常显著地出现在"金夫人"驰名商标的信息搜索结果中，容易导致消费者错误地认为享有涉案驰名商标权利的金夫人公司与米兰公司之间具有商标许可使用或者属于关联企业等特定联系。米兰公司的行为侵犯了金夫人公司的注册商标专用权，应当承担停止侵权、赔偿经济损失等民事责任。二审法院则认为，米兰公司将"金夫人"文字设置为推广链接的关键词系在计算机系统内部操作，并未直接将该词作为商业标识在

① Stacey L. Dogan. Beyond trademark use. Journal on telecommunications & high technology law, 2010, 8: 135.

其推广链接的标题、描述或其网站页面中向公众展示，这一行为不会使公众将其识别为区分商品来源的商标，不属于商标性使用。同时，该行为未对涉案商标的功能造成损害，未侵犯金夫人公司对涉案商标享有的注册商标专用权，亦未对金夫人公司的合法权益造成实际损害，不构成不正当竞争。①

（二）对于商标性使用在商标侵权判断中的作用的不同认识

在上述案例中，一、二审法院的裁判结果之所以出现差异，除了一、二审法院对是否存在混淆误认做出的结论不同，还在于一、二审法院对于商标性使用在侵权判断中的作用有着不同的认识。一审法院在分析是否构成侵权时，并未对被控侵权行为是否属于商标性使用进行分析，而是直接审查被控侵权行为是否属于相同或类似服务、相关标识是否相同或近似，以及消费者是否存在混淆误认；二审法院则首先对被控侵权行为是否属于商标性使用进行分析，其中隐含的审判思路或逻辑在于，商标性使用是进行商标侵权判断的前提，如果被控侵权行为不属于商标性使用，自然不可能构成侵害商标权。该案很好地诠释了关于商标性使用在商标侵权诉讼中所发挥作用的不同观点。

支持者认为，商标性使用应是商标侵权的前提。商标权人如认为他人的行为侵犯了其商标权，其必须证明他人的行为属于商标性使用行为，即他人对于商标权人的商标标识的使用“应能够起到区分商品或服务来源的作用”，只有符合该前提条件的行为，才有可能侵害商标权人的注册商标权；相反，如果他人对商业标识的使用行为不会起到区分商品或服务来源的作用，即便他人确实将商标文字或图案使用于相同或类似商品或服务上，亦不属于商标禁用权控制的范围。② 在上诉人陕西茂志娱乐有限公司与被上诉人梦工场动画影片公司等侵害商标权纠纷案中，北京市高级人民

① 参见江苏省南京市玄武区人民法院（2016）苏0102民初120号民事判决书；江苏省南京市中级人民法院（2016）苏01民终8584号民事判决书。

② 祝建军. 判定商标侵权应以成立“商标性使用”为前提：苹果公司商标案引发的思考. 知识产权，2014（1）：28.

法院认为，判断《功夫熊猫 2》电影使用“功夫熊猫”的行为是否侵犯“功夫熊猫及图”注册商标专用权，首先应当确定被控侵权使用“功夫熊猫”的行为是否属于商标意义上的使用行为。① 国外一些学者也认为，商标性使用是界定商标权边界或商标法调整范围的工具，“只有特定类型的使用他人标志的行为——商标性使用才可能构成商标侵权，法院通过对商标性使用的要求可以对商标权的权利范围进行一定的限制，从而提高商标侵权诉讼的可预测性”②。而且，法院在诉讼初期便可以判断特定的使用行为是否属于商标性使用，从而无须通过对后续混淆可能性的判断便可直接对案件作出裁判。③

反对者则认为：首先，以商标性使用作为注册商标侵权判断的先决条件会不适当地限制注册商标权。商标性使用的法律概念片面地关注“被诉标志”是否侵犯“注册商标”，而忽视真正的法律问题应是“被诉标识行为”是否侵犯“注册商标权”。判断商标侵权是否成立时，应从被诉标识行为的整体（即被诉标志使用的整个具体商业情景）出发，而不应以商标性使用作为先决条件，不合理地限制注册商标权。④ 美国第二巡回上诉法院在审理一起关键词广告的商标侵权案件时认为，美国《兰哈姆法》并没有对构成直接侵权的商标使用行为进行限制性规定。商标侵权判断所要求的“使用”仅取决于被告是否直接使用了某个标志（mark）。这种使用并不需要被消费者所感知，也不需要直接牵涉消费者。商标性使用在商标侵权判断中的地位已不复存在。⑤ “采纳商标性使用的理论会妨碍商标法对新兴信息市场的调整，将侵权责任限定于商标性使用的情形会导致市场调整的不充分和缺失。”⑥

① 参见北京市高级人民法院（2013）高民终字第 3027 号民事判决书。

② Margreth Barrett. Internet trademark suits and the demise of “trademark use”. UC Davis law review，2006（2）：371－457.

③ Stacey L. Dagan，Mark A. Lemley. Grounding trademark law through trademark use. Iowa law review，2007，92：1674.

④ 何怀文. “商标性使用”的法律效力. 浙江大学学报（人文社会科学版），2014（2）：165.

⑤ Rescuecom Corp. v. Google，Inc.，562 F. 3d 123.

⑥ Graeme B. Dinwoodie，Mark D. Janis. Confusion over use：conceptualism in trademark law. Iowa law review，2007，92：1597.

其次，非商标性使用行为是多种多样的，其中很多行为之所以不构成侵权并不是因为它们不属于商标性使用，而是基于其他理由，例如商标权限制。将所有行为都归入商标性使用的理论，会不适当地遮蔽其他限制商标权的理论，从而影响商标权限制理论的正常发展。因此，商标侵权判断应当将混淆可能性作为核心，根据个案的情况进行具体判断。同时，积极运用合理使用等规则对商标权进行限制。

最后，很多国家的商标法都有关于商标合理使用、正当使用的规定。例如我国《商标法》第59条第1款便规定："注册商标中含有的本商品的通用名称、图形、型号，或者直接表示商品的质量、主要原料、功能、用途、重量、数量及其他特点，或者含有的地名，注册商标专用权人无权禁止他人正当使用。"如果商标性使用是商标侵权判断的前提条件，那么所有的非商标性使用行为——不管是否出于善意以及是否属于合理使用的范围，都不属于商标权控制的范围。由于非商标性使用行为不能成立商标侵权的前提，合理使用抗辩自然也就没有适用的余地，这明显不符合法律解释的基本规则，否则商标法根本没有必要规定正当使用。①

还有观点认为，商标性使用属于商标侵权判断的条件之一。例如，天津市高级人民法院在其制定的规范性文件《侵犯商标权纠纷案件的审理指南》中即认为："人民法院在判定是否构成商标侵权时，一般应主要审查被控侵权标志的使用是否属于商标使用行为，是否在与注册商标核定使用同一种或者类似商品或者服务上使用了与注册商标标志相同或者近似的标志，是否容易导致相关公众混淆。"在中国蓝星（集团）总公司诉北京中海兴业安全玻璃有限公司侵犯注册商标专用权、企业名称权，不正当竞争纠纷案中，法院也认为，构成商标侵权行为应当符合三个要件：第一，被控侵权标识作为商标使用；第二，使用于同种或类似商品；第三，所使用的商标属于相同或近似商标。②

① Graeme B. Dinwoodie, Mark D. Janis. Confusion over use: conceptualism in trademark law. Iowa law review, 2007, 92: 1597 - 1667.

② 参见北京市第一中级人民法院（2008）一中民初字第4592号民事判决书。

（三）商标性使用应为商标侵权判断的前提

第一，将商标性使用作为商标侵权判断的前提是区分商标性使用（trademark use）与使用标志（use a mark）的应然结果。笔者在第一章第一节关于“商标本质的理论解读”部分已经对商标的本质进行了分析，即商标权作为一种财产权，其能够支配的对象并不是一般意义上的标志，而是由标志、商品以及来源或者主体组成的结构体。在此基础上，商标权人能够控制的行为也限于他人对商标结构体的使用，而不是仅仅使用标志本身。这也就决定了并非任何使用商标标志的行为都属于商标法调整或者商标权控制的范围。只有在识别商品或服务来源意义上的商标性使用才属于商标权控制的行为，进而构成商标侵权。将商标性使用作为商标侵权判断前提的观点，正是看到了商标与组成商标的标志之间的区别。仅仅使用了特定的标志，并不属于商标权人控制的范围，只有擅自将特定的标志用于商品、广告宣传等载体上，且能够识别商品来源的行为，才可能构成对商标结构体的使用，进而进入商标权的权利范围。相反，如果特定的行为仅仅属于对标志的使用，根本没有进入商标权的权利范围，那么就谈不上对商品是否相同或类似、相关标志是否相同或近似以及混淆可能性进行判断的问题。最高人民法院在再审申请人浦江亚环锁业有限公司与被申请人莱斯防盗产品国际有限公司侵害商标权纠纷案中即认为：“在商标并不能发挥识别作用，并非商标法意义上的商标使用的情况下，判断是否在相同商品上使用相同的商标，或者判断在相同商品上使用近似的商标，或者判断在类似商品上使用相同或者近似的商标是否容易导致混淆，都不具实际意义。”①

第二，将商标性使用作为商标侵权判断的前提有利于区分商标法与反不正当竞争法等的法律边界，明确商标法的调整范围。对任何问题的分析都应注重法律体系的协调和共存，如果按照否认商标性使用是商标侵权判断的前提的主张，任何容易导致混淆的使用商标标志的行为都构成商标侵权，那么反不正当竞争法在商业标志保护中的地位何在？对此，笔者在第

---

① 最高人民法院（2014）民提字第38号民事判决书；凌宗亮. 商标性使用在侵权诉讼中的作用及其认定. 电子知识产权，2017（9）：76.

一章中已经对商标性使用划分商标法和反不正当竞争法调整范围的作用进行了详尽的分析，在此不赘述。只有坚持将商标性使用作为商标侵权判断的前提，才可能实现商标法和反不正当竞争法的体系协调和共存。

第三，将商标性使用作为商标侵权判断的前提并不会使描述性正当使用的规定成为多余的条款。《商标法》第 59 条第 1 款规定："注册商标中含有的本商品的通用名称、图形、型号，或者直接表示商品的质量、主要原料、功能、用途、重量、数量及其他特点，或者含有的地名，注册商标专用权人无权禁止他人正当使用。"笔者将该规定称为描述性正当使用。将商标性使用作为商标侵权判断的前提并不会导致描述性正当使用的规定成为多余，因为商标性使用和描述性正当使用的关系并非如一枚硬币的两面，描述性正当使用由于并非在识别来源意义上使用商标标志，故属于非商标性使用，但并非所有的非商标性使用都构成描述性正当使用。描述性正当使用主要涉及第二含义商标，而非商标性使用的外延远远广于描述性正当使用。

对于商标性使用的构成要件，本书第二章"商标性使用的内涵界定"中已经进行了分析，其主要包括主观要件、场景要件、行为要件以及效果要件，除场景要件外，其余要件都可以说明非商标性使用不等同于描述性正当使用。(1) 使用的标志应当能够为相关公众所感知。如果相关标志无法为消费者所看到或感觉到，那么也就谈不上该标志能够向消费者传达有关商品来源或关联关系的信息。前文提及的"金夫人"案件涉及将他人商标用作关键词竞价排名是否属于商标性使用的问题，笔者同意二审法院的观点，即米兰公司的行为涉及的商标无法为公众所感知，故不属于商标性使用。(2) 相关标志应当与行为人的商品或服务紧密联系，即行为人应当将标志用于商品、商品包装或容器以及商品交易文书上，或者将商标用于广告宣传、展览等与商品销售有关的商业活动中。"可感知性的要求毫无疑问是为了确保标志与商品或服务之间存在紧密的联系，从而使得消费者看到标志就能将其和被告提供的商品或服务联系起来，进而推断出商品或服务的来源。"① 从符号学的视角看，要求标志与商品或服务形成紧密联

① Margreth Barrett. Finding trademark use: the historical foundation for limiting infringement liability to uses "in the manner of a mark". Wake Forest law review, 2008, 43: 893 - 977.

系，正是为了确保能指、所指以及对象组成的商标结构的完整性。(3) 使用的标志应能发挥识别行为人商品或服务来源的作用。行为人使用他人的商标标志如果仅仅是为了美化商品、提高商品的美感，并不是为了识别商品的来源，那么便不构成商标性使用。在此种意义上，《商标法实施条例》第 76 条关于"在同一种商品或者类似商品上将与他人注册商标相同或者近似的标志作为商品名称或者商品装潢使用，误导公众的，属于商标法第五十七条第二项规定的侵犯注册商标专用权的行为"的规定，并不符合我国《商标法》对于"商标性使用"的界定，应予以修正。

所有不符合上述商标性使用构成要件的行为都属于非商标性使用，但并不一定属于描述性正当使用。描述性正当使用只是不符合上述"识别商品或服务来源"的要件，而不符合"可感知性"以及"紧密联系"要件的行为同样不属于商标性使用。在原告辉瑞产品有限公司等与被告江苏联环药业股份有限公司等侵犯商标权纠纷案中，被诉侵权的药片虽在颜色和形状上与涉案菱形立体商标近似，但在销售时不仅有外包装盒，而且被包装于不透明锡纸的内包装之中，最高人民法院认为："由于该药片包装于不透明材料内，其颜色及形状并不能起到标识其来源和生产者的作用，不能认定为商标意义上的使用，因此，不属于使用相同或者近似商标的行为。"①

综上，描述性正当使用只是对非商标性使用情形的一种特殊规定。如果被控侵权行为属于描述性正当使用，法院可以直接适用关于描述性正当使用的规定，无须援引关于商标性使用的规定。但这并不意味着描述性正当使用可以替代商标性使用的作用。

第四，将商标性使用作为商标侵权判断的前提并不会影响商标权限制制度的存在和功能发挥，二者的制度目标和价值是不同的。商标性使用的制度价值在于划定商标法的调整范围或者说商标权权利范围的边界。在商标侵权诉讼中首先判断被控侵权行为是否属于商标性使用，是为了确定被控行为是否属于商标法调整，或者说是否进入了商标权的权利控制范围；而商标权限制则是对已经进入商标权权利范围的行为予以豁免。在商标侵

① 最高人民法院（2009）民申字第 268 号民事裁定书。

权诉讼中，商标权限制通常属于被告不侵权抗辩的范畴，即在原告已经举证证明被告擅自在相同商品上使用了相同商标后，被告可以通过商标权限制进行抗辩。例如，商标的指示性使用、权利用尽抗辩以及正品销售商在合理范围内对权利人商标的使用等，都属于对商标权的限制。上述行为无疑都属于商标性使用行为，但被控侵权人可以进行商标权限制的抗辩。

此外，将商标性使用作为商标侵权判断构成要件的观点实际上没有正确地认识商标性使用划定边界的“守门人”角色，而且混淆了上文分析的商标性使用与使用标志之间的关系。虽然我国《商标法》第 57 条第 1 项关于“未经商标注册人的许可，在同一种商品上使用与其注册商标相同的商标的”等侵权行为的规定，也包含“使用”，但该处的使用强调的并不是商标性使用，而仅仅是客观上存在使用商标标志的行为，类似于“贴附”的概念。不能因为上述规定中存在“使用”的字样就将商标性使用作为商标侵权判断的构成要件。

因此，在审理侵害商标权纠纷案件中，将商标性使用作为侵权判断的前提，意味着应当首先判断被控行为是否属于商标性使用。如果属于商标性使用，则进一步判断商品是否相同或类似、商标是否相同或近似以及混淆可能性，进而判断行为人有无商标权限制等抗辩事由；如果不属于商标性使用，还应进一步判断被控行为是否构成不正当竞争。在前文提及的“金夫人”案中，二审法院即采取了上述裁判思路，即首先判断被告将“金夫人”作为竞价排名关键词是否属于商标性使用，在不构成商标性使用，进而不构成商标侵权的情况下，继而判断被控使用“金夫人”的行为是否构成不正当竞争。

二、商标权民事保护中商标性使用的认定

对于商标侵权诉讼中的商标性使用的认定，笔者认为只要按照商标性使用的四要件，即主观要件、场景要件、行为要件以及效果要件进行判断即可。例如，实践中争议较大的将他人商标用作关键词的行为是否构成商标侵权，该行为由于并不符合行为要件中“可感知性”的要求，因此并不属于商标性使用，进而不构成商标侵权。又如在生产经营过程中使用侵权

商品的行为，如装修公司在为客户装修过程中使用假冒的涂料，饭店使用假冒的调味产品等，这种使用行为由于并不满足“市场流通”的场景要件，亦不构成商标侵权。再如游戏或电影作品中的道具使用了他人商标是否构成商标侵权，这种使用由于并不是为了行销商品或服务，仅仅是为了表达情节的需要附带性地使用，亦不构成商标性使用。实践中比较有争议的是效果要件，即是否具有识别商品或服务来源的作用，笔者认为在认定该要件过程中应当注意以下两方面的问题。

（一）商标性使用的判断不考虑使用人的主观目的

与取得商标权以及维持商标权阶段要求使用人具有真诚的使用意图不同，在侵权诉讼阶段，并不要求被控侵权人主观上存在搭商标权人便车的意图或者以识别商品来源为目的而使用他人商标。“商标侵权中的商标使用的构成标准，亦应以该种商标使用客观上具有识别来源的可能性为构成标准。这样既可以将识别来源可能的商标侵权准备行为纳入商标侵权规制之中，还可以将诸如反向混淆这种不具有来源识别主观意图的侵权行为纳入商标侵权规制之中，这种标准可称之为来源识别可能的客观标准。”① 因此，侵权诉讼中对商标使用的判断是一个相对客观的过程，即判断被控商标使用行为客观上是否会产生识别商品或服务来源的效果，这种判断不因使用人的主观意图而改变。实践中，被控侵权人经常抗辩其使用标志的目的是用作产品装潢，并不是用于识别商品的来源，其商品上已经使用了自身的商标。对此，笔者认为，商品装潢可能产生美化商品的作用，也可能具有识别商品来源的功能，或者两者兼而有之，关键看商品装潢能否在客观上产生使相关消费者识别商品或服务来源的作用。只要客观上有这种可能性，即使并不是唯一或主要的功能，就满足商标性使用的要求。例如图 3-7 中的“LV”手提包上的商标标志，既产生了商品装潢的作用，也具有识别商品来源的作用，因此，不能因为将商标用作商品的装潢就否认这种使用属于商标性使用。

① 刘铁光，吴玉宝.“商标使用”的类型化及其构成标准的多元化.知识产权，2015(11)：51.

图 3-7　带有商标标志的“LV”手提包

（二）商标性使用的判断应当与混淆可能性区分

在认定被控行为是否属于商标性使用时，一个重要的因素是判断被控行为是否用于识别商品或服务的来源，这离不开对消费者认知的分析。由于混淆可能性的判断也需要判断消费者的认知，因此，实践中在判断是否属于商标性使用时应当注意其与混淆可能性判断的区分，不应将二者混为一谈。在 Rock & Roll Hall of Fame & Museum，Inc. v. Gentile Products 案中，美国第六巡回上诉法院认为，毫无疑问，原告应当证明其实际上对涉案商标进行了使用，而且被告也应将与原告商标相同或近似的标志作为商标使用。但在判断是否构成商标性使用时，该法院认为：“换言之，原告必须证明被告使用的标志与原告的商标存在混淆可能性，这使得消费者错误地认为被告的商品是由原告生产的或者原、被告之间存在赞助关系。”①

对此，笔者认为，商标性使用的判断与混淆可能性的判断彼此独立，二者属于不同审理阶段应当解决的问题，不应将二者混同或者将是否具有混淆可能性作为判断是否构成商标性使用的因素。“商标性使用的判断和混淆可能性的判断是两个完全独立的问题。商标性使用的判断是相对客观

① Rock & Roll Hall of Fame & Museum，Inc. v. Gentile Products，134 F. 3d 749（6th Cir. 1998）.

的，并不需要根据个案去审查消费者的实际感知。商标性使用的要求确保被告是以一种向消费者传递商品来源的方式使用争议文字或标志，这种使用通常是通过将标志紧密地、直接地使用在待销售的商品上而实现的。混淆可能性的判断则是为了确定争议的文字或标志可能传递的商品信息是什么。”① 简而言之，商标性使用的判断关注被控行为使用的标志是否具有向消费者传达有关商品或服务来源信息的功能，混淆可能性的判断则关注使用的标志所传达信息的具体内容是什么。商标性使用的判断只需要审查被控行为本身，而混淆可能性的判断则需要将目光往返于原告的商标和被控行为之间，进行比较才可能得出相应的结论。此外，商标性使用和是否有混淆可能性也没有直接的关联。“商标法意义上的混淆必然来自相关标志的商标性使用。商标性使用行为可能导致混淆可能性的发生，而混淆可能性不必然发生商标性使用，二者不是绝对对应关系。”② 有混淆可能性并不意味着一定是商标性使用，例如在描述性正当使用的情形中，即使存在一定的混淆可能性，只要行为人主观上是善意的，也不会构成商标侵权。美国最高法院在一起商标侵权案中指出：即使在混淆可能性存在的情况下，法定正当使用（描述性正当使用）之抗辩也能成立，被告在提出法定正当使用之抗辩时，并没有义务否定混淆可能性。③

三、商标权民事保护中商标性使用的类型化

从商标使用的角度看，各国关于商标侵权行为的规定可以类型化为本来不应使用而擅自使用（典型的商标使用行为）、本来应当使用而未使用（商标使用的妨碍行为）以及为侵权行为提供帮助、准备、条件等的行为（商标使用帮助行为）三大类。下面以我国商标法的相关规定为例，对上述三种类型进行分析。

① Margreth Barrett. Finding trademark use：the historical foundation for limiting infringement liability to uses “in the manner of a mark”. Wake Forest law review，2008，43：893－977.

② 郑双飞，赵锐. 商标性使用：理论反思与规则优化. 华北理工大学学报（社会科学版），2023（4）：15.

③ 张玉敏，凌宗亮. 商标权效力范围的边界与限制. 人民司法（应用），2012（17）：84.

（一）本来不应使用而擅自使用行为（典型的商标使用行为）

商标权作为绝对权或专有权，具有排他性，任何人都负有不得擅自使用的义务，否则便构成对商标权的侵害。这是最为普遍和典型的商标侵权行为，即行为人本来不应使用而实施了擅自使用他人注册商标的行为。我国《商标法》第 57 条第 1 项、第 2 项规定的行为即属于本来不应使用而擅自使用的行为，包括“在同一种商品上使用与其注册商标相同的商标的”和“在同一种商品上使用与其注册商标近似的商标，或者在类似商品上使用与其注册商标相同或者近似的商标，容易导致混淆的”两类行为。此类行为属于商标侵权中的直接侵权，侵权行为的构成不要求使用人具有主观过错，只要实施了擅自使用他人注册商标的行为，即应承担停止侵权的民事责任。至于是否承担赔偿责任，使用人能够证明其没有过错的，无须承担赔偿责任。此外，该类行为通常表现为直接使用行为，即存在将商标实际贴附于商品之上的行为。但实践中也存在一些特殊情况，例如用带有他人商标的旧酒瓶重新灌装新酒，在没有将原本存在的商标予以遮蔽的情况下，放任带有他人注册商标的酒瓶再次流入市场。在此种情形下，使用人虽未直接实施贴附商标的行为，但达到了与直接贴附商标相同的效果，可以被称为间接使用行为，亦构成商标侵权。在百威英博公司诉浙江喜盈门公司等侵害商标权及不正当竞争纠纷案中，一、二审法院均认为，浙江喜盈门公司在啤酒瓶上使用“百威英博”或者“百威英博专用瓶”的浮雕文字，显然是在商品容器上使用商标，属于商标使用的范围，注意到酒瓶上“百威英博”字样的相关公众，通常都会认为该啤酒来源于百威英博公司，故浙江喜盈门公司构成商标侵权。最高人民法院再审亦认为，在一般情况下，仅仅是将回收的其他企业的专用瓶作为自己的啤酒容器使用，且在啤酒瓶的瓶身粘贴自己的商标和企业名称的瓶贴（包括包装装潢），与其他企业的瓶贴存在明显区别，使消费者通过不同的瓶贴即可区分啤酒的商标和生产商，不会产生混淆误认的，该使用方式应属于正当使用，不构成侵权。但啤酒生产企业未采取正当方式使用回收啤酒瓶，侵害

他人相关权利的，则应承担相应的法律责任。①

（二）本来应当使用而未使用（商标使用的妨碍行为）

实践中大多数商标侵权行为属于积极使用他人商标的行为，即存在将商标使用于商品上的积极行为，但对于商标权人而言，他人消极地不使用商标权人的商标，例如故意去除或者更换商标权人的商标，使其商标无法在市场流通中为消费者所感知，从而妨碍注册商标发挥识别商品或服务来源的作用，无法承载和积累商标权人的商誉，同样是一种损害商标权的行为。如果说擅自使用他人注册商标的行为侵害的是商标权人享有的禁用权，那么消极地不使用他人注册商标侵害的则是商标权人享有的使用权。"赋予一个符号以商标本质的，是实际使用。在不断的商业使用中，消费者逐渐地将一个符号与特定的商品或服务出处联系起来，才使得符号真正地成长为商标。"② 消极地不使用他人注册商标实际上妨碍了商标由符号成长为商标，由不知名商标成长为知名甚至驰名商标。对于此类行为，侵权判断的标准与前一类积极使用他人商标的行为不同，不应以混淆误认作为侵权判断的标准，而是只要客观上存在消极不使用他人商标的事实，即构成商标侵权。为此，我国《商标法》第57条第5项规定，未经商标注册人同意，更换其注册商标并将该更换商标的商品又投入市场的，构成侵犯注册商标专用权。但该规定对于消极地不使用他人商标的规定并不周延，且容易产生理解上的歧义。一方面，该规定仅规定了更换商标的行为构成侵权，而没有规定去除他人商标的行为构成侵权。事实上，去除他人注册商标后，不管行为人是否有更换自己商标的行为，均导致商标权人的注册商标无法在市场中为消费者感知，妨碍了商标权人注册商标的"成长"，因此都属于侵权行为。另一方面，对于将更换商标的商品又"投入市场"应当如何理解，存在歧义。是否限于对外销售？还是包括展览等行为？有观点认为，行为人将更换商标后的商品在展会上作为样品展出，且接受现场订单，属于市场经营活动的范畴，构成反向假冒商标侵权和不正

① 参见上海市高级人民法院（2013）沪高民三（知）终字第111号民事判决书；最高人民法院（2014）民申字第1182号民事裁定书。

② 李琛．商标权救济与符号圈地．河南社会科学，2006（1）：67．

当竞争的竞合。也有观点认为，“投入市场”应当指投入市场进行销售，且该销售应当具有一定的数量规模，仅仅将更换商标后的商品作为样品进行展出，系广告宣传行为，不构成商标侵权。但行为人利用他人高品质的商品虚假地标示自己商品具有较高的品质，构成虚假宣传的不正当竞争行为。[①] 笔者认为，对于“投入市场”应当作广义的理解，既包括销售商品，也包括广告宣传、展览等商业使用行为。因此，“本来应当使用而未使用”的行为应指未经商标权人同意，去除或更换其注册商标并以行销为目的对商品进行商业使用的行为。

（三）为侵权行为提供帮助、准备、条件等的行为（商标使用帮助行为）

商标侵权行为除了直接从事生产销售活动，还包括为生产销售侵权产品提供仓储、运输等的帮助行为，提供侵权标识等的准备行为，以及仅从事侵权产品销售促成侵权行为发生的行为。这些行为均未直接在商品或服务上使用他人注册商标，但均与商标侵权行为的发生有一定的因果关系，如果行为人主观上知道他人实施商标侵权行为或者销售商标侵权产品，仍然实施相关帮助或销售行为，亦构成商标侵权。《德国商标和其他标志保护法》第 14 条第 4 款即规定了商标侵害之准备行为：“第三人未得商标权人同意，不得于交易过程中为下列行为：（1）将相同或近似该商标之标识附着于包装或其他标识上，如贴纸、标签、缝制标贴或其他类似物；（2）以相同或近似该商标之标识附着于包装或其他标识上，并将其投入市场或以此目的进行储存；（3）进口或出口附有与该商标相同或近似之标识之包装或其他标识。”上述行为的责任承担，应当注意与直接从事侵权商品生产销售的生产商的责任承担相区分。特别是如果侵权标识尚未使用在具体的商品上，即直接侵权行为尚未发生，擅自制造侵权标识这种预备行为并没有造成实际的损害后果，那么擅自制造侵权标识的行为人可以仅承担停止侵权的民事责任，而不承担赔偿损失的民事责任。此外，从事仓储、运输等帮助活动的行为人亦不应就全

① 郭杰. 反向假冒他人商品作为样品展览是否构成商标侵权. 人民法院报，2014－08－07（7）.

部侵权行为与生产商承担连带责任，而是应该在其过错范围内或者根据其作用力的大小承担部分连带责任。

第四节 商标权刑事保护中的商标使用

我国《刑法》第 213 条规定：“未经注册商标所有人许可，在同一种商品、服务上使用与其注册商标相同的商标，情节严重的，处三年以下有期徒刑，并处或者单处罚金；情节特别严重的，处三年以上十年以下有期徒刑，并处罚金。”根据《最高人民法院、最高人民检察院关于办理侵犯知识产权刑事案件具体应用法律若干问题的解释》第 8 条第 2 款的规定，上述规定中的“使用”是指将注册商标或者假冒的注册商标用于商品、商品包装或者容器以及产品说明书、商品交易文书，或者将注册商标或者假冒的注册商标用于广告宣传、展览以及其他商业活动等行为。从中可见，根据我国现有规定，商标权刑事保护中的“商标使用”与商标权民事保护中的“商标使用”在外延上基本一致。而关于假冒注册商标罪的探讨也大多集中于“相同商标”、“相同商品”以及经营数额的认定等方面，很少有专门针对假冒注册商标罪中“使用”如何界定的探讨，这使得假冒注册商标罪中的“使用”看起来几无争议。但近年来商标权刑事保护司法实践及理论围绕旧瓶回收利用、旧物翻新以及涉外定牌加工中的商标使用是否构成犯罪产生了较大的争议，均涉及商标权刑事保护中“商标使用”究竟应当如何理解和界定。诸如商标权民事保护中商标使用的界定是否可以直接适用于假冒注册商标罪的认定，商标权刑事保护中的商标使用是否应当作进一步的限制等问题，都值得进一步探讨和分析。

一、商标权刑事保护中商标使用判断的三种特殊情形

案例 1：“旧瓶装新酒”后销售是否构成销售假冒注册商标的商品罪

被告人马某从 2011 年开始从事酒类批发生意。2015 年 10 月，公安机

关在马某租赁的仓库及店铺内，查获待销售的芝华士、马爹利、轩尼诗、皇家礼炮等品牌洋酒，案值 128 106 元；同时查获待销售的瓶身上有“青岛啤酒”、“TSINGTAO”浮雕商标的啤酒 3 860 箱（每箱 24 瓶），案值 347 400 元。所有涉案啤酒的酒瓶除在瓶颈处有醒目的浮雕商标外，瓶身上还贴有纸质瓶贴。这些纸质瓶贴使用了与青岛啤酒高度相似的图案、形状和色彩，虽然在产品说明部分的一角标注了其他商标标识，但字体和图案均不清晰，瓶身整体外观与正品青岛啤酒高度近似。一审法院认为，被告人马某为牟取非法利益，销售明知是假冒注册商标的商品且金额巨大，其行为已构成销售假冒注册商标的商品罪。二审法院亦维持原判。①

案例 2：二手手机翻新后销售是否构成假冒注册商标罪

2011 年 12 月至 2012 年 1 月，犯罪嫌疑人冯某为牟取非法利益，从市场回收旧品牌手机，使用假冒三星手机配件对所回收的手机进行维修、翻新，然后在其租用的铺面对外销售，非法牟利。2012 年 1 月 10 日，公安机关在其铺面内查获假冒三星手机 330 部，并在其租用的房间查获假冒三星手机 95 部及维修、翻新工具一批。经鉴定，涉案 330 部假冒三星手机价值人民币 490 150 元，涉案 95 部假冒三星手机价值人民币 124 673 元。公诉机关及法院均认为，回收二手手机进行翻新再销售，系假冒注册商标行为，构成假冒注册商标罪。②

案例 3：涉外定牌加工是否构成假冒注册商标罪

2013 年 10 月，被告单位汉华公司机电工具部，被告人江某、谭某某在委内瑞拉外商 JF 公司未提供“ISEO”商标注册权人授权的情况下，接受该外商总价为 665 662 元的订单，按照 2012 年广交会上从该外商处获得的样品，委托案外人生产假冒伊瑟欧控股公司“ISEO”注册商标的钥匙坯、锁体、锁芯，合计金额为 601 046.40 元。2014 年 2 月 21 日，涉案 120 000 把钥匙坯、10 770 个锁体、20 976 个锁芯在汉华公司报关出口委内瑞拉时被上海海关查获。后经联系，该外商在获悉上述情况后，未能补

---

① 参见上海市普陀区人民法院（2017）0107 刑初 939 号刑事判决书；上海市第三中级人民法院（2017）沪 03 刑终 16 号刑事裁定书。

② 苗继军. 回收旧手机翻新后销售的是否构成假冒注册商标罪.（2016－05－22）[2018－11－13]. http://www.zhihu.com/question/46606785.

充提供“ISEO”商标的相关授权使用证明。一审法院认为，“ISEO”注册商标依法经我国商标局核准注册，且在注册有效期内，受法律保护。被告单位为牟取非法利益，在未获得“ISEO”商标权人授权的情况下，委托国内的企业根据外商提供的样品为外商加工生产该品牌的钥匙坯、锁体、锁芯后报关出口，属于在同一种商品上使用与注册商标相同商标的侵权行为。因非法经营数额已达 66 万余元，属情节特别严重，其行为已构成假冒注册商标罪。二审法院认为，汉华公司机电工具部与外商之间只存在出口贸易关系而不存在涉外定牌加工贸易关系。汉华公司机电工具部在国内委托其他企业生产加工其无合法正当商标权的产品，侵犯了商标权人的合法权益，应承担相应的民事责任和刑事责任。被告单位的行为已构成假冒注册商标罪，故判决驳回上诉，维持原判。①

上述三个案件均涉及应当如何理解在相同商品上“使用”相同商标的问题。

首先，刑事犯罪中的商标使用是仅指直接的积极使用，即将他人商标“用于”相同商品上，还是包括间接使用，甚至包括应当使用而未使用的商标使用妨碍行为？上文已经提到商标民事侵权判断中的商标使用主要包括如下类型：一是本来不应使用而擅自使用，主要是指积极地在商品上以贴附方式进行的直接使用，以及本来应当将商品上原有的商标去除但未去除，从而放任已经使用商标的商品流入市场，后一种使用可以被称为“间接使用”；二是本来应当使用而未使用，即消极地不使用他人注册商标的行为，可以被称为“消极使用”。三是为商标侵权行为提供帮助、准备等行为。因此，商标侵权判断中的使用可以分为积极使用和消极使用，积极使用又可以分为直接使用和间接使用。上述案例 1、案例 2 中的行为实际上均属于放任他人注册商标使用的间接使用，即被控商品上原本带有他人的注册商标，行为人未予遮蔽，使得相关消费者仍然能够感知到原有的商标。

其次，刑事犯罪中的商标使用行为是否仅指侵权产品在国内市场流通的行为？众所周知，包括商标权在内的知识产权具有地域性，仅在一国范

① 参见上海市浦东新区人民法院（2015）浦刑（知）初字第 7 号刑事判决书；上海市第三中级人民法院（2017）沪 03 刑终 6 号刑事裁定书。

围内有效。那么商标权的地域性是否等同于商标使用的地域性？权利效力的地域性是否意味着只有被控侵权商品在一国地域范围内销售或者流通的，才可能属于商标权的控制范围？如果侵权商品最终销售是在国外，那么国内商标权人是否有权控制侵权产品的前期生产、运输、报关、出口等行为？仅仅在国内进行“贴附”商标的加工行为是否属于商标使用？

最后，刑事犯罪中的商标使用是否要求具有确定性，即只有无争议的明确的商标使用行为才可能被纳入假冒注册商标罪的范畴？如果是否属于商标使用，继而是否构成商标侵权，在民事侵权判断阶段都存在极大的争议，那么是否存在刑法直接予以调整的必要性和合理性？上述三个案例中的商标使用行为是否构成民事侵权在实践中均存在较大的争议，特别是涉外定牌加工是否属于商标使用、是否构成商标侵权，理论上及实践中均长期存在争议。在此种情况下，如果认定相关行为构成假冒注册商标罪，是否符合刑罚确定性和可预期性的要求，有待商榷。

二、假冒注册商标罪所调整商标使用的边界

“刑法在知识产权保护中的机能和作用不是无限的，在知识产权这个强调个人利益与社会利益以及鼓励创新与科技进步平衡的领域，刑法应选择哪些侵犯知识产权的行为给予救济，对其适用何种刑罚，救济到何种程度，便是刑法在调整知识产权领域时不容回避的价值考量。一方面，刑法必须介入知识产权的保护；而另一方面，又不能让刑法在知识产权保护领域内任意扩张。”① 在确定假冒注册商标罪所调整商标使用的范围时，同样应当注意公权介入的适当性和合理性问题。

（一）民事侵权行为与刑事犯罪行为关系的视角

所谓知识产权的刑法保护，又称知识产权犯罪的刑法调整，是指通过刑法来实现对知识产权的保护。具体而言，是指立法者将一些严重侵害知识产权的行为规定为犯罪，给予其刑法制裁，即将刑罚作为手段，通过刑

① 刘宪权，吴允锋. 侵犯知识产权犯罪理论与实务. 北京：北京大学出版社，2007：47.

事程序追究侵害人的刑事责任以保护知识产权，从而维护知识产权权利人的利益和国家对于知识产权的管理秩序。[①] 因此，一般而言，知识产权犯罪行为应以构成民事侵权为前提，而且只有严重侵害知识产权的民事侵权行为才可能被纳入刑法的调整范围。“在双轨制保护体系中，首先应当就被控侵权行为是否构成民事侵权作出认定，再追究行为人的民事侵权责任或由行政执法机关予以行政处罚。只有当侵权行为严重到触犯刑律并构成犯罪时，才能依法追究刑事责任。”[②]

就侵害商标权民事行为和刑事犯罪的关系而言，一方面，并非所有的侵害商标权民事行为都属于刑法调整的范围。根据我国《商标法》第 57 条的规定，擅自使用商标的侵权行为包括四类，即在同一种商品上使用与其注册商标相同的商标的、在同一种商品上使用与其注册商标近似的商标的、在类似商品上使用与其注册商标相同的商标的、在类似商品上使用与其注册商标近似的商标的。只有第一类“在同一种商品上使用与其注册商标相同的商标的”行为才可能构成假冒注册商标罪。此外，诸如反向假冒侵权行为亦不属于假冒注册商标罪的范畴。另一方面，只有性质最为严重的商标侵权行为才可能构成假冒注册商标罪。针对上述后三类商标侵权行为未入罪的问题，有观点认为，因为刑法规定得不严格，所以实践中很多侵权人开始“打法律的擦边球”“钻法律的漏洞”，使用与他人商标近似的商标，或者将与他人注册商标相同或近似的商标用于其他商品，特别是驰名商标被侵权的现象十分严重，这需要引起我们高度重视。[③]

但笔者认为，之所以对四类商标侵权行为区别对待，恰恰是看到了四类行为的严重性存在区别。一方面，从主观状态看，在同一种商品上使用与注册商标相同的商标的行为人的主观恶意最为严重，行为人的目的就是以假乱真，而且是明目张胆地进行假冒；而其余三类行为的实施者虽然主观上也旨在使消费者混淆误认，但毕竟还有所忌惮，希望通过对他人注册商标作出改动，或者在其他类似商品上使用，实现搭便车、“打擦边球”的目的。另一方面，从客观后果看，对于第一类行为，很多国家的立法都

① 姜伟. 知识产权刑事保护研究. 北京：法律出版社，2004：27－28.

② 许前飞. 知识产权刑法保护的边界：上. 人民法院报，2015－07－15（6）.

③ 刘宪权，吴允锋. 侵犯知识产权犯罪理论与实务. 北京：北京大学出版社，2007：110.

规定，在同一种商品上使用与注册商标相同的商标的行为直接被推定会产生混淆误认，不需要权利人进行举证证明；而后三类行为并不必然会产生混淆误认，而是需要权利人进行举证证明。事实上，对于在同一种商品上使用与注册商标相同的商标，消费者即使进行仔细的审查辨别可能也很难发现其系假冒商品；而对于后三类，消费者稍加注意是有可能辨别出其是侵权商品的。换言之，第一类行为的损害后果可以说是必然的，只要实施了在同一种商品上使用与注册商标相同的商标的行为，必然会产生消费者混淆误认的后果，而后三类行为的损害后果则并非必然发生。因此，被控行为不构成商标侵权的，自然不可能构成犯罪，而在不同类型的侵权行为中，只有相对较为严重的侵权行为才需要纳入刑法的调整范围。

（二）假冒注册商标罪保护客体的视角

对于假冒注册商标罪保护的法益，学界存在争议，主要有以下观点：一是本罪保护的是国家的商标管理制度①，二是本罪保护的是国家的商标管理制度和他人的注册商标专用权②，三是本罪保护的是国家的商标管理制度、他人的注册商标专用权以及市场经济秩序和消费者的合法权益。③笔者认为，假冒注册商标罪首先是侵害商标权的行为，但之所以并非所有侵害商标权的行为都属于假冒注册商标罪，原因在于假冒注册商标罪并不是主要保护商标权人的利益。而从假冒注册商标罪在我国刑法中的规定来看，其属于破坏社会主义市场经济秩序罪的范畴，因此，假冒注册商标罪更为关注侵权行为导致的消费者混淆误认可能对正常市场秩序造成的不利影响。“在评判侵犯知识产权行为是否构成犯罪时，侵犯公共利益应当成为认定犯罪的考量因素之一。理由是：（1）我国著作权法和商标法在界定民事责任与行政、刑事责任的界限时，已经作出明确规定：只有侵犯社会公共利益的侵权行为，才能成为国家公权的规制对象。（2）作为国家所掌握的代表公权的刑事处罚，不宜介入发生于平等主体之间的私权纠纷。”④

---

① 马克昌. 刑法学全书. 上海：上海科学技术文献出版社，1993：293.

② 赵秉志. 刑法各论问题研究. 北京：中国法制出版社，1996：214.

③ 周道鸾. 假冒注册商标犯罪的法律适用. 法学杂志，1998（5）：6.

④ 黄祥青. 侵犯知识产权犯罪司法认定的几个问题. 法学，2006（7）：146.

假冒注册商标罪需要保护的“公共利益”应是自由竞争的市场竞争秩序，而非上述有观点提出的“国家的商标管理制度”。商标法源于广义的反不正当竞争法，是通过赋予使用人商标权的方式维护公平有序的市场竞争秩序的。当然，商标权的取得、维持都离不开商标注册管理机关通过注册登记制度进行的管理和公示，但侵害商标权的行为与商标注册管理制度属于不同的法律范畴，二者并不存在逻辑和制度关联，擅自使用他人注册商标是对商标权的侵害，也会影响市场秩序，但很难说会影响商标注册管理制度，因为侵权人可能根本就不打算自己去注册商标。事实上，如果假冒注册商标罪保护的法益包括商标注册管理制度，有些国家就没有必要单独针对破坏商标管理制度的行为专门规定独立的罪名了。比如，日本《商标法》规定了侵犯商标管理秩序的犯罪“诈骗行为罪”，根据日本《商标法》第79条的规定，其是指以欺诈行为取得商标注册、防御商标注册、商标权或防御商标注册所生权利之存续期间延展注册、注册异议申请之决定或裁决者，处三年以下有期徒刑或三百万日元以下的罚金。《德国商标和其他标志保护法》第145条规定了两种违反标记管理秩序的犯罪：（1）在业务活动中违法以相同或者模仿的方式，使用国旗、国徽或者其他国家的象征，使用国内地区、乡镇或者公共协会的徽章，使用政府的批准或者保证标记，或者使用德国联邦司法部在标记公报上公布的国家间组织的标志、印记或者名称作为商品或者服务的标记的行为。（2）故意或者过失地违反《德国商标和其他标志保护法》的规定，不许监督检查人员进入营业场所、地界、销售机构或者运输工具……① 因此，违反商标注册管理制度的行为主要不是侵害他人商标权的行为，而是违反商标禁止性规定或者管理性规定的行为。而假冒注册商标罪主要保护的是商标侵权行为可能影响的市场经济秩序。

在此种意义上，如果侵权产品没有进入国内市场或者仅仅侵害商标权人的权利，而对市场竞争秩序没有影响，则不属于假冒注册商标罪调整的范围。例如，对于反向假冒行为，有观点认为，反向假冒作为侵犯注册商标专用权的行为，在本质上也是一种商标假冒行为，并且其对商标制度、

① 赵秉志. 中国知识产权的刑事法保护及对欧盟经验的借鉴. 北京：法律出版社，2006：63.

市场竞争秩序以及商标权人的商标利益、消费者权益等法益的侵害，丝毫不小于假冒注册商标的行为。为发挥刑法的社会保障功能，建议在我国《刑法》“破坏社会主义市场经济秩序罪”章的“侵犯知识产权罪”节中增设“反向假冒罪”和“销售反向假冒的商品罪”两个罪名。① 对此，笔者认为，从侵权行为的角度看，反向假冒行为确实属于较为严重的侵害商标权的行为，因为该行为从根本上导致商标权无法实现，类似于将作品手稿原件灭失或损坏；但反向假冒侵权行为的严重性主要在于对商标权权利本身的侵害，对于消费者或者市场秩序基本无影响或者远不如假冒注册商标的行为严重。因为不论是将他人注册商标去除还是更换，对于消费者而言，其只是不知道所购买商品的生产商是谁，但并不会混淆误认。因为原本打算购买注册商标商品的消费者，仍然会根据商品上贴附的商标去认牌购物，仍然会购买到注册商标真正指向的商品，不会因为部分商品被侵权人反向假冒而无法购买到贴附注册商标的正品。即使是反向假冒侵权人将注册商标权利人投向市场的全部商品均进行了反向假冒，由此受到损害的仍然是商标权人。既然消费者不会产生混淆误认，反向假冒行为对于市场秩序就不会产生直接的破坏或影响。同理，对于所有产品都出口到国外的情形，不论是涉外定牌加工，还是直接出口，由于产品不会在国内市场上流通，且不论在出口商品上贴附商标是否构成商标使用，该行为都不可能对国内市场秩序产生影响，至多仅能影响商标权人的利益。

因此，假冒注册商标罪保护的客体是复杂客体，既包括商标权人的利益，也包括市场秩序。只侵害商标权人的利益，但不会影响市场秩序的侵权行为，不属于假冒注册商标罪调整的范畴。

（三）刑法谦抑性的视角

“刑罚有如两刃之剑，用之不得其当，则国家与个人两受其害。”② 因此，刑法应当具有谦抑性。所谓刑法的谦抑性，是指刑法应当作为社会抗

① 张云鹏，李善芝. 论反向假冒的刑法规制//杨松. 盛京法律评论：2017 年第 1 辑. 北京：法律出版社，2017：94.

② 傅建平. 刑法谦抑性的理论根基与价值//游伟. 华东刑事司法评论：第 5 卷. 北京：法律出版社，2003：63.

制违法行为的最后一道防线，应根据一定的规则控制处罚范围与处罚程度，能够用其他法律手段调整的违法行为，应尽量不用刑法手段调整，能够用较轻的刑法手段调整的犯罪行为，则尽量不用较重的刑法手段调整。① 在刑法谦抑性视角下审视假冒注册商标罪，笔者认为应当注重两方面的问题：一是刑罚的补充性。能够通过民事、行政等手段调整和解决的侵权行为，尽量不通过刑罚的方式予以规制。“刑法的介入要以知识产权领域已存在相应的民事法、经济法、行政法规为前提。只有当其他规范保护不了知识产权秩序的合理存在时，作为国家力量最后手段的刑法才得以启动。刑法毕竟只是整个知识产权维护与保障体系中的一个环节，无法独立承担起预防和消灭侵权的全部使命。”② 当前，理论上及实践中相当多的观点认为，应当将在类似商品上使用相同或近似商标的行为也纳入假冒注册商标罪的调整范畴。这实际上忽视了刑法调整商标侵权行为的补充性特点，不符合刑法谦抑性的理念和原则。二是刑法只调整具有确定性的行为。如果是否构成民事侵权仍然存在争议，则此时刑法不应主动介入，应当将此类不具确定性的行为通过民事或行政手段进行调整。近年来，随着新技术、新模式以及新业态的不断涌现，新类型、疑难复杂的侵害知识产权行为日益增多，对于新类型行为是否构成侵权，理论及实践往往存在争议。网络环境下通过深度链接、P2P 等方式进行的信息网络传播，涉外定牌加工等是否构成侵权，均涉及复杂的法律和政策判断，而且实践中一定程度上存在着同案不同判的现象。对于此类在民事侵权判断方面都存在争议、不明确的行为，贸然通过刑罚手段予以调整明显会增加刑法适用的不确定性和不可预期性，不利于保护经营者创新商业模式的积极性，也不利于正常商业活动的开展。

三、假冒注册商标罪中商标使用的认定

假冒注册商标罪调整商标侵权行为的边界决定了并非任何形式的商标

① 傅建平. 刑法谦抑性的理论根基与价值//游伟. 华东刑事司法评论：第 5 卷. 北京：法律出版社，2003：66.

② 刘宪权，吴允锋. 侵犯知识产权犯罪理论与实务. 北京：北京大学出版社，2007：49.

使用行为都属于刑法所规制的“使用”，假冒注册商标罪中的“使用”有其特定的含义。

首先，假冒注册商标罪中的“使用”应为在商品、商品包装或容器上的使用，不包括仅在交易文书、广告宣传等非商品上的使用。假冒注册商标罪仅规制相对比较严重的商标侵权行为，这不仅体现在侵权行为类型的界定上，即仅调整在同一种商品上使用与注册商标相同的商标的行为；还体现在商标使用的方式上，即并非构成民事侵权的所有商标使用方式都属于假冒注册商标罪中的“使用”，而是仅指其中较为严重的使用方式，也就是在商品、商品包装或容器上的使用。“从刑法规定来看，使用被严格限制在商品本身上的应用，就是为了限制刑事打击的范围，是区分侵权的一般违法和犯罪的一个重要标准。因此，刑法意义上的使用，不应包含用于广告宣传、展览以及其他商业活动等行为。假冒注册商标罪强调的是由于假冒注册商标的商品与真实商品的不可区分性，而对商标权人的权益造成损害。因此，刑法规定强调了必须是直接在商品上使用假冒注册商标才构成假冒注册商标罪。”① 之所以将广告宣传、交易文书等上的商标使用行为排除于假冒注册商标罪的范围之外，主要原因在于就行为的社会危害性而言，将商标直接使用在商品、商品包装或容器上的行为会直接导致消费者的混淆误认，影响正常的市场竞争秩序；而在广告宣传等非商品上的使用行为，属于在商品上使用商标的辅助行为，是为了扩大侵权商品的销售而进行的宣传、推广。这虽然也属于民事侵权，但相较于直接在商品上使用他人商标，损害后果明显要小。如果侵权人仅仅在广告宣传中使用，而在实际销售的商品上并未使用他人商标，消费者在购物过程中至多会产生售前混淆，侵权人主观上更多地也是想搭便车，而不是纯粹地通过假冒商品进行以假乱真。“商标的功能在于标示其商品以区别于其他商品。欲发挥商标的标示功能，必须使商标与商品进行相当程度的结合。这样，消费者对商品的认知才能产生从一般到特别的过程，从而实现商标的标示功能。而若将商标与商品进行相当的分离，消费者对商标的认识和对商品的认识便会存在时空上的差距，记忆的过分断裂会阻碍对商标与商品联系的

---

① 霍文良，张天兴. 侵犯商标权犯罪的司法认定. 知识产权，2014（6）：30.

认识，从而影响商标标示商品的功能。因此，将商标用于广告宣传、参加展览等情形，会影响商标对具体商品的标示功能，不属于本罪的实行行为。”① 因此，假冒注册商标罪应主要调整危害更为严重的在商品、商品包装或容器上的商标使用行为。

其次，假冒注册商标罪中的“使用”应为直接的积极使用行为，即擅自将他人的注册商标贴附在商品、商品包装或容器上的行为。如果侵权人仅仅是回收带有他人商标的包装或容器，重新装入产品后贴附上自己的商标对外销售，虽然此时商品上仍然带有他人的注册商标，但由于侵权人并未直接实施贴附他人注册商标的行为，仅仅是未采取遮蔽等方式去除该注册商标，而且商品上确实使用了自身的商标，这种间接使用他人注册商标的行为不应被纳入假冒注册商标罪的调整范围。一方面，从主观状态看，与直接在商品上使用他人商标相比，此种情形下的侵权人主观上对于他人的商标权还有所忌惮，并未明目张胆地实施假冒，而是与在类似商品上使用相同或近似商标的行为类似，是为了搭便车，而非直接进行假冒。另一方面，从行为后果看，此种情形的商品上实际上大多存在两个商标：一个是商品包装、容器上原本存在的商标，另一个是侵权人自己的商标。对于消费者而言，由于侵权商品上贴附了侵权人自己的商标，消费者大多不会认为侵权商品系注册商标权人自行生产，即不会产生直接混淆，至多会产生间接混淆，即认为侵权人与注册商标权人之间存在一定的关联关系；而审慎的消费者甚至可能不会发生混淆误认。因此，就行为的严重性而言，间接的商标使用行为无论是在侵权人的主观恶性方面，还是在行为的损害后果方面，都无法与直接的积极商标使用行为相提并论，故无须通过假冒注册商标罪予以调整。《国家工商行政管理局商标局对利用旧玻璃容器灌装饮料进行销售是否构成商标侵权行为的请示的批复》中便认为，“对尚有利用价值而又缀附无法消除的商标图样的各类玻璃制饮料容器，他人将其收购后灌装自己生产的饮料出售，应当将该商标图样全部覆盖。没有覆盖他人注册商标的，或者覆盖后商标图样主体部分仍然显露的”，属于《商标法》规定的其他商标侵权行为。从上述批复看，回收旧酒瓶再利用

① 柏浪涛. 侵犯知识产权罪研究. 北京：知识产权出版社，2011：16.

的行为不属于在同一种商品上使用与他人注册商标相同的商标的行为，不属于假冒注册商标罪的调整范围。

最后，假冒注册商标罪中的“使用”应为对国内市场秩序产生影响的使用。假冒注册商标罪保护的客体为复杂客体，不仅包括注册商标专用权，还包括市场竞争秩序。这就要求纳入假冒注册商标罪调整的使用行为不仅需要在客观上能够发挥识别商品来源的作用，而且必须对国内的市场秩序产生影响，起码应当让国内的消费者能够接触到相关的商品。因此，要构成假冒注册商标罪，不仅要有侵权商品的生产，而且生产必须是为了在国内市场进行销售。就涉外定牌加工而言，虽然加工人在商品上贴附的商标客观上确实能发挥识别商品来源的作用，但由于生产的商品均销往国外，商品上所贴附的商标无法为国内消费者所感知，不可能影响国内的市场竞争秩序，故这种使用不属于假冒注册商标罪调整的范畴。在此种意义上，对于国际进出口贸易的刑法规制，并不在于是否构成商标使用，也不在于商品生产的地点，而在于商标使用是否会对国内市场产生影响。即使侵权产品系国外生产，商品上使用商标的行为完全发生在国外，但只要这些商品进口到国内会造成消费者混淆，损害国内市场竞争秩序，情节严重的，相关行为人就应当被追究刑事责任。

第四章
国际贸易中商标性使用的特殊问题

随着经济全球化的不断深入，特别是跨国电子商务的兴起和成熟，人流、物流和信息流都已经超越特定国家和地区的边界，由此推动商品贸易由国内不断扩展到国际范围。而国际贸易中商品交易的无国界性和商标权地域性之间的冲突也日益凸显，成为影响商品自由贸易的重要不确定性因素。商标权的地域性是否意味着商标使用亦具有地域性？在商品加工、销售分别属于不同国家地域的情况下，是应将商标使用作整体看待，还是应当根据行为发生的地域分别予以评价？在互联网环境下，一国网站宣传中使用的商标可以为世界各地的消费者所感知，该网站上的商标使用行为是否可以认为发生在各个国家，其他国家的权利人是否可以在本国提起商标侵权诉讼？进出口贸易中商品上所贴附商标的使用主体又应如何界定？诸如此类涉及商标使用的问题在国际贸易语境下都尚未形成统一和明确的认识，亟须加以深入的研究，从而为商品的跨国流通和贸易自由扫清障碍。

第一节　国际贸易中商标使用的域外效力及其判断

国际贸易中首先需要解决的问题是商标权的地域性和商标使用无国界性之间的冲突，即在商品上贴附的商标或者在广告宣传中使用的商标，可以基于人流、物流或者信息流的全球流通而被世界各地的消费者所感知，在此种情况下，如何确定商标使用的地域？特定的商标使用行为应当由哪个国家的商标法予以调整？商标权的地域性是否意味着商标权的效力仅涉及发生在本国的商标使用行为，而不包括国外的商标使用行为？在全球化背景下，是否仍应固守商标权的地域性，还是可以基于经济发展的需要进行适度突破？如果认可商标使用的域外效力，又应采取何种标准？对此，国内外理论及司法实践仍存在较大的争议和不统一。

一、商标法规制域外商标使用的实践现状

对商标权地域性的坚持仍然是各国立法和实践的主流，但在特定的情形下，国内外理论及司法实践也开始认可域外商标使用行为对国内市场的影响，并给予适度保护。

（一）我国的实践做法

在我国司法实践中，大多数判决都认为商标权具有地域性，只有在境内实际使用商标的行为才受我国商标法调整和保护，发生在境外的商标使用，即使该商标取得了较高的知名度，对我国商标法的适用也不会产生影响。在涉“无印良品”商标异议再审案件中，最高人民法院认为，株式会社良品计画提供的证据只能证明 2000 年 4 月 6 日之前“无印良品”商标“在日本、中国香港地区等地宣传使用的情况以及在这些地区的知名度情况，并不能证明‘无印良品’商标在中国大陆境内实际使用……并具有一定影响的事实”①。在原告美心公司与被告浙江新美心公司等侵害商标专用权及不正当竞争纠纷案中，法院认为，美心公司提供的证据表明，其“美心”文字商标在香港地区相关公众当中具有相当高的知名度和良好声誉，但仅限于香港地区。在内地市场，在浙江新美心公司以“宁波新美心公司”为企业名称于 1992 年 5 月 6 日设立之前，美心公司没有证据证明在内地市场存在着“美心”商标或标识的实际使用，更谈不上其在内地市场具有知名度。在此情况下，美心公司仅以设立宁波新美心公司的罗某光系香港人，应当知道“美心”商标的知名度为由，认定其将“新美心”作为字号注册企业名称的行为构成不正当竞争，属于将“美心”商标在香港

① 最高人民法院（2012）行提字第 2 号行政判决书。

地区的知名度等同于在内地市场的知名度，明显违反了商标专用权的地域性原则。[①] 地域性是知识产权的基本特征之一，其基本含义是依据不同国家法律产生的知识产权是相互独立的，没有域外效力。在商标权领域，则体现为商标权人依据各国法律规定，分别取得独立的商标权，同一商标在各国取得商标权的效力仅在各国法律所及的范围内得到承认，即商标权没有域外效力。[②]

上述判决均认为商标只有在我国国内（境内）实际使用，才可能受到我国商标法的保护，即使该商标在国外（境外）已经达到驰名的程度，只要尚未进入我国国内（境内），也不予保护，不论国内（境内）消费者是否已经普遍知晓该国外（境外）知名或驰名的商标。[③] 但也有判决认为，商标权的地域性并不是绝对的，商标在域外使用形成的知名度应当予以考虑或保护。在“NUXE”商标异议案中，法院认为，娜可丝公司提交的证据，能够证明“NUXE”商标在被异议商标申请注册日之前已经在欧美国家以及我国香港地区具有较高的知名度，且通过娜可丝公司的宣传和使用，“NUXE PARIS及树图形”商标具备了较高的商业价值，具有了一定的影响力。鉴于化妆品类商品属于受关注度较高的日常用品，相关公众对该类商品的认知程度有别于其他商品，且客观上确实存在大量的我国相关消费者将该类商品由国外购买并带回国内使用的情况。综合上述因素进行判断，能够认定在被异议商标申请注册日之前，娜可丝公司的“NUXE PARIS及树图形”商标在化妆品等商品上已为我国内地相关公众所知晓，并具有了一定的知名度。[④] 在原告星源公司与被告上海星巴克咖啡馆有限公司等商标侵权及不正当竞争纠纷案中，法院亦认为，原告星源公司进入中国大陆市场后，通过特许经营方式发展经营，其星巴克咖啡店连锁规模快速扩张，销售业绩亦连年巨幅上升，呈良好态势。原告对“STAR-

---

① 参见浙江省高级人民法院（2011）浙知终字第230号民事判决书。

② 参见最高人民法院（2014）民提字第38号民事判决书。

③ 对于驰名商标的保护，我国亦采取地域性的原则，即只有在国内（境内）实际使用并为相关公众普遍知悉的商标才符合驰名商标的保护条件，因此，司法实践中一般要求权利人提交国内（境内）使用的证据，而非国外（境外）使用商标的证据。

④ 参见北京市第一中级人民法院（2012）一中知行初字第1053号行政判决书；北京市高级人民法院（2013）高行终字第86号行政判决书。

BUCKS”商标、“星巴克”商标等进行了长时间的广泛宣传，并投入了大量的资金。由于“STARBUCKS”系列商标具有广泛的国际知名度，以及原告在华语地区对“星巴克”商标的宣传、使用，“STARBUCKS”商标、“星巴克”商标的知名度得到迅速提升，已为中国大陆相关公众所熟知。①

（二）美国的实践做法

在美国，尽管美国宪法中没有任何规定阻止国会制定超越美国地域边界的法律，但实践中普遍存在一种推定，即美国法律只适用于国内。② 国会制定的任何立法都应限于美国领土，这种观点通常被称为反对域外适用的“严格推定”③。因此，在美国商标司法实践中，要获得美国《兰哈姆法》的保护，在商品或服务上的商标使用必须实际发生在美国国内。当使用行为发生在国外时，根据《兰哈姆法》的规定，在国外的商标使用行为通常不会在商标法中创设在先使用的权益。在 Person's Co. v. Christman 案中，一名美国公民故意仿造了在日本独家销售的日本运动服装系列，随后在美国以同样的商标出售。法院裁定，在日本在先使用该标志的事实并不能对抗之后在美国使用这个标志的行为。在国外的使用并不足以给予日本使用者优先权，因此他也就无权禁止他人在美国的后续使用。④ 美国商标审查和上诉委员会也要求商标必须在美国实际使用。在 Mother's Rests. Inc. v. Mother's Other Kitchen, Inc. 案中，尽管商标使用人在加拿大针对美国公民进行了广泛的广告和促销活动，美国公民在加拿大也实际接受了该服务，但法院拒绝承认在加拿大的商标使用行为根据美国《兰哈姆法》可以获得优先权。⑤ 此外，在有的案件中，即使国外经营者在美国为

---

① 参见上海市第二中级人民法院（2004）沪二中民五（知）初字第 1 号民事判决书。

② William S. Dodge. Understanding the presumption against extraterritoriality. Bekeley journal of international law，1998，16：85－125. 美国霍姆斯大法官曾经在案件中指出，听到有人辩称在美国以外的行为也受国会立法的调整，这令人感到意外，这是令人吃惊的主张。Am. Banana Co. v. United Fruit Co.，213 U.S. 347，355（1909）.

③ Jonathan Turley. “When in Rome”：multinational misconduct and the presumption against extraterritoriality. Northwestern University law review，1990（2）：607.

④ Person's Co. v. Christman，900 F. 2d 1565，1568（Fed. Cir. 1990）.

⑤ Mother's Rests. Inc. v. Mother's Other Kitchen，Inc.，218 USPQ（BNA）at 1048.

其服务进行了广告宣传，但只要在美国未实际提供服务，法院亦不予保护，法院认为商标使用必须是在与在美国已经向公众提供的现有服务有关的广告宣传中的使用。①

然而，考虑到世界上绝大多数国家现在都是全球经济市场的一部分，特别是随着互联网和电子商务的出现，要求商标必须在美国实际使用的观点越来越不合时宜。美国司法实践中开始出现新的趋势，即在某些情况下允许其他利益考虑超过实际使用的要求。例如，如果在美国特定地域的相当比例的消费者会将国外使用的标志和使用人联系起来，即该标志在美国具有获得显著性，以至于其他人在美国使用该标志可能导致消费者混淆误认，那么美国法院也会对该种域外使用行为给予保护。此外，对于服务商标的保护，有的法院不再坚持广告宣传和实际服务提供均须发生在美国国内，而是认为即使在美国仅仅有广告宣传，结合美国公民在国外接受该服务的事实，也可以认定其满足了《兰哈姆法》的使用要求。在 Int'l Bancorp，L. L. C. v. Societe des Bains de Mer et du Cercle des Etrangers a Monaco 案中，美国第四巡回上诉法院认为，《兰哈姆法》规定的“商业中使用”是指所有可以由国会监管的商业，包括以向海外美国公民销售的形式与外国进行的贸易。商标权人在美国进行了大量的广告宣传和营销活动的，结合美国公民在国外接受服务的事实足以满足“商业中使用”的要求。② 对于商品出口的情形，美国司法实践不再坚持“应当由消费者可能

① Buti v. Perosa，S. R. L.，139 F. 3d 98，105 (2d Cir. 1998)；Greyhound Corp. v. Armour Life Ins. Co.，214 USPQ (BNA) 473，474 (1982).

② Int'l Bancorp，L. L. C. v. Societe des Bains de Mer et du Cercle des Etrangers a Monaco，329 F. 3d 359，361 (4th Cir. 2003). 该案中，少数观点认为，多数观点对《兰哈姆法》的解释与先例不符。正确的解释要求与服务相关的“使用”应当满足两个要素，即广告和提供服务都必须在美国进行。在本案之前，所有现存的权威观点——用同样的两个要素来界定使用，都认为要构成《兰哈姆法》中的在商业中使用必须在美国进行使用。没有任何观点提出过，如果商业使用中的一个要素“广告”发生在美国，而另一个要素“提供服务”发生在美国以外，那么在美国就有使用。这两个要素必须都出现在美国，以满足商业使用的要求。持不同意见的人辩称，本案中的标志的广告宣传是无可争议的，但由于赌场服务不在美国提供，该标志在商业领域的使用并未得到满足。因为在持不同意见的人看来，这两个要素必须都在美国进行，才能获得保护，本案的原告没有满足“商业使用”要求的事实排除了《兰哈姆法》下的保护。持异议者的主要论点是，没有法院认为，如果在美国国内未实际提供该服务，仅仅是美国公民在国外使用过服务的事实可以构成符合《兰哈姆法》规定的充分使用。美国法律规定，外国商标仅在外国使用时，在美国不得享有任何权利。

对商品来源产生混淆的国家的法律，而不是商标贴在商品上的国家的法律，管辖与商标有关的争端”的原则，而是认为，在商品的包装上贴标签……并将这些商品出口到国外进行销售是违反《兰哈姆法》的。①

（三）日本的实践做法

根据日本《商标法》第 4 条第 1 款第 19 项的规定，与在他人业务相关的商品或服务上使用的且在日本国内或外国消费者间已被广泛认知的商标相同或相似，并以不正当的目的使用的商标，即使符合商标注册的条件亦不能取得商标注册。据此，日本商标法不仅保护在国内被消费者广泛认知的商标，也保护在国外已经取得较高知名度的商标，从而为驰名商标提供充分完备的保护。在“计算机世界”商标无效案中，虽然日本专利局认为，商标必须在日本为消费者广泛认知才能获得保护，但东京高等法院在上诉中推翻了日本专利局的判决，认为美国著名商标“计算机世界”在日本也很有名，不是因为它通过在日本商业中的使用而出名，而是因为它在美国出名。无论“计算机世界”商标是通过在日本作为商标使用而在日本出名，还是通过有关部门了解其在国外的知名地位而在日本出名，都无关紧要。外国商标即使在日本很少用于商业使用，也可以在日本很有名。由于海外旅游的增加，以及通过互联网和卫星电视更容易接触到外国媒体，许多外国商标甚至在相关商品或服务进入日本市场之前就已经在日本消费者的特定群体中家喻户晓。②

而对于在国外为消费者广泛认知的判断，日本司法实践大多采取较为宽松的标准，即只要国内申请人知道或应当知道外国商标正在被使用并在国外知名，就可以推定申请人具有恶意。特别是如果申请人也从事与国外商标权人相同的行业，日本法院大多推定申请人主观上应当知道国外权利人使用的商标。在“OFFICE 2000”商标无效案中，虽然被控“iOFFICE 2000”商标是在微软公司在日本使用“OFFICE 2000”商标之前注册的，但法院认为，在“iOFFICE 2000”商标注册时，微软公司的商标已经在

① Hecker H-O Co. Inc. v. Holland Food Corp., 36 F. 2d 767, 768, 4 USPQ 8, 9 (CA 2 1929).

② Computerworld case, 1430 HANREI JIHO 116 (Feb. 26, 1992, Tokyo High Court).

美国和日本家喻户晓。因此法院裁定，在美国和日本官方宣布微软Office系列产品的下一个版本将被命名为“OFFICE 2000”后，“OFFICE 2000”商标立即继承了其前身“marks”、“OFFICE 95”、“OFFICE 97”和“OFFICE 98”的声誉。鉴于申请人是计算机软件行业的一家公司，而上述公告已经由微软公司及其日本子公司发布，法院推定注册人具有搭便车利用微软“OFFICE 2000”商标声誉的恶意。

（四）加拿大的实践做法

传统上，加拿大法院对于商标使用的地域限定采取比较严格的标准，要求主要的服务发生在加拿大境内。“就服务商标而言，在加拿大使用不能仅是在加拿大进行广告宣传，而提供服务发生在国外；而是要求提供服务的行为必须发生在加拿大，即在加拿大提供服务的过程中使用了相关商标。”① 在Boutique LimitW Inc. v. Limco Inestments，Inc. 案中，加拿大联邦上诉法院采取了更为严格的标准。该案涉及在女士服装以及零售服务上注册的“THE LIMITED”商标。该商标在加拿大并没有在商品上使用，也没有用于开设零售商店。商标权人提交了如下使用证据：（1）加拿大消费者经常通过电话向位于美国的商店订购商品，并将商品邮寄到位于加拿大的家庭住址；（2）商标权人向大量的加拿大顾客提供信用卡服务；（3）商标权人的关联企业为加拿大顾客提供担保和再融资服务。关于前两项证据，法院认为其没有证明带有涉案商标的商品通过邮寄的方式向加拿大销售，故不能得出电话订购服务发生在加拿大或者信用卡上使用了涉案商标的结论；第三项证据也不足以说明商标权人在女性服装上注册涉案商标的正当性。商标权人在各种知名时尚杂志上刊登广告的事实也不能维持在服务上的注册。法院认为，众所周知的是，在加拿大发行的出版物的广告宣传中使用商标并不构成在商标法意义上在加拿大使用商标。②

但也有判决认为要构成在加拿大的商标使用，并不要求在加拿大实际提供商品或服务。例如，虽然相关商标没有在加拿大实际使用，但如果该

① Porter v. Don The Beachcomber，(1966) 48 CPR 280 (ExCtC).

② Boutique LimitW Inc. v. Limco Inestments，Inc.，(1998) 84 CPR (3d) 164 (FCA).

商标在加拿大具有很高的广告声誉，法院可能会认为被告注册或者使用争议商标存在欺诈或误导，故禁止被告的注册或使用行为。① 而在一起因商标不使用而提起的商标注销案中，商标权人承认其在加拿大没有实体的零售商店，但为了经营其在美国的400多家商店，商标权人开设了一个网站，提供各种各样的购物指南以及互动性工具，有相当多的加拿大人访问该网站。在判断商标权人在零售商店上注册的商标能否维持时，法官进行了如下论述：(1) 只要相关公众从商标权人的活动中受益，这就是一种服务；(2) 网站上的互动工具提供关于各种商品的大量的信息和指导；(3) 获取这些网站上的服务类似于光顾实体的零售商店以及与有经验的销售员沟通；(4) 商店定位服务帮助加拿大的消费者找到附近的商店；(5) 这些服务对于加拿大的消费者是有帮助的。因此，虽然涉案商标的零售商店并没有在加拿大开设，但法院认为该商标在加拿大进行了使用。② 加拿大联邦上诉法院在2018年判决的一起商标不使用撤销案件中，亦明确零售服务商标是否在加拿大实际使用，取决于两大方面：一是使用该商标的零售服务是否与加拿大的消费者有互动，二是加拿大的消费者是否从其服务中获益。法院认为：原告确实在加拿大没有实体店铺，但它通过电子商务网站或是应用软件，可以与加拿大的消费者进行足够的实质沟通，还能通过网站或是应用软件提供与实体店面同样的辅助或附属服务，这满足了前述的两个方面。故涉案商标应当被认定为在加拿大有实际使用，该商标应予维持。③

二、商标使用域外效力的正当性解读

商标权的地域性并不等同于商标所承载利益或者商标声誉也具有地域性。出于商标法与时俱进的需要，也为了保护商标权人的正当权益，

① Williamson Candy Company v. W. J. Crothers Company (the "Oh Henry" case), (1924) 1 Ex CR 183, (1925) SCR 377, 2 DLR 844; Hilton Hotels Corporation v. Belkin, (1955) 24 CPR 100, (1955-56) 17 WWR (NS) 86, 15 Fox Pat C 130.

② TSA Stores, Inc. v. Registrar of Trade-marks, (2011) 91 CPR (4th) 324 (FC).

③ 加拿大法院认为没有店铺也可以构成零售服务商标的"使用". (2018-09-29) [2018-12-28]. http://www.iprdaily.cn/article_19977.html.

防止消费者混淆误认，国际贸易语境下应适当承认商标使用的域外效力。

（一）商标法市场属性的视角

现代商标制度或者说真正意义上的商标法是伴随商品交易以及市场的兴起而产生的，并随着市场的不断发展而变化。可以说，商标法具有天然的市场属性。任何一次经济变革都会对商标法产生相应的影响，经济条件的不断变化是商标法演进的动力。美国《兰哈姆法》的颁布便是由各州区域性经济向全国统一市场发展的产物，对推动20世纪初美国经济由地区经济合并成统一的全国经济起到了至关重要的作用。“虽然《兰哈姆法》的颁布是为了统一国家的商标保护，但是如果认为《兰哈姆法》的通过就结束了商标法的演进，那就大错特错了。随着经济实践的不断发展，商标的功能也将不断发展。因此，《兰哈姆法》必须与经济发展同步，以便继续保护商标法的核心宗旨。”① 当前，经济全球化已成为世界经济发展的趋势，互联网在全球的普及更是加速了全球商品交易市场的形成。消费者能够以即时且廉价的方式获取几乎无限的信息，商品的全球流动和跨国电子商务已经在商业领域掀起了一股新的变革浪潮。在区域经济向世界经济、国家市场向全球市场演变的进程中，“如果没有某种程度的域外执法，商标侵权者要么利用国际协调不畅的困境，要么躲在反垄断法或商标法欠缺或者执法力度不够的国家”②，这将严重影响全球市场的竞争秩序。因此，商标法应当积极回应全球市场发展和商业格局的变化，妥善解决商标权的地域性和商品全球流动之间可能存在的冲突，为全球市场竞争营造良好的保护环境。事实上，以美国为代表的发达国家出于保护本国商业利益的需要，已经开始对具有市场属性的法律进行域外适用。“当前美国司法实践的趋势是不断扩大所谓市场性法规的域外适用范围，而限制非市场性

① Brendan J. Witherell. The extraterritorial application of the Lanham Act in an expanding global economy. The trademark reporter, 2007 (5): 1090－1125.

② McBee v. Delica Co., 417 F. 3d 107, 121 (1st Cir. 2005).

法规的域外适用。”[①] 商标之所以受到保护，不在于其创造性，而在于其所具有的识别商品或服务来源的经济功能。

因此，与著作权法和专利法不同，商标法是典型的市场性法规，对商标的保护不应着眼于有形的国家地域边界，而是应当重点关注商标权人在市场竞争中对标识享有的无形利益。这种利益可以随着商品的流通或者商标使用而到达全球任何一个市场，具有极强的流动性和边界的不确定性。因此，商标法关注的应当是市场，而不是地域边界。商标法只有在能够规范整个相关市场并因此在相关市场受到影响的范围内获得域外适用时才可以实现其立法宗旨。正如反不正当竞争法一直适用于发生在国外的行为，因为在不受约束的遥远地方发生的侵害和错误，也可能对国内活动产生深远的影响。[②]

（二）保护商标商誉的视角

保护商标权人使用商标所积累的商誉是商标法的重要宗旨之一，但商标使用所产生的商誉并不限于实际使用的地理范围，而是具有扩展性和延伸性，可以扩展到实际使用范围以外的地域，或者说商誉的实际辐射范围要远远大于商标实际使用的范围。在经济全球化背景下，互联网以及现代媒体的发展使得商誉积累已经超越本国范围，全球性的大规模商誉积累成为可能。任何可以上网的消费者只要轻点鼠标，就可以浏览世界各地的广告宣传，购买世界各地的商品。而借助现代媒体，消费者在观看体育赛事直播、演出等时便可以接触到世界各地的品牌，不需要商标权利人在本地开设实体商店，消费者就可以充分地了解和熟悉世界各地的品牌。商誉积累的无国界性和溢出效应决定了商标法对商标权的保护不可能仅仅限于权利人实际使用商标的地域范围，而是应当与商誉的辐射范围相适应。否则，建立良好的商誉可能需要权利人毕生的精力，但摧毁商誉却只需要很

① Jonathan Turley. “When in Rome”: multinational misconduct and the presumption against extraterritoriality. Northwestern University law review, 1990 (2): 607. 市场性法规主要用于保护市场利益和确保公平竞争环境，例如反不正当竞争法、证券法；非市场性法规诸如环境法和劳动法，主要保护市场竞争之外的利益。

② United States v. Aluminum Co. of Am., 148 F. 2d 416 (2d Cir. 1945).

短的时间。“商标处理的是一种微妙的东西，它可能具有很大的价值，但很容易被破坏，因此应该得到相应的保护。商标的微妙性质要求在商标发挥作用的任何地方，商标都能得到一定程度的保护。”①

正是意识到商誉保护的上述特点，许多国家和地区都对具有一定知名度的商标提供超出其实际使用范围的特殊保护。上文提及的日本商标法便对为国外消费者所熟知的商标提供保护。美国纽约州法院基于挪用理论（misappropriation）也对一些尽管在该州没有实际使用但在该州众所周知的商标提供保护。根据美国纽约州的《反不正当竞争法》，任何人不得“挪用竞争对手的技术、支出和劳动成果”，不得利用竞争对手的“财产”或“商业优势”进行不正当竞争。商标使用产生的商业利益是一种“商业优势”，根据纽约法律，这种利益不应被挪用。纽约上诉法院指出，这种商誉实际上可能跨越国家边界，特别是那些“提供高流动性商品或服务”的企业的商誉，更是如此。在一起具有里程碑意义的案件中，纽约州最高法院授予了一项永久性禁令，禁止一家纽约市餐厅将“Maxim's”作为餐厅的名称，该名称与巴黎著名的“马克西姆餐厅”的名字相同。尽管原告在巴黎以外没有使用其餐厅的标志，但法院还是发布了禁令，给予了救济，因为“商业上的不公平应当受到限制，只要出现了为某一个人的利益而挪用另一个人的财产权益的情况”②。在恒源祥（集团）有限公司在中国香港地区针对他人抢注“恒源祥”商标提起的异议案中，虽然异议人对“恒源祥”商标的在先使用和注册均仅在中国内地，在香港地区并无直接的商业使用，但其提供了香港、内地两地人员大量流通的大数据，证明其商标在内地的较高知名度已经延伸至香港地区。因此，香港地区商标注册管理部门支持了异议人的主张，认为异议人商标的知名度显然延伸至香港地区，裁定对被异议人的商标申请不予注册。③

因此，在经济全球化背景下，不应将商标权的地域性等同于商标使用或者商誉的地域性，如果商誉有地域，那么也绝不是地理意义上的有形地域，

① Brendan J. Witherell. The extraterritorial application of the Lanham Act in an expanding global economy. The trademark reporter，2007（5）：1090－1125.

② Vaudable v. Montmartre，Inc.，193 NYS 2d 332（NY Sup. Ct. 1959）.

③ 朱刚琴. 境外商标维权，如何运用知名度延伸?.“集佳知识产权”公众号，2018－07－19.

而是商誉自然延伸到的任何地方。换言之，商标权的取得有国界，但商誉绝对没有国界。当前的商标法应当着眼于商誉的保护，而不是商标使用的实际地域。商誉之所在即商标保护之所在。唯有如此，权利人才有动力持续不断地对商标进行投入，商标法促进市场竞争的核心宗旨才可能实现。

（三）防止消费者混淆的视角

近年来，商标抢注问题成为国内外商标保护的热点问题，既有国内申请人抢注国外知名商标，也有国内老字号等知名商标被国外抢注。国际商标抢注一方面侵害了相关商标权利人的利益，另一方面则增加了消费者混淆误认的风险，扰乱了正常的市场竞争秩序。虽然国外商标可能未在国内实际使用，但是大量的广告宣传、国内外消费者的频繁流动以及互联网的普及等，使得消费者完全可能在国内建立起对国外商标的认知。仅仅因为国外商标尚未在国内实际使用就拒绝承认国外商标权人的相关权益，放任其他申请人注册相同或类似的商标，这实际上是对消费者利益的忽视，不利于对消费者利益的保护。特别是在互联网环境下，商标在消费者选择商品过程中发挥着更为重要的作用。互联网改变了消费者的购物方式和习惯，消费者在互联网上无法亲自检验商品的质量，也无法根据商品的实际情况辨别商品的真伪，其唯一可以信赖的就是商标。在这种背景下，适度突破商标权的地域性，对发生在域外的使用行为予以认可和保护，无疑是顺应互联网发展的需要，也是保护消费者利益的需要。在 Grupo Gigante v. Dallo 案中，美国第九巡回上诉法院出于防止消费者混淆的公共政策考虑，突破了商标权的绝对地域性原则，承认和保护国外著名或知名的商标。虽然地域性原则在商标法中是一个“长期存在的重要原则”，但“它不可能是绝对的”。如果没有著名商标例外，绝对的地域性原则将“导致消费者混淆和被欺骗”，特别是在当今消费者和商业活动跨越国界的背景下，作为移民国家的美国尤其如此。因为商标法的目的是防止消费者混淆和被欺骗，“没有任何理由使用商标法来愚弄移民，让他们误认为是从自己喜欢的商店买回东西”①。

---

① Grupo Gigante v. Dallo, 391 F. 3d at 1094.

三、商标法调整域外商标使用行为的判断标准

在经济全球化背景下，虽然商标法可以调整发生在域外的商标使用行为，但考虑到商标权毕竟具有地域性，商标法的域外适用并非无条件的，而是应当符合特定的标准。美国等国家的司法实践表明，商标使用域外效力的判断标准仍存在较大的争议。下面主要介绍几种美国等国家司法实践中的判断标准。

（一）三因素判断标准（a tripartite test）

三因素判断标准是指商标法要对发生在域外的商标使用行为进行调整必须同时满足以下三个条件：(1) 被控商标使用行为应当对美国商业产生实质性影响；(2) 被告应当系美国公民；(3) 商标法的适用不会与国外法律相冲突。上述条件首先是由美国最高法院在案件审理中提出的，最终由美国第二巡回上诉法院明确，并在不同案件中加以调整和适用。在 Steele v. Bulova Watch Co. 案（布洛瓦案）中，原告布洛瓦手表公司 Bulova Watch Co. 试图禁止在墨西哥城销售的手表上使用其商标“Bulova”（布洛瓦），被告斯蒂尔是居住在得克萨斯州的美国公民，他从瑞士和美国购买手表部件，然后出口到墨西哥。在墨西哥，斯蒂尔组装手表后，在上面贴上“Bulova”的标记，然后在没有布洛瓦手表公司事先授权的情况下将手表出售。虽然斯蒂尔没有将这些手表进口到美国，但这些仿冒的手表最终还是被带到了墨西哥边境附近的美国小镇的布洛瓦手表商店进行维修。地方法院以缺乏管辖权来禁止美国公民和居民在墨西哥进行商标侵权和不公平竞争行为为由，驳回了原告的起诉。第五巡回上诉法院撤销了一审判决，认为现有证据可以证明被告的行为属于《兰哈姆法》的调整范围。被告不服，向最高法院上诉。美国最高法院认为被告的行为属于《兰哈姆法》的域外适用范围：第一，法院裁定在美国购买手表部件构成被告非法计划的“基本步骤”，因此，法院认为被告在墨西哥将侵权标志使用在手表上也是不合法的；第二，由于被告销售的手表上有伪造的原告商标，原告收到了许多来自得克萨斯州手表经销商的投诉，投诉内容是关于假冒的布

洛瓦手表的，这证明被告的行为不限于墨西哥，而是影响到了美国；第三，该案的裁判不会与外国法律冲突，因为被告在墨西哥对“Bulova”商标的注册已经被撤销。美国最高法院进一步认为：除非存在相反的立法意图，国会的法案一般不会超出美国的范围；然而，国会有权规定美国公民的行为标准，可能会将其法律的影响投射到美国领土之外。美国国会打算通过《兰哈姆法》来调整在美国境外发生的，但对美国商业产生了不利影响的侵犯商标权的行为，下级法院对被告在墨西哥的侵权行为颁发禁令是适当的。①

在 Vanity Fair Mills，Inc. v. T. Eaton Co. 案（名利场案）中，美国第二巡回上诉法院首次适用了美国最高法院在布洛瓦案中确立的规则，并明确提出商标法域外适用的三因素判断标准。与美国最高法院不同的是，第二巡回上诉法院提高了对于对美国商业产生的影响的要求，即必须产生实质性影响，而最高法院仅仅要求对美国商业产生影响。在名利场案中，被告 T. 伊顿公司 T. Eaton Co. 是一家加拿大公司，在原告在美国注册“名利场”商标大约一年后，被告取得了“名利场”商标的注册。因此，原告试图禁止被告在加拿大和美国使用“名利场”商标。在进行三因素判断时，法院发现被告的行为对美国商业有实质性影响，但余下的两项要求并不符合，因为被告是根据加拿大法律持有有效商标的加拿大公司。根据法院的意见，布洛瓦案的判断标准表明，未能满足三项要求中的两项对《兰哈姆法》的域外适用是致命的。

在之后的案件中，许多美国法院为了积极扩大《兰哈姆法》的管辖范围，并未严格按照三因素判断标准，而是对其中某些因素进行了扩大解释。在 Calvin Klein Industries v. BFK Hong Kong，Ltd. 案（克莱恩案）中，原告试图禁止被告在海外销售带有原告有效的美国商标的服装。在调查被告的行为是否对美国商业产生重大影响时，法院裁定，被告的行为在国外市场替代了美国公司的销售，构成重大影响。法院甚至认为通过一家美国公司的外国特许经营商转移销售，也属于对美国商业构成重大影响。关于被告的国籍，法院在其推理中认为，控制美国公司的外国公民也可以被拟制为美国公民。

① Steele v. Bulova Watch Co.，344 U.S. 280 (1952).

此外，不与国外的法律相冲突是指不与国外确定的裁判、法律相冲突。如果被告的商标申请尚未核准，法院仍然可能认定被告的域外商标使用行为构成侵权。在 Les Ballets Trockadero de Monte Carlo，Inc. v. Trevino 案中，美国法院认为，虽然被告已在日本申请注册其商标，但根据专家的证词，被告不太可能根据日本法律获得其商标的注册，故本案的裁判不会与国外法律相冲突。在 Ainerican Rice，Inc. v. Arkansas Rice Growers Cooperative Ass'n 案中，美国第五巡回上诉法院极大地降低了对三因素中"实质性影响"的要求，认为只要这种影响不是太微不足道的就满足要求，而且进一步认为三个因素并非缺一不可，而是应当综合考虑。法院最终认为，由于被告在美国境内加工、包装和运输了侵权产品，因此对商业的影响并非微不足道。此外，根据沙特阿拉伯法律被告不享有使用其商标的有效权利，因此符合不与外国法律发生冲突的要求。

（二）合理性判断标准（rule of reason analysis）

合理性判断标准主要是指判断商标法是否调整域外的商标使用行为不应拘泥于某个或某些因素，而是应该综合权衡各方面的利益，以判断商标法的域外适用是否具有合理性。合理性判断标准源于美国反垄断司法实践[①]，美国第九巡回上诉法院将其引入商标法，用以处理商标法域外适用问题。在 Wells Fargo & Co. v. Wells Fargo Express Co. 案中，原告富国银行在美国加利福尼亚州注册成立，该公司持有"富国银行"商标在美国的有效注册，起诉阻止被告富国银行速递公司（Wells Fargo Express Co.）在美国和欧洲使用"富国银行"的名称。美国第九巡回上诉法院明确否定了名利场案三因素判断标准中的对商业产生实质性影响的要求。根据美国第九巡回上诉法院对最高法院判例的解释，布洛瓦案没有强制要求被告的商业活动对美国商业的影响是实质性的。[②] 此外，美国第九巡回上诉法院认为三因素中缺少一个因素并不意味着《兰哈姆法》绝对不能适用，相反，名利场案的每一项要求都应被视为一个单独的因素，以便在确

① Timberlane Lumber Co. v. Bank of America，549 F. 2d 597 (9th Cir. 1976).

② 该案中，法院认为，由于实质性影响要求是基于州际商业（受国会监管）和州内商业（不受国会监管）之间的区别，因此该要求不应扩展到外国商业。

定美国是否有足够的联系和利益来保证《兰哈姆法》的域外适用时，与其他因素相平衡。其他应该考虑的因素包括：与外国法律和政策冲突的程度；当事人的国籍以及公司住所地或主要经营地；判决被执行的可能性；与其他国家相比，美国受到影响的程度；是否存在损害或影响美国商业的明确意图；美国受到影响的可预见性；与国外的行为相比，在美国境内被指控的侵权行为的相对重要性。①

在 Ocean Garden, Inc. v. Marktrade Co. 案中，美国第九巡回上诉法院进一步对合理性判断标准进行了明确。原告海洋花园（Ocean Garden）是一家美国的海鲜罐头销售商，被告是一家在加利福尼亚州注册的公司。原告声称被告在远东销售海鲜罐头产品侵犯了其商标权。这些货物不是在美国境内生产的，而是在墨西哥装成罐头后通过美国的一个对外贸易区装运的。在决定是否将《兰哈姆法》扩大到域外时，第九巡回上诉法院再次采用了合理性判断标准，指出应当满足三个要素：（1）对美国商业产生一些影响；（2）该影响必须足以导致法律可认定的损害；（3）与其他国家相比，与美国商业的利益和联系是足够大的。第三个要素细分为七个部分，包括：（1）与外国法律冲突的程度；（2）当事人的国籍；（3）美国法律的执行能够达到何种程度的遵守；（4）与对其他地方的影响相比，对美国的影响的相对重要性；（5）被告是否存在损害美国利益的主观故意；（6）美国受到影响的可预见性；（7）在美国境内发生的侵权行为的相对重要性。据此，法院认为，本案中，前两个要素得到了满足，因为海洋花园声称遭受了数百万美元的收入损失。根据《兰哈姆法》，原告在美国遭受的这种经济损失可获得赔偿。关于第三个要素的各个子要素，法院认为，由于在外国司法管辖区没有待决的诉讼程序，因此不存在违反外国法律的情况。原、被告双方均在加利福尼亚州注册，符合国籍要件。原告是一家遭受重大损失的美国公司，因此，对美国商业的相对影响也有利于根据《兰哈姆法》行使管辖权。被告故意侵权的证据表明，其明显的目的是损害美国商业。关于第六个子要素，法院认为，鉴于上述要素，被告的行为对美国商业的影响是可以预见的。最后，由于一家美国公司受到了侵权行为的伤

① Wells Fargo & Co. v. Wells Fargo Express Co. 556 F. 2d 406 (9th Cir. 1977).

害，该侵权行为在美国的相对重要性也是很大的。[①]

（三）实质性影响标准

实质性影响标准是指在判断商标法能否适用于域外行为时仅应考虑域外商标使用行为是否对美国商业利益产生实质性影响。实质性影响标准关注的重点不再是被控商标使用行为发生的地点而是行为对美国商业是否产生实质性影响，同时忽略了当事人的国籍和法律冲突问题。在 McBee v. Delica Co. 案中，原告塞西尔・麦克比（Cecil McBee）是美国著名的爵士乐音乐家，他在 45 年的音乐生涯中在世界各地录制了 200 多张专辑，其中包括以他自己的名字录制的 6 张专辑。在他的职业生涯中，他去过日本几次。鉴于他希望将他的名字仅仅与音乐才能联系起来，麦克比把对他的名字的授权限制在与他的音乐有直接联系的物品上。1984 年，被告德丽嘉公司（Delica Co.）在其在日本生产的年轻女装上使用了“CECIL MCBEE”的名称，并取得了“CECIL MCBEE”的日本商标。德丽嘉公司拥有并经营日本零售店，但没有在日本以外销售其系列服装，也没有在日本以外开设零售店。德丽嘉公司使用两种媒体为其产品做广告。该公司制作了一本“风格书”，里面有最新的服装设计图片，而文字部分几乎全是日文。德丽嘉公司还使用了一个在日本创建和托管的网站，消费者可以从任何联网设备上浏览该网站，但不能直接从该网站订购产品。1995 年，在得知德丽嘉公司使用他的名字后，麦克比请求宣告该公司注册的日本商标无效，但没有成功。2002 年，麦克比向美国缅因州地方法院提起诉讼，声称商标稀释和《兰哈姆法》下的不公平竞争。地方法院运用名利场案的三因素判断标准，发现法院对原告的所有商标侵权主张都缺乏对事管辖权，故驳回了原告的诉讼请求。美国第一巡回上诉法院否定了地方法院对名利场案三因素判断标准的适用，认为对外国被告“决定管辖权的唯一标准”是被告的行为对美国商业产生重大影响。对域外适用问题的正确分析，应以实质性影响标准为确定管辖权的唯一试金石。实质性影响标准还必须符合《兰哈姆法》的根本核心目的，即防止美国消费者混淆和保护商标权人在商标

① Ocean Garden，Inc. v. Marktrade Co. 953 F. 2d 500 (9th Cir. 1991).

上的经济利益。当然，出于国际礼让的需要，即使对美国商业有重大影响，允许美国法院行使管辖权，美国法院也可能基于一个单独的礼让分析放弃行使其管辖权。①

《美国对外关系法重述》将“法定管辖权”（jurisdiction to prescribe）定义为“一个国家使其法律适用于个人或活动的权力”。该重述亦明确“效果原则”和“国籍原则”是行使域外管辖权的两个基础。② 根据“效果原则”，如果发生在域外的行为对域内具有实质性影响，就可以行使域外管辖权。根据“国籍原则”，对美国公民在美国以外的活动、利益、地位或关系的管辖权应得到承认。根据该重述，一国对外国人或其行为行使管辖权存在不合理情形时，不得行使管辖权。重述提供了8个因素来确定对外国人或其行为行使管辖权是否适当。基本上，除非外国公民在美国以外的行为对美国商业造成“重大、直接和可预见的”影响，否则美国法院无权管辖外国公民的行为。

（四）双重可诉性标准

双重可诉性标准是指如果域外的商标使用行为根据行为地法律和本国法律都是构成侵权的，那么权利人可以在本国针对域外行为提起诉讼。例如，在澳大利亚，与域外侵权行为有关的诉讼（无论是损害赔偿还是禁令），只有在满足“双重可诉性”（double actionability）条件时才可以在澳大利亚法院被提起，即：一方面，根据澳大利亚法律，相关行为如果发生在澳大利亚也会引起侵权责任；另一方面，被诉域外侵权行为在其行为地国也应构成侵权而被提起诉讼。因此，即使原告可以确保对被告的对人管辖权，如果被诉侵权行为并非发生在澳大利亚，那么在澳大利亚法院确立管辖前，原告也必须证明被诉行为满足双重可诉性的标准。此外，在仿冒侵权纠纷中，有部分英格兰和苏格兰的判例认为在满足双重可诉性标准的情况下，允许原告在本国法院就域外的不法行为提出索赔。James Burrough Distillers Plc v. Speymalt Whisky Distributor 案就是一个很好的例

① McBee v. Delica Co.，417 F. 3d 107 (1st Cir. 2005).

② Xuan-Thao N. Nguyen. The digital trademark right: a troubling new extraterritorial reach of United States law. North Carolina law review，2003，81：483－565.

子。该案中原告主张被告在意大利销售威士忌的行为侵害了原告的商誉。尽管原告主张索赔的所有要素（商誉、虚假陈述和损害）均发生在意大利，但苏格兰法院认为，由于意大利的《反不正当竞争法》与苏格兰的《反假冒伪劣法》“大体相似”，因此被诉仿冒行为在意大利也具有可诉性。法院根据苏格兰的法律支持了原告提起的仿冒诉讼。①

四、商标法调整域外商标使用行为的合理标准

综观上述各种判断商标法调整域外商标使用行为的标准，双重可诉性标准过于宽泛，而且外国法的查明存在不确定性，并不足取。除双重可诉性标准外，其余标准本质上都要求域外使用行为对国内商业利益产生影响——或者要求具有实质性影响或者要求存在一定的影响。笔者认为综合考虑全球化背景下人流、物流和信息流对于商标保护的影响，固然应当坚持商标权的地域性原则，但是也不应绝对化，而是应当将实质性影响标准作为判断商标法是否调整域外商标使用行为的标准。如果域外商标使用行为对国内商标权人的利益或者国内商业活动造成了实质性影响，商标法应当对域外使用行为予以规制。至于域外使用人的国籍不应成为商标法域外适用的考虑因素，否则侵权人很容易规避，导致商标法域外适用形同虚设。而礼让原则，可以作为商标法域外适用的限制条件，而不是前提条件。即在法院对域外商标使用行为有管辖权的情况下，考虑到与国外法律规定或者司法裁判的协调，有管辖权的法院可以放弃行使管辖权。我国法院在部分涉外定牌加工案件中事实上也遵循了“实质性影响”的标准。在上诉人福建泉州匹克体育用品有限公司与被上诉人伊萨克莫里斯有限公司等侵害商标权纠纷案中，二审法院认为，随着互联网经济的迅猛发展，网上贸易市场日益呈现出全球化趋势。正如上诉人提供的证据所呈现的经济运行模式，国内消费者通过“亚马逊”官方网站可以搜索美国市场上的商品并进行网购，“亚马逊”网站上上传的照片可以放大从而消费者可以较为清晰地看到商品标识。由此可见，即便出口商品不在境内销售，也难以

① James Burrough Distillers Plc v. Speymalt Whisky Distributor, 1989 SLT 561.

避免国内消费者通过各类电子商务网站接触到已出口至境外的商品及其标识，这必然涉及是否会造成相关公众混淆和误认的问题。故被上诉人在相同商品上使用近似商标的行为构成对上诉人涉案商标专用权的侵害。① 该案中，法院之所以认定出口到国外销售的被诉侵权产品构成侵权，正是因为国内消费者可以通过“亚马逊”网站购买被诉侵权产品，被诉侵权行为虽然发生在国外，但对国内市场以及消费者仍会产生实质性影响。“对于狭义的涉外定牌加工，由于涉案产品全部销往域外，并不进入国内市场，不会在我国产生使用商标的效果，因此认定其不侵犯我国商标权，实质上意味着本国商标法不适用于效果不发生国内的行为。当然，如果涉外定牌加工的产品可能返销中国市场，在我国市场产生使用商标的效果，那么仍然受我国商标法的规制。”② 世界知识产权组织《关于网上使用商标及其他共有产权的联合建议》第 2 条亦规定，只有在某一成员国产生商业影响的情况下，标志在互联网上的使用方构成在该成员国的使用。

（一）实质性影响判断的定性分析

对于判断域外商标使用行为是否对国内商业或者消费者的认知产生影响，理论上存在两种不同的标准和分析方法：一是被动感知理论（passive perception theory），即依据消费者是否已经建立对本国未注册或未实际使用商标的认知来判断域外的商标使用是否对国内产生了影响；二是消费者认知互动理论（interactional theory of consumer recognition），即根据消费者是否能够购买、查询或者与域外的商标权人或商标使用行为进行互动来判断域外的商标使用是否在国内产生了影响。

具体而言，被动感知理论以全球化背景下商品交易和消费者将在更大规模、更高水平上实现互联互通为前提。一旦一个商标在世界某个地方获得了一定程度的认可，它就会自动在世界其他地方创造消费者的认可，而不需要在那里使用。例如，鉴于法拉利商标的国际知名度，即使法拉利汽车在某国未销售，也未注册商标，但只要全球范围内的广告和促销活动能

① 参见上海知识产权法院（2016）沪 73 民终 37 号民事判决书。

② 阮开欣. 论跨境侵犯知识产权的法律适用：以涉外定牌加工问题为出发点. 上海交通大学学报（哲学社会科学版），2018（4）：70.

够“蔓延”到该国，并且相关消费者能够接触到广告或者观看法拉利赞助的比赛就足够了。“在现代大众传播和营销的时代，商标在产品被广泛地销售之前就有了声誉是很常见的。接触国际出版物、互联网、有线电视和卫星电视的消费者通常熟悉驰名商标，而不管实际销售额如何。”① TRIPs协议第16条第2款规定，在确定一商标是否驰名时，各成员应考虑相关部门公众对该商标的了解程度，包括在该成员中因促销该商标而获得的了解程度。根据被动感知理论，上述规定并不要求外国商标的推广发生在成员内部，而是允许成员内部相关公众基于宣传推广产生对商标的认知。这种认知可以是基于在域外进行商标使用的结果。② 这种认知的潜在来源是“溢出广告”——通过卫星电视、互联网或期刊将成员之外的广告宣传渗透到成员内部，从而证明存在充分的消费者认知。

消费者认知互动理论则认为要建立国内的商业影响仅仅存在国内消费者被动的认知还不够，域外的商标使用行为必须能够与国内的消费者建立某种互动，例如国内消费者可以购买国外的产品，可以浏览国外的网站并进行交流互动。也就是说域外的商标使用行为与国内消费者之间能够进行双向的互动，而不仅仅存在国内消费者对国外商标的单向认知。在De Beers LV Trademark Ltd. v. DeBeers Diamond Syndicate Inc. 案中，原告试图禁止位于纽约的珠宝商使用“DE BEERS”商标。法院承认：“DE BEERS”是世界上最著名的品牌之一，在美国消费者的心目中，“钻石恒久远”（A diamond is forever.）的广告宣传活动代表的品牌“DE BEERS”与钻石有着千丝万缕的联系。但是，原告提交的与国内消费者互动的唯一证据，是“DE BEERS”在一次贸易展上的钻石展览，法院认为这一证据不足以证明其与消费者互动的可能性。③ 而在另一起商标异议案中，美国商标申请人试图在服装商品上注册“伦敦地铁”商标，英国伦敦地铁公司

① Brief for Int'l Trademark Ass'n as Amicus Curiae Supporting Appellants at 4, Supreme Court, Prefel SA v. Jae Ik Choi.（2002-07-23）.［2020-10-10］. http://www.inta.org/downloads/brief prefell.pdf.

② Daniel Gervais. The TRIPs agreement: drafting history and analysis. 4th ed. London: Thomson Reuters, trading as Sweet & Maxwell, 2021.

③ De Beers LV Trademark Ltd. v. DeBeers Diamond Syndicate Inc., 440 F. Supp. 2d 249（SDNY 2006）.

基于驰名商标原则提出异议，其提交的证据为在46年的时间里，大约有7 000万名美国人去过伦敦。虽然商标审查和上诉委员会确认伦敦地铁确实具有较高的知名度，但该证据尚无法证明实际或潜在的消费者与系争商标存在有效的互动。虽然该证据可能证明有7 000万名美国人曾经购买过异议人的地铁服务，但异议人未提交证据证明购买者在何种情景下和系争的“伦敦地铁”商标建立了认知联系。即使所有7 000万名美国人都建立了争议商标与地铁服务的认知，法院仍确信：无论如何，该数字在最好的情况下也仅表明不超过25%的美国公民曾接触过争议商标，但这远不足以证明该商标对于大多数美国人是知名的。

笔者认为，如果消费者仅仅对外国商标建立了认知，但尚没有机会接触或购买相关的商品，缺乏与外国商标实际具体的联系和对商品的实际体验，此时即使认为国外的商标使用行为对国内商业具有影响，这种影响也无法达到实质性影响的程度。毕竟国内消费者尚无法实际接触和体验商品或服务，无法形成对商品或服务的实际认知，即使国内有人抢注了类似商标，由于消费者根本没有对于国外商标所使用商品或服务的体验，也就谈不上对国外商标权人所提供商品或服务的混淆误认，因为消费者只能体验到国内申请人提供的商品或服务。如果依据被动感知理论判断域外商标使用行为的影响，可能会不适当地扩大商标法的域外适用，不利于商标法和商标登记注册制度的稳定性。事实上，在网络环境下，有的法院对域外商标使用的调整采取消费者认知互动理论。在Zippo Manufacturing Co. v. Zippo Dot Com，Inc. 案中，美国法院将商标使用的互联网分为三类：一是电子商务网站，消费者可以通过该网站选购商品或服务；二是仅仅提供信息的网站，消费者只能在网站上浏览信息，不能购物；三是处于中间状态的互动性网站，消费者可以在其中与主机交换信息。司法管辖权的行使是通过审查网站上发生的信息交换的交互性和商业性来决定的。该案中，被告的网站属于第一类网站，其不仅在互联网上进行广告宣传，而且向3 000名加利福尼亚州居民提供订阅服务，法院认为对被告行使管辖权是适当的。在Enters. v. Millennium Music 案中，尽管被告的网站是互动性的，消费者可以从美国任何州购买其商品，但法院认为俄勒冈州对被告没有管辖权，因为没有消费者在该州实际从被告的网站上购买过商品。而有证据显示，该网站主要面向南卡罗来纳州的当地人出售商品。法院认为，仅以与法院所在地互动的可能性作为对人管辖权的基础是不合理的。① 而对于第三类互动性的网站，大多数美国法院认为仅仅在网站上投放广告，而与法院所在地不存在任何其他关联，并不足以使法院就侵害知识产权的情况行使管辖权。②

（二）实质性影响判断的定量分析

在具体的个案中，判断消费者与域外商标使用行为的互动是否达到了实质性影响的程度，可以结合商品销售的数量以及销售额、国内消费者选购国外商品或服务的频率以及国内是否有可替代的商品或服务等因素进行判断。

（1）国外商品或服务向国内消费者销售的数量以及销售额。在一般情况下，商品销售的数量越大、销售额越高，国外商标使用行为对国内的影响也就越大。虽然在国内进行的广告宣传也可能有助于实质性影响的判断，但必须存在消费者实际选购国外商品或服务的事实。“如果美国公民使用该服务的金额或使用频率相当可观，那么可能只需要在美国投放少量广告即满足实质性影响的要求。然而，如果只有很少的美国公民使用，即使在美国存在大量广告也是不够的。”③ 在 Int'l Bancorp，L. L. C. v. Societe des Bains de Mer et du Cercle des Etrangers a Monaco 案中，美国第四巡回上诉法院认为，因为位于加拿大蒙特利尔的赌场在美国很有名，有证据表明，大量美国公民经常光顾这些赌场，所以无论他们花了多少钱，都可能对美国商业产生重大影响。④

（2）国内消费者选购国外商品或服务的频率和持续性。即使选购国外商品或服务的消费者的数量并不大，但如果他们经常购买国外的商品或服

① Enters. v. Millennium Music，33 F. Supp. 2d 907 (D. Or. 1999).

② Bensusan Restaurant Corp. v. King，937 F. Supp. 295 (SDNY 1996).

③ Katherine-Anne Pantazis Schroeder. A trademark gamble：should use of services abroad by U. S. citizens meet the Lanham Act use in commerce requirement. Iowa law review，2005 (4)：1615.

④ Int'l Bancorp，L. L. C. v. Societe des Bains de Mer et du Cercle des Etrangers a Monaco，329 F. 3d 359，361 (4th Cir. 2003).

务，而且一直持续，也可能对国内商业或权利人利益产生实质性影响。例如，在上文提及的伦敦地铁商标异议案中，法院认为，40 多年间 7 000 万名美国人曾经乘坐过伦敦地铁的事实尚不能满足实质性影响的条件。笔者认为法院之所以没有支持异议人的主张，部分原因是消费者的绝对数量不够大，更主要的原因可能是异议人没有证明美国消费者选择乘坐伦敦地铁的频率和持续性——如果多年来，每月都有几十万甚至上百万名美国消费者乘坐伦敦地铁，那么法院很有可能会认为伦敦地铁标识对美国消费者会产生实质性影响。

（3）国内是否存在可替代的商品或服务。在全球化背景下，国内消费者之所以倾向于选购国外的商品或服务，其中的重要原因在于国外的商品或服务具有国内商品或服务无法比拟的特色。如果国内也存在与国外的商品或服务相同或类似的商品或服务，进而可以替代国外的商品或服务，那么域外的商标使用行为就很难对国内权利人或商业造成实质性影响。

第二节　进口贸易中的商标使用

进口商品上贴附的商标进入国内市场后能够发挥识别商品来源的作用，这属于商标法意义上的商标使用，如果未经国内商标权人的同意，可能会构成商标侵权。对此，司法实践几乎无争议。但需要明确的是进口商品上所贴附的商标是谁在使用，进口商是否属于进口商品上商标的使用者；如果不是，进口商将所代理的国外品牌注册商标后不使用而是继续销售原品牌商品，第三人是否可以基于 3 年不使用而申请撤销进口商注册的商标。此外，如果进口的商品系平行进口商品，那么国内商标权人是否有权禁止该商品的销售？平行进口商品经销商使用国内权利人商标的边界如何确定？这些问题在司法实践中亦存在较大的争议。

一、进口贸易中商标使用的主体判断

在认定进口商的侵权责任时，如何界定其在商标法中的法律地位存在争议。有观点认为，进口商品经营者销售侵权商品是该商品在商标注册国市场的初始流通，其行为后果与生产商的行为后果一致，故其应承担与生产商同样的侵权责任，包括赔偿责任。相较于一般的销售者，进口商对进口商品是否侵犯他人商标权应负有较高的注意义务，不能以“不知道”而免责。我国的专利法和专利侵权诉讼也明确了能够提出合法来源抗辩的，不包括侵权商品的进口商，商标权保护的原理与此相同。① 该观点实质上将进口商作为进口商品的使用者。也有观点认为，进口商品经营者并没有实际的商品生产行为，不应被视为侵权商品的生产商，其进口行为仍属于销售行为。专利法与商标法的立法宗旨是完全不同的：专利法明确规定进口行为属于专利权控制的一种独立的行为类别；而商标法并未对商品进口行为作出类似规定，商标法中的进口行为属于商品销售行为的组成部分。②

笔者认为，从严格意义上讲，商标法中并没有“生产”或“生产商”的概念，而是通过界定“商标使用”来界定商标权的保护范围，未经商标注册人许可，在同一种商品上使用与注册商标相同的商标的，落入商标权的保护范围，构成商标侵权。销售商之所以被判定为侵权，是因为其销售的商品上使用了他人商标；但该商品上的商标使用行为应系商品生产商所为，并不是销售商使用了他人商标。如果说销售行为也是一种商标使用行为，那么只能将商标使用区分为直接使用和间接使用。直接使用行为人未经许可，将他人的商标使用在自己生产的商品上，主观上推定存在过错，不存在合法来源抗辩的问题。由于间接使用行为人是在其他经营者处购得被控侵权商品，其销售的商品上已经贴附了他人的商标，此种情况下只需要审查其有没有尽到应有的注意义务，是否能够提供合法来源。因此，是

① 参见上海市第一中级人民法院（2014）沪一中民五（知）终字第78号民事判决书。

② 祝建军，魏巍. 电商采购境外商品内销的商标法定性. 人民法院报，2015-07-17（7）.

否存在合法来源抗辩，取决于被控侵权人实施的是直接使用还是间接使用。

客观上，在进口商进口商品时，商品上已经贴附了商标，进口商并未实施直接使用行为，而仅仅是将带有商标的商品进口到国内市场，其实施的是商标的间接使用行为。在澳大利亚发生的一起商标侵权案件中，原告是一家英国服装企业，其在澳大利亚申请注册了涉案商标，然后将在英国生产并使用该商标的服装批发给澳大利亚的经销商。被告是澳大利亚新南威尔士州的一家服装企业，也使用了相同的商标。原告起诉请求被告停止使用涉案商标；被告则提出涉案商标3年未使用应予撤销，并提出原告向澳大利亚经销商销售商品的行为发生在伦敦，财产权在伦敦便发生了转移，因此，原告在澳大利亚并没有商标使用。一审法院认为，虽然商品在销售并在伦敦完成交付后便不再属于原告，但是根据商标法关于商标使用的界定，商标权人在商品售出后，仍然在相关商品上使用商标，从而表明在贸易过程中商标权人与商品之间存在关系。生产商将使用其商标的商品销售给总经销商、批发商或零售商后，就该商品上的商标使用并没有因此而停止，只要商品仍然处于流通过程中，就仍然存在商标使用，直到商品到达最终的消费者手上。在国外的生产商通过向澳大利亚经销商销售的方式，将商品投入澳大利亚市场流通后，带有其商标的商品在澳大利亚被展示、许诺销售和销售，仍然属于生产商的商标使用。①

因此，将商品进口到国内市场进入流通过程中，仍然属于生产商的商标使用，而不属于销售商在进行的商标使用。“如果外国企业在本地是由某个法律性质完全不同的企业作为其代表的，无论以什么身份代表，只要该外国企业被承认是货物的主要来源，那么一般来说，商誉就会归其所有，而不归于其本地代表。”② 进口商并非商标使用人，其仅仅是销售了使用国内商标权人商标的产品，如果其能证明其尽到了相应的审核义务，

① Ex parte Estex Clothing Manufacturers Pty. Ltd.，(Windeyer，J.)(1966) 40 ALJR 418; on appeal Estex Clothing Manufacturers Pty. Ltd. v. Ellis & Goldstein Ltd.，(1967) 40 ALJR 515.

② 张惠彬. 商标财产化研究. 北京：知识产权出版社，2017：60.

且能够提供商品的合法来源，则应免除其赔偿责任。[①] 在英国发生的一起代理商抢注商标案中，位于美国波士顿的商标权人向一家英国的公司出口使用其美国商标“THE BULL’s-EYE CAMERA”的相机，并且在这些向英国出口的相机包装盒上使用了美国公司的商标，在使用手册上也指明美国公司是制造商。英国公司在英国销售相机，并在英国注册了“BULL’s-EYE”商标。美国公司遂提出异议，认为其在英国使用了“BULL’s-EYE”商标，未经其许可，英国公司无权进行商标注册。法院认为，美国公司在英国使用了涉案商标，美国公司将这些相机出口到英国的事实表明，其应属于在英国的使用者。[②]

二、代理商注册国外商标后的权利界定

国外品牌代理商将所代理的国外商标在国内注册后，仍然原装销售所代理的进口商品，相关注册商标权的权利范围如何界定？进口商品代理商是否有权禁止其他经销商进口相同品牌的正品？进口商品代理商销售商品的行为既然不属于商标使用，那么其注册的商标是否应当基于 3 年不使用

---

① 由于我国商标法将商标使用和销售侵权商品的行为分别规定，对于这两种行为商标司法实践中基本能够作出区分；但由于反不正当竞争法未规定销售行为，实践中对于销售行为是否属于反不正当竞争法规定的“擅自使用”出现了较大的争议。在上海帕弗洛文化用品有限公司与燕某华擅自使用知名商品特有名称、包装、装潢纠纷再审案中，最高人民法院认为：“《中华人民共和国反不正当竞争法》第五条（该条内容已被修改。——引者注）规定，经营者不得采用下列不正当手段从事市场交易，损害竞争对手：擅自使用知名商品特有的名称、包装、装潢，或者使用与知名商品近似的名称、包装、装潢，造成和他人的知名商品相混淆，使购买者误认为是该知名商品。规定中的使用行为应指直接使用行为，也就是生产商的生产、制造以及销售被控侵权产品行为，而不包括仅仅作为被控侵权产品销售商的销售行为。”参见最高人民法院（2015）民申字第 302 号民事裁定书。而在中粮集团有限公司诉烟台明珠长城葡萄酒有限公司等不正当竞争案中，法院则认为，杜某作为葡萄酒经销商，在知道或者应当知道中粮集团有限公司“长城”注册商标及葡萄酒商品的情况下，销售标牌及包装上使用明珠长城公司、华夏酒庄公司企业名称的葡萄酒，使消费者对其销售的产品与中粮集团有限公司的产品产生混淆和误认，而且其提交的证据也不足以证明涉案葡萄酒具有合法来源，其行为不正当地利用了中粮集团有限公司第 70855 号及第 1671555 号注册商标及葡萄酒商品的知名度，构成不正当竞争，应承担停止侵权、赔偿经济损失的法律责任。参见北京市丰台区人民法院（2015）丰民（知）初字第 796 号民事判决书。

② The European Blair Camera Company’s trademark，(1896) 13 RPC 600.

而被撤销？对于这些问题，我国司法实践尚未给予足够的重视，一定程度上影响了进口商品市场的自由竞争。

（一）代理商注册国外商标的权利应当受到限制

我国司法实践大多基于商标授权和民事侵权相互独立的原则，不考虑代理商注册所代理国外商标是否属于恶意抢注的问题，而是认为代理商主张的商标既然仍是有效商标，自然应受到保护。即使被诉侵权人销售的商品确实来源于同一家生产商，与商标权人销售的商品属于同源商品，但被诉侵权人的销售未取得商标权人许可的，应承担停止侵权的民事责任。在原告快思聪亚洲有限公司与被告上海创见电子有限公司侵害商标权纠纷案中，法院认为：在商品的国际贸易过程中，代理商将境外商标在境内注册并取得商标专用权后，往往会与正品进口销售之间形成商标权冲突。被告虽辩称其销售的产品有合法来源，不会导致混淆，但根据商标权的地域性原则，原告系涉案商标注册人，在核定使用的商品类别及一定地域内享有商标专用权，被告销售的产品标注了与原告注册商标相同的标识，属于侵犯商标专用权的行为。① 在原告上海禧贝文化传播有限公司与被告北京背篓科技有限公司侵害商标权纠纷案中，原告将代理的美国公司 Nurture，Inc. 的商标在国内进行了注册，之后要求法院判令同样进口该美国公司产品的被告停止侵权、赔偿损失。虽然当事人均确认双方销售的商品属于同源商品，均为美国公司 Nurture，Inc. 所生产，但法院仍认为，商标权具有地域性，在境外注册商标的经营者未在我国进行商标注册，且该商标已被他人在我国注册的情况下，如果境外商品在国内的销售未经该商标权人许可，则构成侵害商标权的行为。②

---

① 参见上海市黄浦区人民法院（2011）黄民三（知）初字第 205 号民事判决书。

② 参见北京市朝阳区人民法院（2015）朝民（知）初字第 46812 号民事判决书。在北京德威贸易有限责任公司（简称“德威贸易公司”）与龙岩市万达贸易有限公司（简称“龙岩万达公司”）等商标侵权纠纷案中，北京市第二中级人民法院同样认为，德威贸易公司和龙岩万达公司所销售的艾斯特啤酒均来源于德国艾斯特啤酒公司，在该啤酒的原有包装上均标注有老人头图像以及德文字母“Einsiedler”的商标标志，且德威贸易公司对龙岩万达公司享有艾斯特啤酒在中国的代理权不持异议，故龙岩万达公司仅是作为销售者销售涉案侵权商品。我国商标法规定，销售不知道是侵犯注册商标专用权的商品，能证明该商品是自己合法取得的并说明提供者的，不承担赔偿责任。参见北京市第二中级人民法院（2008）二中民终字第 17428 号民事判决书。

但也有观点认为，代理商虽然在国内注册了商标，但其销售的仍是贴附了与注册商标相同的商标的进口商品，其没有将该商标作为自己商标使用的意图，客观上没有将该商标与商标权人联系在一起，给相关公众传递的信息是该商标仍然属于境外权利人，因此不构成代理商的商标使用，进而应以商标权人的商标未实际使用为由不支持商标权人要求赔偿损失的诉讼请求。在上诉人上海某宠物用品有限公司与被上诉人上海某实业有限公司侵害商标权纠纷案中，二审法院认为，上诉人未在我国实际生产宠物用香波，更未在宠物用香波商品上使用涉案商标。上诉人提交的证据仅能证明其在我国境内销售了从美国原装进口的涉案商品，但该商品系由美国公司生产，上诉人在庭审中亦明确承认涉案商品从美国进口时即贴有涉案商标，且无证据证明该商品上的商标系由上诉人授权美国公司使用。因此，对于相关公众而言，该商品上的商标所指示的商品来源为美国公司而非上诉人，该商标与上诉人之间并未建立对应关系。商标权人对商标的使用应当有积极、明确的意思表示，并且使用应当具有一定的商业规模。如果没有实际使用注册商标，仅有转让或许可行为，或者仅有商标注册信息的发布或对其注册商标享有专有权的声明等，均不是法律意义上的商标使用。上诉人在销售含有涉案商标的商品时以“中国总代理”身份出现，可见其亦认可该商品及商标是美国公司的，鉴于其销售和宣传的商品都是他人的产品，而非自己的产品，故其实施的销售行为并不能代表其对自己注册的商标已经进行了实际的商业使用。①

笔者认为，进口商在代理国外品牌商品销售过程中，将所代理品牌在国内注册，注册后仍然销售原装进口商品的，在国外品牌权利人没有提出异议或无效宣告，或者国内商标注册已经超过 5 年成为不可争议商标的情况下，进口商注册的商标应当受到法律保护。但此种商标的保护范围应受到一定的限制，即商标权人不能禁止他人进口同样的商品，但可以禁止他人擅自假冒进口商所注册的商标。此种情况下商标权的保护范围具有特殊性。在一般情况下，商标所识别的商品来源应当是商标权人，但就进口商品上的商标而言，由于在进口商注册其所代理国外品牌之前，该国外品牌

① 参见上海市第一中级人民法院（2014）沪一中民五（知）终字第 110 号民事判决书。

的商品已经在国内进行了销售，甚至具有较高的知名度，消费者已经形成了带有该商标的商品来源于国外的心理认知。在此种情况下，虽然进口商抢在国外品牌权利人之前在国内进行了注册，取得了商标权，但由于进口商在抢注商标后仍然从事该国外品牌商品的进口和销售，并没有自行生产，也没有重新包装，以期改变相关公众对商品来源的心理认知，因此消费者仍然认为该商品来源于国外。于是，商标权人和消费者所认知的商标标示的商品来源出现了分离。在进行商标侵权判断时，判断相关公众是否混淆误认便应以消费者所认知的商品来源为准，即商标实际发挥的识别功能，而不是简单地认为只要商标所标示的商品并非来源于商标权人便一概认定构成侵权。如果其他进口商进口销售相同的国外品牌商品，由于消费者所认知的商品的来源相同、品质相同，则商标的识别功能、品质保证功能等不会受到侵害。因此，进口商所抢注的商标并非不受保护，只是其保护范围受到限制，商标权人不能禁止他人进口同样的商品，但可以禁止他人擅自假冒进口商所注册的商标。

有观点可能会认为，在相同商品上使用相同商标属于商标权人专有控制的范围，不需要以消费者的混淆误认为条件。对此，笔者认为，在相同商品上使用相同商标确属权利人的专有权利，但任何权利都不是绝对的，都可能会受到限制。既然代理商在注册商标时明知其代理的进口商品已经在国内销售，仍然注册相同的商标，其取得的商标权自然就应当受到相应的限制，即不得禁止被代理人继续销售相同的商品。这是诚实信用原则的应有之义。日本司法实践中对于进口商抢注国外商标的情况，亦依据权利不得滥用原则对进口商所抢注商标的权利范围进行限制。在 1971 年的由日本大阪地方法院审理的“鳄鱼”案中，原告于 1959 年申请注册了带有“Crocodile”字样和鳄鱼图形的商标，但很少使用。就在原告注册其商标的同时，法国的“鳄鱼”商标（鳄鱼图形以及“Lacoste”字样）已经在法国和很多国家获得了较高的知名度。当法国“鳄鱼”商标的代理人将有关的针织产品进口到日本销售时，原告依据自己的商标权提起了侵权诉讼。法院对本案的审理，虽然集中在对于原告的商标与被告的商标在总体上不相同，不会造成消费者混淆的分析上，但在判决中也提出了原告是在滥用自己的商标权。判决认为，依据商标保护的地域性原则，法国鳄鱼公司无权排除原告在日本的免费搭车，但是原告利用商标注册形式的行为，属于滥用商标权，也不应当获得支持。① 在英国发生的一起类似案件中，原告是一家英国的公司，独家销售一家美国公司的产品。原告在销售该产品的时候保持着它出厂的原状和装潢，装潢上没有任何痕迹显示该产品与原告有任何的联系。被告制造及销售同类产品，所用的装潢与美国公司供应的产品原装潢相似，为此，原告向法院提起假冒之诉。法院拒绝受理该诉讼。一位法官持以下意见：所谓原告的货物，不一定是原告制造的货物，可以是他购买的、进口的，或以其他方式取得的货物，也可以是他用某种装潢销售的货物。但该货物无论是他制造的、进口的，还是销售的，其装潢带给消费者的信息必须是：该货物的好处在于它载有原告商誉的保证，其质量由原告为人熟知的商标负责保证。另一位法官认为，很明显，公众不认为这些货物是原告的货物。事实上这些货物亦非原告的货物，而且被告从来没有表示过该涉嫌侵权的产品是原告的货物。②

当然，如果进口商抢注的国外商标无法被撤销，而进口商亦通过自己的经营使消费者对通过商标识别的商品来源的心理认知发生了改变，认为带有该商标的商品不再系国外进口，而是国内商标权人自行生产，并形成了独立于境外商标的独立商誉，那么他人未经许可再进口国外相同品牌的商品则可能构成商标侵权。例如，进口商抢注商标后自己生产商品或者将进口的国外品牌商品重新包装，并且进行大量的广告宣传，逐渐使消费者的心理认知发生变化。在美国纽约南区联邦地方法院审理的 Bourjois & Co. v. Katzel 案中，法院即认为由于进口商在从法国进口香粉后重新包装并贴附商标，且在商业活动中投入了大量的广告费用，其已经在美国为其商品拓展了广泛的市场，在公众心目中，该进口商所使用的包装盒已经同该进口商联系起来。因此，该进口商有权禁止其他进口商进口销售相同品牌的商品，即使该商品确系来源于国外真正的权利人。③

---

① 李明德. 中日驰名商标保护比较研究. 环球法律评论，2007（5）：81.

② 张惠彬. 商标财产化研究. 北京：知识产权出版社，2017：60.

③ Bourjois & Co. v. Katzel，274 F. 856（SDNY 1920）.

（二）代理商所注册商标的效力

前文已经述及，进口商品国内流通过程中的商标使用仍然属于国外生产商的商标使用，而非国内代理商或经销商的商标使用。即使代理商将国外商标在国内注册为商标，该商标也可能基于国外权利人的异议或者连续3年未使用而被撤销。一般而言，经销商并没有实施商标法所规定的商标"使用"行为，即指示经销商为货物的来源；相反，通常从包装以及整体情境上看，消费者能够很明显地看出经销商不是货物的来源。在加拿大，法院通常会支持外国生产商的权益，拒绝加拿大经销商的商标注册申请①或者撤销其注册。② 这些法院认为经销商是代表国外的生产商使用商标，经销商的注册申请违反了对国外生产商的受托义务（fiduciary duty）。③ 在英国的一起商标撤销案中，英国的一家公司接受意大利公司的委托进行贴牌加工，该英国公司后来将意大利公司的商标在英国进行了注册，试图禁止其他英国公司接收该意大利公司的订单。但在该英国公司提出申请之前，已经有其他公司接受了同样的订单进行贴牌加工，于是其他公司请求撤销该商标。法院认为，就本案而言，该英国公司将商标贴附在其生产的商品上，在某种程度上是作为意大利公司的代理人进行商标使用，因此其并不属于所申请商标的所有人，其使用的标志并不属于商标法意义上的商标。④

三、平行进口中商标使用的侵权判断

平行进口商品上使用的商标是否侵害国内商标权人的商标权，固然涉及商标权的地域性与权利用尽的关系，更涉及不同国家取得商标权与消费

① Lin Trading Co. v. CBM Kabushiki Kaisha，(1988) 21 CPR (3d) 417 (FCA)；McCabe v. Yamamoto & Co. (America) Inc.，(1989) 23 CPR (3d) 498 (FCTD).

② Manhattan Industries Inc. v. Princeton Manufacturing Ltd.，(1971)，4 CPR (2d) 6 (FCTD)；Waxoyl AG v. Waxoyl Canada Ltd.，(1984) 3 CPR (3d) 105 (FCTD)；Saxon Industries，Inc. v. Aldo Ippolito & Co.，Ltd.，(1982) 66 CPR (2d) 79 (FCTD).

③ Uniwell Corp. v. Uniwell North America Inc.，(1996) 66 CPR (3d) 436 (FCTD).

④ A Trademark of the New Atlas Rubber Company Ltd.，(1918) 35 RPC 269.

者、经营者利益的平衡。笔者认为前者更多地系国家政策层面的考量，对于此，国内外存在国内用尽、区域用尽以及国际用尽等不同的做法和观点，此处不赘述。本书主要从商标法利益平衡的角度对平行进口中的商标侵权问题进行分析，在总结已有判断标准的基础上，提出应当将是否对国内商标权产生实质性影响作为判断平行进口商品是否侵犯商标权的标准。

（一）平行进口中商标侵权判断的主要标准

（1）是否导致消费者混淆误认。

该标准主要以商标识别商品或服务来源的功能为基础，认为“只要商标所有人制造、提供或者认可了相关的商品，不论商品来自哪个国家，都不会发生消费者混淆的可能性”①。在维多利亚的秘密商店品牌管理有限公司诉上海锦天服饰有限公司商标侵权案中，法院认为根据商标权权利用尽原则，在非典型性平行进口的国际贸易中，由于买家销售正牌商品的行为不会造成相关公众的混淆，买家虽有超出授权范围销售的违约行为，但该行为本身不构成侵害商标专用权。② 在大西洋C贸易咨询有限公司诉北京四海致祥国际贸易有限公司侵害商标权纠纷案中，法院亦认为，商标的基本功能是区分商品或服务的来源，保护商标就是要保护商标的区分功能，保护商标上凝聚的商标权人的商誉，禁止他人通过在相同或类似商品上使用相同或近似商标而造成消费者混淆进而盗取商标权人的商誉。因此，商标侵权的判断标准是混淆可能性。被控侵权啤酒上标注的商标与商品来源的对应关系是真实的，并不会导致消费者混淆误认。③

（2）进口商品与国内商品是否存在实质性差异。

该标准认为虽然进口商品的生产商与国内商标权人为同一人或者存在关联关系，但如果二者提供的商品在质量等方面存在实质性差异，未经国内商标权人同意的进口行为仍构成侵权。国际商标协会（INTA）曾经在2015年度的一项决议中提出，与货物平行进口有关的商标权“国内权利穷竭原则”必须被遵守；在遵循“国际权利穷竭原则”的国家及在其政治

① 李明德. 美国知识产权法. 2版. 北京：法律出版社，2014：549.

② 参见上海市第二中级人民法院（2012）沪二中民五（知）初字第86号民事判决书。

③ 参见北京市高级人民法院（2015）高民（知）终字第1931号民事判决书。

或其他因素使“国内权利穷竭原则”不大可能被实施的国家，“实质区别”的标准应被采纳，以排除某些平行进口。① 早期的美国法律是禁止商标平行进口的，认为只要是未经商标权人同意进口带有美国公司注册商标的外国制造的产品，即构成商标侵权，须承担法律责任。但在1989年之后，美国法院通过一系列判决承认商标平行进口行为合法，但存在实质性差异的例外，即如果国外产品与美国产品之间有实质性差异，即使国外产品是由美国商标权人或者其母公司或子公司，或者某个与美国商标权人有关联关系或隶属于共同控制的企业所生产的，也不得进口该商品。实质性差异包括在产品的包装、制造、设计、售后服务和担保、种类与外观等方面的差异。只要消费者购买平行进口商品的期望落空，或者导致消费者混淆，都可能被认定为具有实质性差异。② 在大王制纸株式会社等与天津市森淼进出口有限公司侵害商标权纠纷案中，我国法院认为，被告进口的大王纸尿裤商品在标识、包装、商品质量等综合因素方面与原告的商品并无本质差异，虽然售后服务主体和流程等存在一定差别，但整体上并未导致实质性差异，未影响“GOO. N”商标的识别功能，亦无证据证明被告的行为给原告造成商誉的损害。

（3）国内商标权人的商誉是否受到损害。

该标准认为即使国内外商品的商标权人是同一的，但考虑到不同国家商标权人在商品质量、文化、宣传等方面存在差异，同一商标在不同国家承载的商誉可能会有区别。在此种情况下，出于保护国内商标权人商誉的需要，应当对平行进口予以限制。“同一商标所有人在不同的国家或区域，可能有不同的产品控制措施，包括产品的风格、特点、质地和价格，都会针对不同的国家或者区域而有所不同。如果任由带有同一商标的不同质量的产品进入本国市场，同样会损害商标所有人在本国的利益。”③ 在美国最高法院于1923年判决的“卡茨尔”案中，原告的前身是一家法国公司，自1879年开始在美国销售“爪哇”牌香粉，并注册了“爪哇”商标。1913年，法国公司将其在美国的商标和业务卖给了本案原告。原告仍然

---

① 程强. 论平行进口中的商标侵权判断及相关实务建议. 大成上海办公室公众号，2018-05-08.

② 严桂珍. 平行进口法律规制研究. 北京：北京大学出版社，2009：94-96.

③ 李明德. 美国知识产权法. 2版. 北京：法律出版社，2014：549.

从法国公司处进口大宗香粉，然后做成小包装，在美国销售。其包装盒上声明：美国注册商标，产品生产于法国，包装于美国。被告也从法国公司处进口了同样的香粉，然后在美国销售。被告进口的是原装香粉，其包装盒和标签上印有法国的注册商标。美国地方法院认为，被告构成侵权。美国第二巡回上诉法院推翻了地方法院的判决，认为被告销售的商品是来自法国的正品，只要有关的商标真实地指示了商品的来源，被告就有权利销售带有该商标的商品。如果卖出的商品是真正由该商标所显示的商品，那么商标所有人的权利就没有受到侵犯。随后，美国最高法院又推翻了第二巡回上诉法院的判决，恢复了地方法院的禁令。尽管被告销售的是真实的来自法国公司的商标产品，但仍然构成侵权。因为，当法国公司完成商标出售行为之后，被告就不能再用原来的商标与原告竞争。这是转让商标和营业的必然结果。美国最高法院认为，有人说这里的商标是法国公司的商标，真实地指示了商品的来源。但这是不准确的。该商标是原告仅仅在美国拥有的商标，指示了有关商品来自原告，尽管不是由原告制造的。有关的商品已经，而且也只能继续以原告获得的商誉去销售。① 在原告法国大酒库公司诉被告天津慕醍公司侵犯商标权纠纷案中，我国法院也采取了商誉受损的标准，认为天津慕醍公司进口的涉案葡萄酒来源于法国大酒库公司。天津慕醍公司在进口中对涉案的三种葡萄酒未进行任何形式的重新包装或改动，消费者对带有“J. P. CHENET”商标的葡萄酒产品的期待或依赖不会因上述产品的进口而受到影响。该进口行为不足以导致相关消费者对商品来源的混淆和对商品信任度的破坏，法国大酒库公司的商誉亦未因此受到影响。② 在俞某诉莆田市瑞升公司、晋江市金柏源酒行商标侵权案中，福建省高级人民法院对国内商标权人经过使用和宣传获得的不同于国外商标的商誉进行了保护。本案中，一审法院认为，被告从荷兰进口的1 872箱啤酒，属于通过正规渠道进口的正牌商品，而非假冒商品，报关单及检疫证书上“品名”一栏均使用了“奥丁格啤酒”字样。因此，被告对“奥丁格”文字的使用方式并不会造成相关公众对商品来源的混淆、误

① 李明德. 美国知识产权法. 2版. 北京：法律出版社，2014：549.

② 参见天津市高级人民法院（2013）津高民三终字第0024号民事判决书。

认。福建省高级人民法院二审经审理后认为：上诉人俞某所拥有的“奥丁格”中文商标通过俞某及永盛泰公司的使用及宣传，已经起到了识别商品来源的作用，并具有一定的市场知名度。两被上诉人在被控侵权商品上加贴中文标签时并未尽到合理审慎的义务，将与“奥丁格”商标相同的文字标识作为商品名称进行了不当使用，已经构成对上诉人商标权的侵害，应承担相应的法律责任。[①]

（4）是否改变商品包装等商品的完整性。

该标准认为，如果进口经销商对商品的包装、识别码、质量等级等商品信息进行了改变，破坏了进口商品的完整性，则可能构成对国内商标权的侵害。在瑞典绝对公司诉苏州隆鑫源公司侵害商标权纠纷案中，法院认为瑞典绝对公司指控苏州隆鑫源公司销售的绝对伏特加虽非仿冒品，但苏州隆鑫源公司在商品上擅自加贴了中文标签并且磨毁了产品识别码，该行为侵害了消费者对商品来源及产品信息的知情权，导致消费者对真实商品来源及销售渠道产生疑惑或混淆，并干扰了商标权人控制产品质量的权利，致使商标权人的商标权益受损，该行为构成商标侵权。[②] 在联合多梅克白酒和葡萄酒有限公司、保乐力加（中国）贸易有限公司诉长沙市雨花区百加得酒业商行侵害商标权纠纷案中，被告实施了加贴中文标签和磨去包含生产日期、产地、批次等信息的识别码的行为，法院认为上述行为均构成商标侵权。被告在未取得商标权人许可和授权的情况下，在同类产品上使用含有“百龄坛”字样的中文标签，虽未割裂外文商标或中文商标与原告商品的对应关系，但是违背了商标权人的意愿，客观上损害了商标权人在商标不使用方面的权益。被告磨去产品识别码，在主观上有隐藏商品来源，将其与国内使用外文商标的有着其他生产、销售来源的同类产品相混淆的恶意，实质上给相关公众和商标权人造成了双重损害：一是影响了商标的识别功能，有可能导致相关公众对商品真实来源产生混淆、误认；二是妨碍了商标权人对产品质量的追踪管理，干扰了商标权人控制产品质

① 参见福建省高级人民法院（2014）闽民终字第914号民事判决书。

② 参见江苏省苏州市中级人民法院（2013）苏中知民初字第0175号民事判决书。

量的权利。因此，被告对涉诉产品的“磨码行为”属于商标侵权。[①] 当然，基于行政管理的需要确有必要对商品包装进行改动或者增加相关信息的，应不属于侵害商标权的行为。在一起丹麦最高法院提交欧盟法院裁决的案件中，欧盟法院认为，被告平行进口的药品具有特殊性，各国药品行政管理机关对药品包装和说明有不同要求，被告在药品新包装上标注信息，足以保护商标权人的利益和消费者利益，没有侵犯原告的商标权。[②]

（二）平行进口中商标侵权判断的实质性影响标准

平行进口商品上商标的贴附发生在国外，这种使用状态通过进口行为扩展到国内市场，因此，平行进口商品商标侵权的判断本质上也涉及域外商标使用行为在国内的效力问题。基于本章第一节的分析，笔者认为平行进口中商标侵权的判断同样应当遵循实质性影响的标准，即进口商品的销售是否会对国内商标权人或者国内商标的功能造成实质性影响。混淆误认的标准过于保护消费者的利益，而忽视了商标权人利益的保护；况且平行进口商品基本属于在相同商品上使用了与国内商标权人相同的商标的情形，根据我国商标法的规定并不需要消费者的混淆误认。而实质性差异、商誉受损、商品完整性等标准归根结底都着眼于国内商标权人的利益是否因为平行进口行为而受到实质性影响。这实际上涉及商标侵权判断的形式标准和实质标准问题。商标的最根本价值在于识别功能，保护商标不是为

① 参见湖南省长沙市中级人民法院（2016）湘01民初1463号民事判决书。另在法国米其林集团总公司诉胡某平侵犯商标专用权纠纷案、法国米其林集团总公司诉谈某强、欧某侵犯注册商标专用权案中，法院认为，就原告的利益而言，未经原告许可在我国销售标注原告商标而无安全性保障的轮胎，由此引发的交通事故或其他民事纠纷的法律后果和对产品的否定性评价均会通过标注在产品上的“MICHELIN”系列商标而指向作为商标权人的原告。同时，轮胎产品必须强制认证，无3C标志而标注了“MICHELIN”系列商标的轮胎流入市场，也会损害原告商标的声誉。由于这种产品在我国境内销售属于违法，且可能存在性能和安全隐患，破坏了原告商标保证商品质量和商品提供者信誉的作用，对原告注册商标专用权已造成实际损害，因此被告的销售行为属于侵犯原告注册商标专用权的行为。而改变轮胎的速度级别的行为具有危害性，由于产品上标注了“MICHELIN”商标，相关公众会将该轮胎误认为原告生产的Y级轮胎，对产品的来源产生混淆，同时也危及了商标注册人对于产品质量保证产生的信誉，因此该行为构成商标侵权。参见湖南省长沙市中级人民法院（2009）长中民三初字第0073号民事判决书、（2009）长中民三初字第0072号民事判决书。

② 王莲峰. 外国商标案例译评. 北京：北京大学出版社，2014：184-187.

了保护标识本身，而是为了保护标识在商品流通或商业活动中所发挥的功能，识别功能是基础、是根本，质量保障、广告等功能均是识别功能的延伸。在此种意义上，商标侵权判断的实质或根本标准在于商标功能是否受到侵害。无论是混淆标准，还是淡化标准，落脚点都是商标的功能受到了侵害。当然，商标功能是一个比较模糊的概念，缺乏个案中适用的可操作性，混淆、淡化可以说都是商标功能受损的形式或标准。

在平行进口的语境下，是否产生实质性影响主要可以具体化为平行进口商品在质量、包装等方面是否与国内商品具有同一性，是否存在实质性差异或者变化。如果平行进口的商品与国内商标权人生产销售的商品具有同一性，进口商品的流通就不会导致消费者混淆误认，也不会损害国内商标的质量保证等功能，自然不存在商标侵权。否则，如果国外市场销售的商品与国内市场销售的商品在质量等级等方面存在差异，或者商品的组成成分存在差别，消费者就有可能会认为国内商标权人生产销售商品的质量发生了变化，可能对商标保证商品质量的功能产生不良影响。在国内商品质量优于国外商品质量的情况下，平行进口商品会损害商标的质量保证功能争议不大；但在国外商品质量优于国内商品质量的情况下，商标的功能仍然可能受到损害，因为商标的质量保证功能在于确保带有该商标的商品质量保持同一。如果国外商品的质量优于国内商品的质量，消费者购买国外进口商品后，就会对国内商标权人的商品产生偏见，甚至有可能会认为国内商标权人生产的商品是“假货”进而影响国内商标权人的生产销售。在上述米其林轮胎案件中，法院即坚持了“同一性”标准，由于进口的轮胎和国内生产销售的轮胎在质量等级上存在差异，有可能让消费者产生错误的认知，甚至造成安全隐患，故法院认定即使被控商品确系平行进口，仍然构成侵权。

在美国哥伦比亚特区巡回上诉法院审理的 Lever Bros. v. United States 案中，原告是洗涤用品公司，与英国 Lever 公司具有共同控制关系，它们在其商品上使用相同的商标，其中“Shied”商标用于香皂，“Sunlight”商标用于洗碗液。平行进口商在英国购买英国 Lever 公司生产的香皂和洗碗液后将其进口到美国，原告即要求海关禁止放行该批商品。美国海关根据海关规则的共同控制例外规则拒绝了原告的请求。原告即将此案诉至联邦地区法院，诉称虽然原告和英国 Lever 公司属于关联公司并且使用相同商标，但是由于二者商品的成分不同，进口商品没有满足美国消费者的要求，引起了美国消费者的抱怨。因此，进口的商品属于复制或模仿美国商标的商品，损害了原告的声誉，玷污了原告的商标，违反了《兰哈姆法》第 42 条的规定。在联邦地区法院作出认可海关规则的判决后，该案被上诉到哥伦比亚特区巡回上诉法院。上诉法院认为该案有别于一般的共同控制情况，强调原告的产品与进口的产品存在"实质性差异"。法院认为，进口商品在物理上不同于美国商标所有人制造的产品，由于该进口商品使用了与美国商标相同的商标，这样，在进口商品上使用相同的商标就对商品产生了一种错误的标示。当相同的商标在不同的国家具有不同的含义或标示不同质量的商品时，平行进口商将国外不同的商品进口到美国并在相同商标下销售，就会引起混淆，国外厂商与国内厂商之间的关联关系也不会削减这种混淆的可能性。①

四、正品经销商商标使用的边界

正品经销商为了说明其销售商品可以在一定范围内使用正品的商标，但其使用他人商标的边界如何界定？如果超出合理范围，是构成侵害商标权还是对商标权人的不正当竞争？对于这些问题，司法实践中仍存在一定的分歧。在平行进口贸易中，上述问题尤为突出，需要进一步统一法律适用标准。

首先，如何确定正品销售商使用他人商标的边界。商标法中的指示性使用，是指使用者在经营活动中善意合理地使用他人的商标，客观地说明自己商品的用途、服务范围以及其他特性与他人的商品或服务有关。② 对于正品而言，经销商为了向消费者说明其所销售商品的品牌，有必要在一定范围内使用正品的商标，这也是在平衡商标权人和销售商利益的基础上对商标权的限制。但实践中对于如何合理划定限制的边界，观点并不统

① 尹锋林. 平行进口知识产权法律规则研究. 北京：知识产权出版社，2012：148.

② 李雨峰，刁青山. 商标指示性使用研究. 法律适用，2012（11）：87.

一。例如，关于正品销售商是否可以在店招中使用正品的商标，在原告芬迪爱得乐有限公司（简称“芬迪公司”）与被告上海益朗国际贸易有限公司（简称“益朗公司”）等侵害商标权纠纷案中，对于被告在店招中使用“FENDI”商标的行为，一审法院认为，被告所售商品系从原告经销商处合法取得。被告在店招中标明其出售商品的品牌，只是为了向相关公众传递其出售的商品来源于原告的客观事实，用以指示其提供的商品的真实来源，便于消费者寻找到欲购买的品牌，并保持了正牌商品的品质和样态。被告的这种使用方式并非为了让相关公众产生混淆，属于商标合理使用范围，不会造成相关公众的混淆和误认。二审法院则认为，在涉案店铺上单独使用“FENDI”标识，其实质仍是指示涉案店铺的经营者是芬迪公司，或者与芬迪公司存在商标或字号许可使用等关联关系。而益朗公司仅是涉案“FENDI”正牌商品的销售者，其与芬迪公司不存在任何关联关系，故益朗公司在涉案店招上单独使用“FENDI”标识的行为不属于善意和合理的使用。①

笔者认为，对于正品销售商合理使用正品商标的边界界定应当坚持利益平衡的基本原则，避免正品销售商的过度使用对商标权人造成不利影响或者利益损害。因此，正品销售商使用他人商标应当坚持必要性和适度性原则，即只有在确有必要使用权利人商标且使用在适度范围内时才属于正当的指示性使用，否则就可能对商标权人产生实质性不利影响。例如，在商场的电梯、楼层介绍、宣传册等处适度使用他人商标属于向消费者说明

① 参见上海市浦东新区人民法院（2016）沪0115民初27968号民事判决书；上海知识产权法院（2017）沪73民终23号民事判决书。此外，国内其他法院认定在店招中使用他人商标构成侵权的案件还有：上海益朗国际贸易有限公司昆山分公司与昆山市市场监督管理局、昆山市人民政府行政处罚、行政复议案（江苏省苏州市中级人民法院（2016）苏05行终455号）；普拉达有限公司与新疆沈氏富成国际贸易有限公司商标权权属、侵权纠纷案（新疆维吾尔自治区乌鲁木齐市中级人民法院（2015）乌中民三初字第201号）；上海禧贝文化传播有限公司与北京背篓科技有限公司侵害商标权纠纷案（北京市朝阳区人民法院（2015）朝民（知）初字第46812号）；莱丹品牌股份公司与广州莱丹电气设备有限公司侵害商标权、不正当竞争纠纷案（广东省广州市南沙区人民法院（2015）穗南法知民初字第184号）等。认定在店招中使用他人商标不构成侵权的案件有：普拉达有限公司与天津万顺融合商业管理有限公司侵害商标权纠纷案（天津市滨海新区人民法院（2015）滨民初字第1515号）；普拉达有限公司与重庆润山置业有限公司、重庆润山东方百货有限公司商标侵权纠纷案（重庆市渝北区人民法院（2015）渝北法民初字第11374号）。

商品的必要，但在店招中使用他人商标则超出了必要和适度的范围，因为向消费者传递商品销售的信息没有必要在企业名称或店招中使用正品的商标，毕竟这有可能导致消费者认为销售商和商标权人存在一定的关联关系。因此，正品销售商使用他人商标应当以必要和适度为限。

其次，如何为正品销售商超范围使用的行为定性。销售商使用他人商标超出必要限度，是构成对商标权的侵害，还是构成不正当竞争？是构成对商品商标还是服务商标的侵害？对此实践中的观点亦不统一。有观点认为，销售行为属于提供服务的范畴，超范围使用他人商标可能构成对服务商标的侵害。在原告维多利亚的秘密商店品牌管理公司与被告上海麦司投资管理有限公司侵害商标权纠纷案中，一审法院认为，对于相同的标识，原告同时注册了服务商标和商品商标，而被告虽然没有获得原告的商标授权，但由于被告并非销售假冒商品，指控其侵犯原告商品商标专用权显然并不成立，因此仅需判定被告是否侵犯了原告的服务商标专用权。被告不仅在店铺大门招牌、店内墙面、货柜等处使用“VICTORIA’S SECRET”标识，还在收银台、员工胸牌、VIP卡、时装展览等处使用了“VICTORIA’S SECRET”标识，已经超出了指示所销售商品所必需使用的范围。这使得被告这种超出指示所销售商品所必需使用的范围的标识使用行为具备了标示服务来源的功能，足以使相关公众误认为销售服务系商标权人提供或者与商标权人存在商标许可等关联关系，构成对原告服务商标的侵犯。二审法院亦认为，被告在指示性使用涉案商品商标过程中，应当限于指示商品来源，如超出了指示商品来源所必需使用的范围，则会对相关的服务商标专用权构成侵害。①

也有观点认为，销售商销售的商品确实为正品，故不存在商标侵权的问题，但超范围使用可能构成对商标权人的不正当竞争。在原告法国皮尔法伯护肤化妆品股份有限公司与被告长沙慧吉电子商务有限公司商标侵权案中，法院认为，由于被告销售的“雅漾”商品是正品，故其在网站上使用“雅漾”系列商标的行为客观上起到指示商品来源的作用，该行为不构成对原告注册商标专用权的侵害。但本案中，被告不仅在网站首页及其他

① 参见上海市高级人民法院（2014）沪高民三（知）终字第104号民事判决书。

页面上单独、突出地使用了“雅漾”系列商标，还使用了“雅漾中国官方网站”“雅漾中国商城”“雅漾官网中文”等字样以及与原告官方网站部分相同的商品图片、文字介绍，该使用行为已超出合理范畴，易使相关公众误认为涉案网站系原告经营或与原告存在授权许可关系，故构成不正当竞争行为。①

还有观点认为，超范围使用不属于对商品商标的正当使用，构成对商品商标的侵害。在原告郭某林与被告徐某珂侵害商标权纠纷案中，原告保护的商标为商品商标。法院认为：被告在其经营的网店上以“以纯”服装作为主营商品，同时在其网店首页上的店招处醒目地使用了“以纯男装”的字样，除此以外，再无任何其他说明性文字。该种使用方式容易使进入网店购物的相关公众误认为该网店与商标权人，即原告系同一的销售服务市场主体或者两者之间存在特定商业关系，已超出合理使用的界限。在未经原告许可的情况下，该行为构成对原告注册商标专用权的侵害。②

对于上述法律适用的不统一，笔者认为：第一，正品销售商在店招、装潢、广告宣传等处对商标的使用客观上能够起到识别商品来源的作用，属于商标性使用，应当由商标法进行调整，不存在反不正当竞争法适用的问题。也即如果正品销售商的商标使用在必要合理的限度内，则不构成商标侵权，否则便构成对商标权的侵害，不应再适用反不正当竞争法对超出合理范围的商标使用行为进行规制。第二，至于超范围使用是对商品商标的侵害，还是对服务商标的侵害，鉴于侵权纠纷中商标的使用不限于在商品上使用，还包括在广告宣传中使用，商品销售过程中的使用仍然属于对商品商标的使用，没有必要将销售商的使用纳入服务商标使用的范畴进行规制。一方面，商品销售行为并不属于商品或服务分类表中明确规定的类别，因此很难说这属于服务商标核定的类别；另一方面，即使这属于提供商品的服务，但由于商品和服务本身也可能构成类似，在店招等处使用他人商标也可能因为与商品商标核定使用的类别构成类似而构成对商品商标的侵害。否则，按照上述判决的观点，销售商超范围使用商标属于服务商

① 参见湖南省长沙市中级人民法院（2015）长中民五初字第00280号民事判决书。

② 参见浙江省台州市中级人民法院（2014）浙台知民初字第108号民事判决书。

标使用的范畴，在商标权人未注册服务商标的情况下，其权利将很难获得保护。这对于商标权人明显不利，也是为什么有判决认定构成不正当竞争的原因。但反不正当竞争法和商标法存在明显的边界，不能因为权利人没有注册服务商标而将属于商标法调整的商标使用行为纳入反不正当竞争法调整。否则，不同法律之间的适用将变得毫无逻辑可循。

第三节　出口贸易中的商标使用

在商品出口贸易语境下，由于使用商标的商品并不在国内市场流通，经营者在出口商品上使用商标或者接受国外经营者的委托在商品上贴附商标的行为是否构成商标法意义上的商标使用，是否构成对国内商标权的侵害，一直都是困扰司法实践的难题，不同层级、不同地区法院的判决存在裁判标准不统一的问题。

一、出口行为是否属于商标性使用的争议

对于在出口商品上贴附商标是否属于商标性使用，实践中大体存在两类不同的分析语境：一是国内加工方接受国外经营者的委托加工商品后向委托方交付，实践中通常被称为“涉外定牌加工”；二是外贸型企业生产商品后直接出口销售，不在国内销售（以下称为“自行出口行为”）。虽然二者都涉及商品出口行为，但司法实践对于二者的态度和争议却存在较大的差异。对于自行出口行为，司法实践大多认定其构成侵权；对于涉外定牌加工，则一直存在较大的争议。

（一）涉外定牌加工是否属于商标使用

在商标侵权民事纠纷和商标权撤销行政纠纷中，对于涉外定牌加工中的商标贴附行为是否构成商标使用，存在着肯定说和否定说两种观点。

肯定说认为，商标使用行为是一种客观行为，不应因为使用人的不同

或处于不同的生产、流通环节而作不同的评价。在涉外定牌加工中，作为生产环节的贴牌行为系典型的将商标用于商品上的行为，属于商标使用行为。① 在商标因连续3年未使用而被撤销行政案件中，北京知识产权法院亦认为，诉争商标在中国已实际投入生产经营，产品虽直接出口至国外，未进入中国国内市场流通领域，但其生产行为仍发生在中国。这种行为实质上是在积极使用商标，而非闲置商标。且诉争商标的涉案行为实质上是贴牌加工贸易的体现，是一种对外贸易行为。如果贴牌加工行为不被认定为商标使用行为，贴牌加工贸易生产的产品将无法正常出口，而导致该贸易无法在中国继续。故认定诉争商标的涉案行为属于商标使用行为，也是基于公平原则，符合我国拓展对外贸易政策的要求。② 在再审申请人本田技研工业株式会社与被申请人重庆恒胜鑫泰贸易有限公司、重庆恒胜集团有限公司侵害商标权纠纷案中，最高人民法院认为：被诉侵权行为属于涉外定牌加工。商标法规定的“用于识别商品来源”指的是商标使用人的目的在于识别商品来源，识别商品来源的作用包括可能起到识别商品来源的作用和实际起到识别商品来源的作用。在生产制造或加工的产品上以标注方式或其他方式使用了商标，只要具备了区别商品来源的可能性，就应当认定该使用状态属于商标法意义上的“商标的使用”③。

否定说则以最高人民法院在再审申请人浦江亚环锁业有限公司（简称“亚环公司”）与被申请人莱斯防盗产品国际有限公司侵害商标权纠纷案中的观点为代表，即商标作为区分商品或者服务来源的标识，其基本功能在于其识别性，亚环公司依据储伯公司的授权，使用相关“pretul”标志的行为，在中国境内仅属物理贴附行为，为储伯公司在其享有商标专用权的墨西哥国内使用其商标提供了必要的技术性条件，该商标在中国境内并不具有识别商品来源的功能。因此，亚环公司在委托加工产品上贴附的标志，既不具有区分所加工商品来源的意义，也不能实现识别该商品来源的功能，故其所贴附的标志不具有商标的属性，在产品上贴附标志的行为亦

① 参见浙江省高级人民法院（2014）浙知终字第25号民事判决书。

② 参见北京知识产权法院（2015）京知行初字第5119号行政判决书；此外还可参见北京市高级人民法院（2010）高行终字第265号行政判决书。

③ 参见最高人民法院（2019）最高法民再138号民事判决书。

不能被认定为商标意义上的使用行为。① “商标法意义上的商标使用应是为了实现商标功能，识别商品来源的作用。而商标只有附着于商品进入流通领域，相关公众才能通过该商标来识别商品的来源，因此，通常情况下，只有不特定的相关消费者能够接触到该商标时，才能够产生商标的识别作用，才属于商标意义上的使用。且因为商标具有地域性，上述使用行为应当在该商标注册地所在国的市场范围内，才属于商标法意义上的商标使用。”② 而在上诉人索娜媞国际有限公司提起的商标撤销复审行政案件中，北京市高级人民法院采取了民事侵权案件中否定商标使用的观点，认为注册商标的使用必须是在商业流通领域发挥了商标区分商品或服务来源的识别作用的使用。未在中国境内实际销售而仅供出口的商品上的商标贴附行为，在中国境内并不具有识别商品来源的功能，不能被认定为商标法意义上的商标使用行为。③

（二）自行出口行为是否属于商标使用

对于经营者自行生产商品出口的行为，多数判决认为构成侵权，只是在适用法律和责任承担方面存在差异。在原告广州市晶皇玻璃有限公司诉被告广州君彤玻璃有限公司侵害商标权纠纷案中，法院在认定被告加工生产的行为并非涉外定牌加工的情况下，认为被告加工出口的行为属于销售侵害他人注册商标的商品的行为，应当承担停止侵权、赔偿损失的民事责任。④ 而在北京康尔健野旅游用品有限公司（简称“康尔健野公司”）与福建泉州匹克体育用品有限公司侵害商标权纠纷案中，一审法院认为：康尔健野公司在其生产的涉案背包正面中间位置单独、突出地使用了“PEAK50＋5”标识。该标识很容易为消费者发现和识别，具有较强的识别性，能够使消费者据此识别商品来源，因而康尔健野公司对该标识的使用属于商标性使用。但一审法院考虑到侵权商品已经被扣押，未进行销售，故未支持原告赔偿损失的诉请。二审法院则认为：中国境内的相关消

① 参见最高人民法院（2014）民提字第38号民事判决书。

② 北京市第三中级人民法院（2014）三中民终字第13592号民事判决书。

③ 参见北京市高级人民法院（2016）京行终5003号行政判决书。

④ 参见广东省广州市越秀区人民法院（2014）穗越法知民初字第41号民事判决书。

费者无法在中国境内的市场上接触到侵权商品，实际上亦没有接触到该商品。鉴于商标只有在商品的流通过程中才能发挥其指示来源的功能，在仅以出口为目的而生产的商品上使用的标识，未能使中国境内一定范围的相关公众知晓，不能起到区分商品来源的作用，因此，康尔健野公司依据合同在其出口的背包上使用“PEAK50＋5”标识的行为不属于与商品流通相联系的商标使用行为，不属于我国商标法意义上的商标使用。[①]

二、出口行为应当构成商标性使用

（一）商标性使用应属于客观判断的范畴

否定出口行为构成商标性使用的观点主要是基于商标权的地域性考虑，即由于商品未在国内市场流通，国内消费者无法看到商品上使用的商标，故对于国内消费者而言，商品上使用的商标无法发挥识别商品来源的作用。笔者认为，从商标权具有地域性的角度分析商标使用并得出出口行为并非商标使用的结论具有一定的合理性。因为根据否定说的观点，商标权的地域性意味着商标使用的地域性，如果商品上贴附的商标未在注册商标所在国范围内为消费者感知，对该商标的使用行为自然不能被认定属于该国范围内的商标使用。但是商标权的地域性更多地是指商标权取得和保护等方面具有地域性，商标权必须根据一国的法律规定分别进行注册并获得保护，但这并不意味着在一国构成商标使用的行为到了另一国便不属于商标使用。在此种意义上，商标使用是无国界的，是客观的判断过程。只要商品上贴附的商标能够发挥识别商品来源的功能，就构成商标性使用，不论该商标是在国内还是国外贴附在商品之上。而且商标性使用的判断只要求商标具有识别来源的可能性，而不是实际发挥识别来源功能的现实性。对于出口商品，如果有证据证明出口到国外的商品消费者通过跨境电子商务等渠道在国内可以购买，那么相关在国内销售的行为很有可能构成商标侵权。如果在源头上否定出口行为属于商标性使用，那么后续在国内

① 参见北京市第三中级人民法院（2014）三中民终字第13592号民事判决书。

市场回售的行为可能很难被规制。

否定说的观点实际上混淆了商标使用的地点和消费者混淆误认的地点之间的区别。在国内贸易中，商标使用的地点和消费者混淆误认的地点都在一国范围内，不存在商标权的地域性问题；但在出口贸易中，商标使用发生在国内，消费者混淆误认发生在国外，而商标权的地域性更多地是针对消费者混淆误认而言的，即在一般情况下，对于一国获得注册的商标权，该国的商标法只保护该国的消费者免于混淆误认，而不保护国外消费者免于混淆误认。但不能因为国内消费者不可能发生混淆误认，就否认商品上所贴附商标所具有的识别功能。在出口贸易中，虽然加工的商品没有在国内销售，但仍进入国外的市场流通，加工方在商品上贴附的商标在国外市场流通过程中客观上无疑会发生识别商品来源的作用，贴附商标的行为仍应属于商标法意义上的商标使用。否认涉外定牌加工中贴附商标的行为属于商标使用的观点可能会导致相同行为不同评价，而且不利于出口型企业的商标保护。一方面，在国内委托加工的情况下，受托方生产了侵权商品会被认定为共同侵权，需承担共同侵权的责任，有的甚至会受到刑事追究。若遵循不侵权论的分析思路，即认为在商品进入消费环节后商标才有识别意义，才可被认为是商标使用，那么在法律上及实务中，原来对国内的商标使用行为构成共同侵权的认定恐怕要作重大的调整，刑法规定的多种商标共同犯罪行为也都失去了基础。① 另一方面，很多出口型企业注册的商标都使用在出口的商品上，并不在国内使用，按照上述否定说的观点，这些商标均可能因连续 3 年未使用且无正当理由而被撤销，这明显不利于出口型企业商标权的保护，而且也有违常理。根据《法国知识产权法典》第 L. 714—5 条的规定，将商标贴附于纯用于出口的商品或其包装上，视为商标使用。《德国商标和其他标志保护法》第 26 条第 4 款规定："在本国内将商标附着于商品或者其包装或包裹上，并只用于出口，也应视为该商标在本国内的使用。"

事实上，否定说本质上混淆了是否构成商标使用和是否构成商标侵权，将侵权判断阶段需要考虑的混淆误认因素提前到是否构成商标使用的

① 陈惠珍. 关于涉外贴牌加工商标侵权问题的思考. 人民司法（应用），2013（19）：101.

判断当中，导致产生不正确的结论。正确的逻辑应当是商标使用是商标侵权判断的前提，商标使用只考虑识别来源的可能性，而不考虑混淆误认的可能性，消费者是否混淆误认应作为后续侵权判断的考虑因素；即使出口行为构成商标使用，但由于出口的商品未进入国内市场，国内消费者不可能发生混淆误认，故也不构成商标侵权。

（二）自行出口行为和涉外定牌加工区分的意义

当前司法实践似乎将涉外定牌加工等同于不侵权抗辩的事由或者标签，在案件中首先分析被告的行为是否属于涉外定牌加工，如果不属于则更多地认定其构成商标侵权。笔者认为，就是否构成商标性使用而言，自行出口行为和涉外定牌加工并无本质区别，自行出口商品上贴附商标和涉外定牌加工商品上贴附商标都属于商标性使用行为，不能因为后者是基于国外经营者的委托而认定加工方实施的仅是物理性的贴附，而因为前者是自主实施的贴附而认定其构成商标性使用。“涉外定牌加工是一种由境外委托方与境内受托方就加工特定商品而达成的独立交易行为，贴附商标标志只是其中的一个环节，是否构成侵权也是基于贴附商标标志的行为。此类案件涉及的商标侵权与涉外定牌加工贸易密切相关，但这只是被诉商业标志使用场景的特殊性，判断是否侵犯商标权仍需基于商标标志使用的特性，即涉及构成商标侵权判定的法律事实要素，且最终基于使用商标标志的特性而不是贸易方式，是对具有特殊性的商标标志使用是否构成侵权的定性，而不是因特定贸易方式而产生的商标侵权或者对商标侵权的侵权豁免。”① 在商标侵权纠纷中区分自行出口行为和涉外定牌加工的意义实际上在于商标使用的主体不同。在自行出口情形中，商标使用的主体是出口商或者商品的生产者；在涉外定牌加工中，商标使用的主体并非加工方，而是国外的委托方。因此，在涉外定牌加工中，虽然在加工商品上贴附商标属于商标使用行为，但加工者并非商标使用人，真正的使用人是委托方。在判断涉外定牌加工中加工者是否承担侵权责任时，便应当以加工者是否尽到必要的审查义务为标准，判断其主观上是否尽到注意义务。这一

① 王艳芳. 涉外定牌加工商标侵权问题的穿透性思考. 知识产权，2024（8）：56.

点与国内商标侵权案件中并无实质差异。在国内商标侵权案件中，委托方委托第三方加工侵权商品，加工方只有未尽到注意义务的，才可能与委托方承担共同侵权的民事责任。涉外定牌加工中加工方的责任承担同样如此。国内加工方的加工行为仅是国外委托方行为链条中的一个环节，委托方可能既委托制作商标标识又委托加工商品，此时，商标标识制作者和商品加工者发挥的均是协助的作用。因此，加工方的加工行为是否侵权，应以委托方委托生产销售相关商品是否构成侵权为前提。如果加工方所加工商品的销售行为不侵权，加工行为自然也不应构成侵权。如果相关商品构成侵权，加工方未尽到注意义务的才可能承担侵权责任。

三、出口行为是否构成侵权的判断标准

在出口行为构成商标使用的情况下，如何判断出口商品上使用的商标是否构成对国内商标权的侵害，实际上涉及国内商标法的域外适用问题，不应仅仅因为加工行为发生在国内就径行认定构成侵权。美国法院对《兰哈姆法》的域外适用范围采取了扩张的态度。在该法广泛授予的管辖权中，法院始终将该法适用于从美国出口的货物，而无论是否在美国发生促销、销售或其他此类活动。在美国境内生产和运输货物足以援引《兰哈姆法》而将其适用于在美国境外进行的促销和销售。法院未适用《兰哈姆法》的少数情况是由于出口商拥有外国注册商标权而使得《兰哈姆法》的适用与外国法律发生了潜在的直接冲突。① 笔者认为，在商标法未明确规定出口行为构成侵害商标权的情况下，对于此类案件的裁判仍应采取实质性影响的标准，即出口行为是否对商标权人的利益造成实质性损害。具体可以考虑国内商标权人在国外是否享有商标权、是否在国外具有市场利益，国外委托方是否主观上存在搭便车的侵权故意等因素进行综合判断。在美国法院审理的George W. Luft Co. Inc. v. Zande Cosmetic Co. Inc. 案中，被告将使用商标的商品出口到不同的国家。法院从形式上将这些国家

① Robert Alpert. The export of trademarked goods from the United States: the extraterritorial reach of the Lanham Act. The trademark reporter, 1991 (2): 125 - 149.

分为三类：(1) 双方当事人均在该国开展业务，被告根据当地法律已经确立了有效的商标权；(2) 双方当事人均在该国开展业务，但被告并不享有商标权；(3) 被告在该国开展业务，但并无证据表明原告也在该国开展业务或打算开展业务。法院认为进口国属于第一类国家的，原告无法获得禁令，也不能得到赔偿，被告在该国显然拥有明显优于原告的权利。被告对发生在第三类国家的活动也不承担责任，在这类国家中被告正在营业而原告尚未证明曾经营业或可能营业。只有进口国属于第二类国家的，被告才可能承担责任，在这类国家中双方都在做生意而被告没有确立商标权利。与此同时，被告被允许继续向原告不做生意或双方都在做生意但被告已证明其拥有优越权利的国家出口其商品。①

第一，如果原告在商品进口国也享有有效的商标权，被告出口商品的行为无疑会对原告的利益造成实质性损害，原告可以请求法院禁止被告的出口行为。在山东省医药保健品进出口公司诉中国包装进出口山东公司侵害商标权纠纷案中，原告在香港地区注册登记了“至宝”三鞭酒的商标，而被告向香港地区出口销售“至宝”三鞭酒，青岛市南山区人民法院对该案适用了香港地区的商标法，认定被告侵犯了原告的商标权。② 笔者赞同该案的裁判结果，但需要思考的是在原告同时拥有两地注册商标的情况下，内地法院是否可以直接依据我国商标法判令被告停止侵权、赔偿损失。笔者认为，由于被告向香港地区出口销售被控侵权产品的行为对原告在香港地区的利益造成了实质性影响，法院可以直接依据我国商标法的规定对案件进行裁判。

第二，如果原告和被告在进口国均不拥有有效的注册商标，但原告的产品已经在进口国有较大的市场份额和知名度，被告的行为具有搭便车的故意，那么被告出口销售与原告相同或近似商标的产品就会导致进口国消费者的混淆误认，影响原告的合法权益。笔者认为原告可以在我国提起商标侵权诉讼，禁止被告的出口销售行为。

第三，如果原告在进口国不享有商标权，也没有任何的市场销售，那

① George W. Luft Co. Inc. v. Zande Cosmetic Co. Inc., 142 F. 2d 536, 61 USPQ 424 (CA 2 1944).

② 王雷. 个案中对域外注册商标能否保护的法理研究. 政法论坛，2000 (6)：62.

么被告的出口行为就不会对原告的合法利益造成实质性影响，不应被认定构成对原告商标权的侵害。在再审申请人江苏常佳金峰动力机械有限公司（简称“常佳公司”）与被申请人上海柴油机股份有限公司（简称“上柴公司”）侵害商标权纠纷案中，最高人民法院认为，在常佳公司从事本案所涉贴牌加工业务之时，上柴公司与印度尼西亚 PTADI 公司之间的商标争议已经印度尼西亚最高法院生效判决处理，印度尼西亚 PTADI 公司作为商标权人的资格已经司法程序确认。上柴公司自行使用相同商标生产的相关或同类产品实际上已经无法合法出口至印度尼西亚销售。况且，在 2004—2007 年期间，上柴公司亦是受印度尼西亚被许可方的委托出口“东风及图”商标的相关产品。在此情况下，常佳公司根据印度尼西亚 PTADI 公司授权委托从事涉案定牌加工业务，对于上柴公司在印度尼西亚境内基于涉案商标争取竞争机会和市场利益，并不造成实质性影响。[1]

① 参见最高人民法院（2016）最高法民再 339 号民事判决书。

第五章
我国商标法商标性使用规定的完善建议

尽管我国商标法经过四次修正已经日趋完善，商标使用问题在商标法中的地位和作用也愈加重要，但是与商标使用的制度本质相比，我国商标法还需要作进一步的修改和完善。本书结合前文的研究，特提出如下完善建议。

第一节　商标法立法宗旨的完善

关于商标法的立法宗旨，1982 年《商标法》第 1 条规定："为了加强商标管理，保护商标专用权，促使生产者保证商品质量和维护商标信誉，以保障消费者的利益，促进社会主义商品经济的发展，特制定本法。"2001 年《商标法》将其修正为："为了加强商标管理，保护商标专用权，促使生产、经营者保证商品和服务质量，维护商标信誉，以保障消费者和生产、经营者的利益，促进社会主义市场经济的发展，特制定本法。"2013 年、2019 年商标法对立法宗旨未予修正。

一、"加强商标管理"与商标法的私法属性不符

商标法将"加强商标管理"作为其立法宗旨，而且将这一宗旨作为"保护商标专用权"之前的首要宗旨，过于强化商标法的行政管理色彩，而未体现商标法的私法属性。相比之下，我国著作权法、专利法虽然也存在对作品、专利进行管理的问题，但均未在立法宗旨中提及加强作品或者

专利管理的问题。[①] 而规定了立法宗旨的其他国家的商标法基本没有将商标管理作为其立法宗旨。例如，日本《商标法》第 1 条规定："本法的宗旨是通过保护商标，维护商标使用人在业务上的信誉，促进产业发展并保护消费者利益。"韩国《商标法》亦规定："本法的宗旨，在于通过保护商标以维护商标使用者的商誉，从而促进产业发展并保护消费者利益。"我国有学者曾指出："鉴于商标权人制止商标侵权行为的积极性远比行使管理职权的政府部门高得多，各国商标法都规定由打击制止假冒最具积极性的商标权人提起商标侵权之诉，最终达到维护消费者利益的目的。虽然工商行政管理机关也可依职权主动查处和制止商标侵权行为，在保护商标权人利益的同时维护社会公共利益，但也没有必要将'加强商标管理'提升到《商标法》首要价值的地位，就像《合同法》《物权法》《反不正当竞争法》等，都涉及到社会秩序的管理，但都没有必要将加强管理作为法律的首要价值目标一样。"[②] 因此，虽然商标需要通过注册、使用等进行一定的管理，但对商标的管理不是目的，仅仅是保护商标权人合法权益的手段。作为私法统领的《民法典》，其立法宗旨为："为了保护民事主体的合法权益，调整民事关系，维护社会和经济秩序，适应中国特色社会主义发展要求，弘扬社会主义核心价值观，根据宪法，制定本法。"因此，作为特殊规定的商标法，其立法宗旨总体上也应与《民法典》的立法宗旨保持一致，即应当弱化商标法行政管理的色彩，而将保护民事主体的商标权益作为商标法的立法宗旨之一，充分体现商标法为私法、商标权为私权的本质属性。"对《商标法》的修订，不仅要根据当前面临的问题，改进具体的规则和条文，而且有必要从整体上思考商标法的民事立法导向，突出商标权的私权保护目标。"[③]

---

① 我国《著作权法》第 1 条规定："为保护文学、艺术和科学作品作者的著作权，以及与著作权有关的权益，鼓励有益于社会主义精神文明、物质文明建设的作品的创作和传播，促进社会主义文化和科学事业的发展与繁荣，根据宪法制定本法。"《专利法》第 1 条规定："为了保护专利权人的合法权益，鼓励发明创造，推动发明创造的应用，提高创新能力，促进科学技术进步和经济社会发展，制定本法。"

② 邓宏光. 论商标法的价值定位：兼论我国《商标法》第 1 条的修改. 法学论坛，2007（6）：93.

③ 金海军. 从私权视角论我国《商标法》的结构与重构. 知识产权，2024（3）：4.

二、将调整商标注册和使用关系作为商标法的宗旨

在"加强商标管理"立法宗旨的引领下，现行商标法的规定过于强调"保证商品和服务质量，维护商标信誉"，忽视了商标使用这一商标法调整的基本法律关系。商标使用作为商标法中的重要制度应当在商标法的立法宗旨中得到体现。而对商品和服务质量、商标信誉的强调仍然体现的是管理的色彩，事实上，商品和服务质量的高低并不属于商标法应当调整的范畴，而是商标权人自主决定的事项。虽然商品和服务质量的高低与商标的信誉具有直接的关系，而且质量高的商品和服务确实有利于消费者，但是商品和服务的质量不应由商标法来促进，而只能由市场和消费者进行选择。商标的功能只是确保商品和服务质量的同一性，而不是确保经营者提供高质量的商品和服务。"相对于《商标法》来说，《产品质量法》和《消费者权益保护法》对生产者、消费者质量保证义务的规定更科学合理、更具有可操作性。如果商品不符合相关质量标准，工商行政管理机关不是依据《商标法》规定的质量保证条款，而是依据《产品质量法》和《消费者权益保护法》进行处罚。《商标法》中有关质量保证的条款在实践中毫无作用。"① 因此，商标法应当关注的是商标是否使用、如何使用以及不当使用等问题。《俄罗斯联邦商标、服务商标和商品原产地名称法》即规定："本法调整因商标、服务商标和商品原产地名称的法律保护与使用而产生的关系。"

因此，笔者认为我国商标法的立法宗旨应当考虑商标法的私法本质以及商标使用在商标法中的重要性，可以将现有规定修改完善为：为了保护商标权人的合法权益，调整商标注册和使用关系，维护商标信誉，以保障消费者和生产、经营者的利益，促进社会主义市场经济的发展，特制定本法。

① 邓宏光. 从商标法立法宗旨谈商标法的完善. 知识产权，2005（5）：56.

第二节　商标使用界定的完善

我国《商标法》第 48 条规定："本法所称商标的使用，是指将商标用于商品、商品包装或者容器以及商品交易文书上，或者将商标用于广告宣传、展览以及其他商业活动中，用于识别商品来源的行为。"结合前文对商标使用内涵和外延的分析，上述关于商标使用的界定仍有进一步完善的空间。

一、增加以商品行销为目的

现有规定更多地是从商标使用行为的客观表现和行为效果两个方面进行界定，缺乏对商标使用主观方面的规定，不利于准确界定商标权的权利范围。社会生活中符合现行商标法字面规定的商标使用行为可以分为以下两种情况：一是为了行销商品或服务而实施的商标使用，这是最为常见的商标使用；二是为了自用而实施的商标使用，典型的如为了彰显或者炫耀自己的身份或者地位，将购买的其他品牌汽车的商标替换为奔驰、宝马等相对较为高端的汽车品牌的商标，但仅仅用于上下班使用。此种行为从表面上看符合我国《商标法》第 48 条的规定，即将奔驰、宝马等商标使用在汽车上，用于表明使用人驾驶的汽车来源于相关商标的商标权人。但如果将此种行为认定构成商标侵权，似乎不符合所有权属于绝对权的基本理念，也有违基本的常理。消费者购买了商品后便获得了该商品的所有权，所有权人如何使用、处分该商品似乎不属于商标权人控制的范围。因此，商标法所调整的商标使用行为主观上应当是以商品行销为目的，不包括为自己消费使用而实施的商标使用行为。这也是为什么《商标法》第 57 条第 5 项有关反向假冒的规定要求"未经商标注册人同意，更换其注册商标并将该更换商标的商品又投入市场"的原因。因为只有出于在市场中销售商品的目的而使用或不使用他人的商标，才可能涉及商标权以及消费者的保护，进而对市场竞争秩序产生影响。

二、增加在商品流通过程中的限定

商标使用既可以指将标志贴附在商品、商品容器或包装等载体上的行为，也可以指贴附该标志的商品在市场中流通的状态。例如在商品生产者将商标使用在商品上并投放市场后，市场中销售的商品上仍然使用权利人的商标，这也属于生产商的商标使用行为。甚至在商品被消费者购买进而退出市场流通后，只要商品上的商标未被去除，上述商标使用的状态会一直持续，而且能够持续发挥商标识别商品来源的作用。如果商标法不对商标使用的过程或者状态加以限制，商标权的权利控制范围便可能延伸到商品销售后的状态，不当侵害或者压缩消费者本应享有的专有利益和自主空间，也容易引起诸如侵权商品使用人是否承担商标侵权责任等不必要的纠纷。因此，为了提高商标法的确定性和商标权利边界的清晰度，有必要将商标使用的场景限定在市场流通中，而不包括退出流通后的商标使用行为。

三、增加可感知的要求

商标法所要求或者追求的商标使用关键在于客观上能够为相关消费者所感知，唯有如此，商标才能在消费者的心理上不断地建立和积累认知和联想，才可能发挥识别商品或服务来源的作用。有些行为虽然也符合商标法字面上的规定，但由于消费者根本无法凭借商品上贴附的商标识别来源或者认牌购物，不可能实现商标法的立法宗旨，商标法并无必要对此类行为进行保护或者规制。例如，虽然确实存在在商品上使用商标的行为，但这些商品只用于企业内部，并不在市场上公开销售；虽然商品对外公开销售，但使用的商标是在包装内部，消费者根本无法看到；等等。

四、明确商标使用外延的类型化

商标权取得、维持、民事和刑事保护中都涉及对商标使用的认定，不同语境下的商标使用的外延应当与特定制度的功能相适应。现行商标法不加区分地对商标使用的外延作一体化的规定，不利于商标权维持等制度价值的实现。因此，应当对商标使用的外延进行类型化的界定。例如，为了防止权利人规避商标连续使用的要求，商标法应当对商标权维持或者 3 年不使用中的商标使用进行严格限定，仅包括在商品、商品包装或容器上使用商标的行为；为了防止刑事犯罪的扩大化，同样应当将假冒注册商标罪中的商标使用限定于在相同商品、商品包装或容器上使用相同商标的行为。只有在侵权诉讼中才将构成侵权的商标使用行为界定为“将商标用于商品、商品包装或者容器以及商品交易文书上，或者将商标用于广告宣传、展览以及其他商业活动中”。

因此，商标法可以将商标使用规定为：以商品行销为目的，以消费者可感知的方式使用标志，用于在市场流通中识别商品来源的行为。商标权取得、维持以及假冒注册商标罪中的商标使用包括将标志使用在商品、商品包装或者容器上；侵害商标权中的商标使用包括将标志用于商品、商品包装或者容器以及商品交易文书上，或者将标志用于广告宣传、展览以及其他商业活动中。

第三节　商标不使用法律后果的完善

我国《商标法》第 49 条第 2 款规定：“注册商标成为其核定使用的商品的通用名称或者没有正当理由连续三年不使用的，任何单位或者个人可以向商标局申请撤销该注册商标……”第 50 条规定：“注册商标被撤销、被宣告无效或者期满不再续展的，自撤销、宣告无效或者注销之日起一年内，商标局对与该商标相同或者近似的商标注册申请，不予核准。”上述规定可以称为我国商标法关于商标不使用法律后果以及商誉冷却期的规定。

一、应将3年不使用撤销修改为注销

3年不使用“撤销”的规定总体上体现的仍然是行政管理的色彩，未将商标权作为民事权利看待。对于民事权利，例如物权，权利人可以行使，也可以不行使，甚至可以主动放弃。物权法中不可能规定对于一辆长期不使用的汽车，相关部门可以直接没收，但可以推定物权人放弃了对该汽车的所有权。现在生活中存在很多“僵尸车”，相关部门出于对物权的尊重大多不敢直接予以处理。事实上对于放置在公共场所长期不使用的私人物品，可以推定权利人已经放弃了相关权利，但不能直接通过行政管理的方式予以没收。商标权存在同样的问题，在商标注册登记簿中存在大量的长期不使用的商标，浪费了宝贵的商业标识资源，商标法完全可以通过推定放弃的机制将大量注而不用的标识释放回公共领域。但这种行为不能被称为商标注册管理部门行使职权的撤销行为，而应是对商标权利人放弃权利的确认。即商标权的注销包括权利人主动申请注销和商标注册管理部门基于商标长期不使用而进行的注销。

相应地，商标不使用导致的注销程序也应有别于违反商标注册管理规定导致的撤销程序。笔者认为可以借鉴《德国商标和其他标志保护法》第53、55条的规定，将商标不使用注销程序作如下规定：注册商标连续3年未使用的，任何人可以针对注册商标所有人或者权利继受人向法院提起确认商标权放弃诉讼。有管辖权的法院如果认定商标连续3年没有得到实际使用，可以根据利害关系人的请求，作出可执行的裁决，注销商标注册。申请人也可以向商标局提出注销他人注册商标的请求。商标局应当将该请求转送给注册商标权人，要求注册商标权人在3个月内提交答辩意见。如果注册商标权人在规定期限内未提交答辩意见或者对注销请求未提出异议，商标局可以直接注销商标；如果注册商标权人提出异议，商标局应当通知请求人向法院提起诉讼。

二、增加重新使用期限的规定

在他人以注册商标连续3年未使用为由申请注销商标时，如果商标权人已经将商标实际使用，那么该商标是否仍应予以注销？我国商标法未予明确，理论上也存在争议。笔者认为，3年不使用注销商标制度本身不是商标法的目的，该制度的目的主要是督促商标权人对商标进行实际使用。因此，如果在申请人提出申请时，商标已经投入了使用，说明商标权人不具有放弃的意图，或者曾经存在放弃的意图，但又有了重新使用的意图，这都是商标法应当支持和鼓励的行为，故在一般情况下该商标不应再被注销。但是如果商标权人是在得知他人可能会提起注销申请后进行临时使用或者突击使用，则商标权人主观上并不是为了真诚地使用商标。在此种情况下商标权人进行的临时使用或突击使用不应受到保护，相关商标仍应予以注销。因此，商标法可以规定3个月的期限，商标权人在申请日前3个月内实施的使用行为，仍然不应构成阻却商标被注销的事由。

三、区分重新申请商标的冷却期

一些商标虽然已经被注销或者撤销，但可能仍存在商誉，消费者对它们仍然存在认知。为了防止重新注册该商标而可能产生的消费者混淆误认，各国商标法中都有商标注册“冷却期”的规定，即在一定期限内其他人不能提出相同或近似商标的申请。但冷却期的规定只涉及在注销或撤销前已经实际使用的商标，对于商标注册后从未使用的商标，冷却期制度便失去了必要性。因为该商标从未实际投入使用，消费者根本无法建立对该商标的认知，市场中也不存在关于该商标的任何商誉，其他竞争者的使用不会导致消费者的混淆误认。在此种情况下，其他竞争者在商标注销后可以直接申请注册相同或近似的商标，没有必要等待一年以后才能申请注册。

因此，关于商标不使用撤销的法律后果，商标法可以修正为：注册商标没有正当理由连续3年不使用的，可以推定构成商标权的放弃，任何单位或者个人可以向商标局申请注销该注册商标；商标权人在注销申请提出前3个月内进行的商标使用，不构成商标权放弃的阻却事由；注册商标因不使用被注销的，注销之日起一年内，商标局对与该商标相同或者近似的商标注册申请，不予核准，但注册商标自始未使用的除外。

第四节　侵权诉讼中商标使用规定的完善

我国商标法关于侵权诉讼中商标使用的规定总体上能够满足商标权保护的需要，但在商标反向假冒侵权以及3年不使用商标的法律保护方面仍有进一步完善的空间。

一、完善商标反向假冒侵权的规定

根据我国《商标法》第57条第5项的规定，未经商标注册人同意，更换其注册商标并将该更换商标的商品又投入市场的，构成侵犯注册商标专用权。理论及司法实践通常将该规定称为商标反向假冒侵权。实践中，一方面，竞争者可以通过更换注册商标的方式，借他人的商品来积累自身商标的声誉，这可以称为损人利己；另一方面，竞争者也可以为了防止商标权人推出新的品牌，将商标权人的注册商标撤下，不使用任何商标进行商品销售，这可以称为损人不利己。现行规定只涉及第一种情况，并不涉及更为恶劣的“损人不利己”的行为，影响了对商标权的周延保护。事实上，反向假冒侵权的本质在于应当使用而未使用他人注册商标，导致权利人使用商标的正当权益受到损害，这与擅自使用他人商标的行为构成商标侵权的两个层面。因此，商标法的相关规定可以修改为：未经商标注册人同意，应当使用而未使用他人商标的，构成侵犯注册商标专用权。

二、明确连续3年未使用的商标不受保护

我国《商标法》第64条第1款规定："注册商标专用权人请求赔偿，被控侵权人以注册商标专用权人未使用注册商标提出抗辩的，人民法院可以要求注册商标专用权人提供此前三年内实际使用该注册商标的证据。注册商标专用权人不能证明此前三年内实际使用过该注册商标，也不能证明因侵权行为受到其他损失的，被控侵权人不承担赔偿责任。"该规定虽然在一定程度上突出了商标使用在商标权保护中应当发挥的作用，相较于之前的商标法有了较大的进步，但仍然有待进一步完善。

首先，现有规定认为未经许可使用3年未使用的商标的，使用人不承担赔偿责任，但应承担停止侵权的民事责任。其背后的逻辑在于3年未使用的注册商标只要尚未被注销就仍然是有效的注册商标，仍然应当受到保护。但该逻辑前提将导致很多不公平、不公正的后果。一方面，裁判的结果将取决于被控侵权人是否向商标管理部门提出商标注销申请。如果被控侵权人提出了注销申请，鉴于该商标连续3年未使用，商标必定会被注销，因此对于已经被注销的商标，被控侵权人不仅无须承担赔偿损失的责任，也无须停止侵权；但是如果被控侵权人未申请商标注销，根据现有规定，法院仍然会判决被控侵权人停止侵权。这就会导致基于相同的事实，案件的裁判结果取决于被控侵权人是否提出注销申请，这明显有违公平、公正。有学者将二者之间的矛盾表述为："一方面认为其可被撤销，另一方面在其符合被撤销的条件下，又认为其可以作为提起商标侵权诉讼的基础。"① 案件的裁判应当以案件事实为依据，不能将案件的裁判依托于被控侵权人在案件以外程序中的作为或者不作为。

其次，现行规定的理论基础不明。3年不使用的商标包括自始未使用的商标和中断使用的商标两种情况。前者不具有知名度和商誉，但后者可能仍具有知名度和商誉。擅自使用仍有知名度的商标，侵权人是否应当承担赔偿损失的民事责任？根据赔偿损失的市场份额说，由于商标权人已经

---

① 孙国瑞，董朝燕. 论商标权人的商标使用义务. 电子知识产权，2020（4）：11.

停止使用商标，市场上没有商标权人的商品在销售，侵权人的擅自使用行为不会对商标权人的市场份额造成影响，故不应承担赔偿责任；而根据商誉受损说，虽然商标权人已经停止使用商标，但商标仍然具有商誉，侵权人的擅自使用行为仍然会对商标权人的商誉造成损害，故应当承担赔偿责任。之所以会产生上述争议，是因为对3年不使用商标的法律性质和后果认识不清。根据本书第三章的相关分析，注册商标连续3年不使用的后果在于推定权利人放弃了相关权利。既然已经构成权利放弃，对于他人擅自使用的行为自然就不应再主张相应的权利。即使他人的擅自使用行为客观上可能产生市场混淆，相关权利人也只能请求使用人附加区别性标识，而不能要求使用人承担停止侵权、赔偿损失的民事责任。

因此，对于尚未被注销的连续3年未使用的商标，在侵权诉讼中商标法的相关规定应当作如下修改：被控侵权人以注册商标专用权人未使用注册商标提出抗辩的，人民法院应当要求注册商标专用权人提供此前3年内实际使用该注册商标的证据。注册商标专用权人不能证明此前3年内实际使用过该注册商标，也不能证明有正当理由的，被控侵权人不承担侵权责任。但被控侵权人的使用容易导致混淆的，注册商标专用权人可以要求其附加区别性标识。《德国商标和其他标志保护法》第25条第1款规定："如果在请求提出之前5年内，该商标没有根据第26条使用于作为赖以提出这些请求理由的商品或服务上，只要该商标在此日期前已至少注册5年，则注册商标所有权人应无权对第三方提出任何第14、18和19条所述的请求。"

结　　语

商标性使用是贯穿商标权取得、维持和保护的重要概念，是使商标权取得和维持具有正当性的基础，也是商标权保护范围的边界。在体系化视角下，商标法主要调整民事主体因商标使用行为而产生的法律关系，非商标使用行为产生的法律关系应当由反不正当竞争法、侵权责任法等其他法律调整。在商标权取得、维持以及民事、刑事保护的不同语境下，商标性使用具有相同的内涵，但外延有所区别。就内涵而言，商标法中的商标性使用应当是指以商品行销为目的，以消费者可感知的方式使用标志，用于在市场流通中识别商品来源的行为。商标权取得和维持中的商标性使用主要是确保商标权人将标志实际使用于商品上，进而帮助消费者认牌购物，故商标性使用的外延应当限于将标志使用在商品、商品包装或容器上的行为。商标权的民事保护是为了禁止他人擅自使用注册商标，影响消费者的认牌购物，故商标性使用的外延应当相对宽泛，包括在商品、商品包装或容器、交易文书、广告宣传等上的商标使用行为。商标权的刑事保护则主要规制较为严重的民事侵权行为，其商标性使用的外延应限于在与注册商标核定商品相同的商品、包装或容器上使用相同商标的行为。

在国际贸易语境下，商标性使用出现了不同于国内商标性使用的特殊法律问题，主要表现为商标权的地域性和商标使用无国界性之间的冲突。商标权的地域性不同于商标使用的地域性，商标权只能在一国范围内取得并不意味着其只能调整在登记注册国范围内的商标使用行为。如果发生在国外的商标使用行为对国内消费者或者商标权人的利益产生了实质性影响，商标权人可以依据国内商标法寻求保护或救济。由此反思我国关于侵害商标权的判断标准，无论是混淆标准还是淡化标准，都无法适用于对国际贸易中商标使用行为是否侵害商标权的判断，导致对平行进口、涉外定牌加工等商标使用行为是否构成侵权，一直无法形成较为统一的标准。事实上，混淆标准、淡化标准等都是在特定情形下判断商标使用行为是否构成侵权的具体或形式标准，判断商标使用行为是否侵害商标权的实质或根本标准在于商标权是否受到实质性影响。

当然，对于商标性使用在具体制度中的理解和运用还涉及许多问题，有待进一步深入研究。例如，商标不使用的法律后果、商标注册和使用对商标权取得的影响、国际贸易中侵害商标权行为的管辖和法律适用等问题，在理论上和实践中都存在较大的争议，需要进一步加以专门研究。囿于笔者时间和学识有限，本书的分析和探讨也仅仅完成了对商标性使用问题的整体勾勒，很多观点都是笔者个人的思考，不一定正确。希望未来有更多的研究能够对其中的具体问题加以深化和系统化，进一步完善我国商标法理论，更好地指导商标法实践，推动商标法律制度不断走向完善。

参考文献

一、中文专著类

1. 柏浪涛. 侵犯知识产权罪研究. 北京：知识产权出版社，2011.

2. 北京市第一中级人民法院知识产权庭. 商标确权行政审判疑难问题研究. 北京：知识产权出版社，2008.

3. 北京市高级人民法院知识产权庭. 北京法院商标疑难案件法官讲评. 北京：法律出版社，2011.

4. 崔建远. 合同法总论：上卷. 北京：中国人民大学出版社，2008.

5. 崔立红. 商标权及其私益之扩张. 济南：山东人民出版社，2003.

6. 杜颖. 社会进步与商标观念：商标法律制度的过去、现在和未来. 北京：北京大学出版社，2012.

7. 冯晓青. 知识产权法利益平衡理论. 北京：中国政法大学出版社，2006.

8. 何永坚. 新商标法条文解读与适用指南. 北京：法律出版社，2013.

9. 黄海峰. 知识产权的话语与现实：版权、专利与商标史论. 武汉：华中科技大学出版社，2011.

10. 黄铭杰. 商标使用规范之现在与未来. 台北：元照出版公司，2015.

11. 姜伟. 知识产权刑事保护研究. 北京：法律出版社，2004.

12. 孔祥俊. 商标法适用的基本问题. 北京：中国法制出版社，2012.

13. 孔祥俊. 商标与不正当竞争法：原理和判例. 北京：法律出版社，2009.

14. 李明德. 美国知识产权法. 2 版. 北京：法律出版社，2014.

15. 李扬. 商标法基本原理. 北京：法律出版社，2018.

16. 李雨峰. 侵害商标权判定标准研究. 北京：知识产权出版社，2016.

17. 刘铁光. 商标法基本范畴的界定及其制度的体系化解释与改造. 北京：法律出版社，2017.

18. 刘维. 商标权的救济基础研究. 北京：法律出版社，2016.

19. 刘宪权，吴允锋. 侵犯知识产权犯罪理论与实务. 北京：北京大学出版社，2007.

20. 罗晓霞. 竞争政策视野下商标法理论研究：关系、协调及制度构建. 北京：中国政法大学出版社，2013.

21. 洛克. 政府论：下篇. 叶启芳，瞿菊农，译. 北京：商务印书馆，1964.

22. 马克昌. 刑法学全书. 上海：上海科学技术文献出版社，1993.

23. 十二国商标法. 中国人民大学知识产权教学与研究中心，中国人民大学知识产权学院《十二国商标法》翻译组，译. 北京：清华大学出版社，2013.

24. 史尚宽. 民法总论. 北京：中国政法大学出版社，2000.

25. 王芳. TRIPS 协定下注册商标的使用要求. 北京：知识产权出版社，2016.

26. 王利明. 中国民法案例与学理研究：债权篇（修订本）. 北京：法律出版社，2003.

27. 王莲峰. 商标法案例教程. 北京：清华大学出版社，2008.

28. 王莲峰. 外国商标案例译评. 北京：北京大学出版社，2014.

29. 王迁. 知识产权法教程. 3 版. 北京：中国人民大学出版社，2011.

30. 王太平. 商标法：原理与案例. 北京：北京大学出版社，2015.

31. 文学. 商标使用与商标保护研究. 北京：法律出版社，2008.

32. 徐升权. 商标法：原理、规范与现实回应. 北京：知识产权出版社，2016.

33. 严桂珍. 平行进口法律规制研究. 北京：北京大学出版社，2009.

34. 尹锋林. 平行进口知识产权法律规则研究. 北京：知识产权出版社，2012.

35. 张惠彬. 商标财产化研究. 北京：知识产权出版社，2017.

36. 张今，郭斯伦. 电子商务中的商标使用及侵权责任研究. 北京：知识产权出版社，2014.

37. 赵秉志. 刑法各论问题研究. 北京：中国法制出版社，1996.

38. 赵秉志. 中国知识产权的刑事法保护及对欧盟经验的借鉴. 北京：法律出版社，2006.

39. 赵建蕊. 商标使用在 TRIPs 中的体现及在网络环境下的新发展. 北京：中国政法大学出版社，2014.

40. 郑成思. WTO 知识产权协议逐条讲解. 北京：中国方正出版社，2001.

41. 郑其斌. 论商标权的本质. 北京：人民法院出版社，2009.

二、中文论文类

1. 常鹏翱. 物权公示效力的再解读. 华东政法学院学报，2006（4）：128－134.

2. 陈惠珍. 关于涉外贴牌加工商标侵权问题的思考. 人民司法（应用），2013（19）：100－102.

3. 陈曦. 注册商标连续三年不使用撤销案件中在核定商品上使用的判断. 中华商标，2018（7）：44－49.

4. 邓宏光. 从商标法立法宗旨谈商标法的完善. 知识产权，2005（5）：53－56.

5. 邓宏光. 论商标法的价值定位：兼论我国《商标法》第 1 条的修改. 法学论坛，2007（6）：88－94.

6. 邓宏光. 为商标被动使用行为正名. 知识产权，2011（7）：11－18.

7. 邓宏光，易健雄. 竞价排名的关键词何以侵害商标权：兼评我国竞价排名商标侵权案. 电子知识产权，2008（8）：55－57.

8. 杜志浩. 商标权客体"联系说"之证成：兼评"非诚勿扰"商标纠纷案. 政治与法律，2016（5）：86－95.

9. 冯晓青. 商标法与保护消费者利益. 中华商标，2007（3）：23－25.

10. 冯晓青. 知识产权法的公共领域理论. 知识产权，2007（3）：3－11.

11. 付继存. 形式主义视角下我国商标注册制度价值研究. 知识产权，2011（5）：75－80.

12. 高圣平. 产品责任中生产者和销售者之间的不真正连带责任：以《侵权责任法》第五章为分析对象. 法学论坛，2012（2）：16－22.

13. 郭修申. 以“实际使用”为核心构建商标保护制度. 中华商标，2009（10）：33－38.

14. 何怀文.“商标性使用”的法律效力. 浙江大学学报（人文社会科学版），2014（2）：165－176.

15. 何渊，陆萍，凌宗亮. 商标侵权案中生产商和销售商的责任承担. 中华商标，2013（3）：82－86.

16. 黄汇. 版权法上的公共领域研究. 现代法学，2008（3）：46－55.

17. 黄汇. 商标撤销制度中“使用”界定基本范畴研究：运用比较研究、逻辑推理和实证分析的方法. 知识产权，2013（6）：3－13.

18. 黄汇. 商标权正当性自然法维度的解读：兼对中国《商标法》传统理论的澄清与反思. 政法论坛，2014（5）：133－141.

19. 黄汇. 售前混淆之批判和售后混淆之证成：兼谈我国《商标法》的第三次修改. 电子知识产权，2008（6）：11－13.

20. 黄汇，徐真. 商标法公共领域的体系化解读及其功能实现. 法学评论，2022（5）：117.

21. 黄璞琳. 新《反不正当竞争法》与《商标法》在仿冒混淆方面的衔接问题浅析. 中华商标，2018（2）：43－47.

22. 黄祥青. 侵犯知识产权犯罪司法认定的几个问题. 法学，2006（7）：145－152.

23. 霍文良，张天兴. 侵犯商标权犯罪的司法认定. 知识产权，2014（6）：29－34.

24. 金海军. 从私权视角论我国《商标法》的结构与重构. 知识产权，2024（3）：4.

25. 李琛. 商标权救济与符号圈地. 河南社会科学，2006（1）：65－68.

26. 李明德. 中日驰名商标保护比较研究. 环球法律评论，2007（5）：78－95.

27. 李士林. 商标使用：商标侵权先决条件的检视与设定. 法律科学，2016（5）：145－155.

28. 李扬. 商标在先使用抗辩研究. 知识产权，2016（10）：3－16.

29. 李扬. 再评洛克财产权劳动理论：兼与易继明博士商榷. 现代法

学，2004（1）：171－177.

30. 李扬. 注册商标不使用撤销制度中的“商标使用”界定：中国与日本相关立法、司法之比较. 法学，2009（10）：96－109.

31. 李雨峰，曹世海. 商标权注册取得制度的改造：兼论我国《商标法》的第三次修改. 现代法学，2014（3）：67－72.

32. 李雨峰，刁青山. 商标指示性使用研究. 法律适用，2012（11）：87－90.

33. 凌宗亮. 论立体商标的非功能性：兼谈我国《商标法》第12条的完善. 电子知识产权，2010（3）：19－27.

34. 凌宗亮. 论商标权效力存续的时空边界. 上海政法学院学报（法治论丛），2016（3）：81－89.

35. 凌宗亮. 商标性使用在侵权诉讼中的作用及其认定. 电子知识产权，2017（9）：74－82.

36. 刘春林. 商标三年不使用抗辩制度研究. 中华商标，2014（10）：33－37.

37. 刘春田. 民法原则与商标立法. 知识产权，2010（1）：3－10.

38. 刘春田. 商标法代表了我国民事立法的方向. 中华商标，2002（8）：7－8.

39. 刘丽娟. 论知识产权法与反不正当竞争法的适用关系. 知识产权，2012（1）：27－35.

40. 刘铁光.《商标法》中“商标使用”制度体系的解释、检讨与改造. 法学，2017（5）：76－87.

41. 刘铁光，吴玉宝.“商标使用”的类型化及其构成标准的多元化. 知识产权，2015（11）：45－52.

42. 倪朱亮. 商标在先使用制度的体系化研究：以“影响力”为逻辑主线. 浙江工商大学学报，2015（5）：74－83.

43. 彭诚信. 现代权利视域中利益理论的更新与发展. 东方法学，2018（1）：100－116.

44. 彭学龙. 商标法基本范畴的符号学分析. 法学研究，2007（1）：17－31.

45. 彭学龙. 商标法基本范畴的心理学分析. 法学研究，2008（2）：40－54.

46. 齐毅保. 论物权公示的性质和制度价值. 中外法学，1997（3）：47－51.

47. 钱玉文. 论商标法与反不正当竞争法的适用选择. 知识产权，2015（9）：93－100.

48. 阮开欣. 论跨国侵犯知识产权的法律适用—以涉外定牌加工问题为出发点. 上海交通大学学报（哲学社会科学版），2018（4）：70.

49. 孙国瑞，董朝燕. 论商标权人的商标使用义务. 电子知识产权，2020（4）：11.

50. 田晓玲. 注册商标三年不使用撤销制度研究. 学术论坛，2010（3）：172－177.

51. 佟姝. 商标先用权抗辩制度若干问题研究：以最高人民法院公布的部分典型案例为研究范本. 法律适用，2016（9）：64－69.

52. 汪泽. 论商标权的正当性. 科技与法律，2005（2）：68－72.

53. 王春燕. 商标保护法律框架的比较研究. 法商研究，2001（4）：11－22.

54. 王东勇，仪军. 抢注未注册商标之“在先使用”的司法认定：评“索爱”商标案. 电子知识产权，2011（7）：63－67.

55. 王雷. 个案中对域外注册商标能否保护的法理研究. 政法论坛，2000（6）：60－67.

56. 王太平. 从“无印良品”案到“PRETUL”案：涉外定牌加工的法律性质. 法学评论，2017（6）：176－187.

57. 王太平. 论商标法中消费者的地位. 知识产权，2011（5）：41－47.

58. 王太平. 论商标使用在商标侵权构成中的地位. 法学，2017（8）：112－122.

59. 王太平. 商标概念的符号学分析：兼论商标权和商标侵权的实质. 湘潭大学学报（哲学社会科学版），2007（3）：22－26.

60. 王太平，杨峰. 知识产权法中的公共领域. 法学研究，2008（1）：17－29.

61. 王艳芳. 涉外定牌加工商标侵权问题的穿透性思考. 知识产权，2024（8）：56.

62. 韦之. 论不正当竞争法与知识产权法的关系. 北京大学学报（哲学社会科学版），1999（6）：25－33.

63. 吴斌. 中断使用的在先商标能否认定为“在先使用并有一定影响的商标”?：评析北京中怡康经济咨询有限责任公司诉国家工商总局商标评审委员会等商标异议复审行政纠纷案. 中华商标，2016（11）：47－50.

64. 吴汉东. 知识产权的多元属性及研究范式. 中国社会科学，2011（5）：39－45.

65. 吴汉东. 知识产权的私权与人权属性：以《知识产权协议》与《世界人权公约》为对象. 法学研究，2003（3）：66－78.

66. 伍鉴萍，郭文. 商品商标权权利穷竭研究. 云南大学学报（法学版），2004（1）：33－38.

67. 徐聪颖. 论商誉与商标的法律关系：兼谈商标权的自由转让问题. 政法学刊，2010（1）：52－58.

68. 徐瑄. 知识产权的正当性：论知识产权法中的对价与衡平. 中国社会科学，2003（4）：144－154.

69. 杨爱葵. 撤销停止使用的注册商标刍议. 云南大学学报（法学版），2008（3）：105－110.

70. 杨立新. 论不真正连带责任类型体系及规则. 当代法学，2012（3）：57－64.

71. 杨雄文，程晖. 论商标性使用类型化的逻辑与建构. 科技与法律，2023（2）：84.

72. 姚鹤徽，申雅栋. 商标本质的心理学分析. 河南师范大学学报（哲学社会科学版），2012（4）：134－138.

73. 叶金强. 共同侵权的类型要素及法律效果. 中国法学，2010（1）：63－77.

74. 易继明. 评财产权劳动学说. 法学研究，2000（3）：95－107.

75. 张驰. 民事权利本质论. 华东政法大学学报，2011（5）：39－46.

76. 张慧霞，杜思思. 商标使用的类型化解读. 电子知识产权，2020（12）：67.

77. 张永艾. 商标权穷竭原则质疑. 政法论丛，2004（1）：22－26.

78. 张玉敏，凌宗亮. 商标权效力范围的边界与限制. 人民司法（应用），2012（17）：83-87.

79. 张玉敏. 论使用在商标制度构建中的作用：写在商标法第三次修改之际. 知识产权，2011（9）：3-11.

80. 张玉敏，王法强. 论商标反向假冒的性质：兼谈商标的使用权. 知识产权，2004（1）：31-35.

81. 张玉敏. 知识产权的概念和法律特征. 现代法学，2001（5）：103-110.

82. 张云鹏，李善芝. 论反向假冒的刑法规制//杨松. 盛京法律评论：2017 年第 1 辑. 北京：法律出版社，2017：85-100.

83. 郑成思. 反不正当竞争与知识产权. 法学，1997（6）：54-59.

84. 郑双飞，赵锐. 商标性使用：理论反思与规则优化. 华北理工大学学报（社会科学版），2023（4）：15.

85. 郑友德，万志前. 论商标法和反不正当竞争法对商标权益的平行保护. 法商研究，2009（6）：93-100.

86. 周光清. 注意义务的根据探析. 江西科技师范学院学报，2004（4）：48-50.

87. 朱凡，刘书琼，张今. 商标撤销制度中“商标使用”的认定. 中华商标，2010（12）：37-41.

88. 朱谢群. 商标、商誉与知识产权：兼谈反不正当竞争法之归类. 当代法学，2003（5）：6-9.

89. 朱谢群，郑成思. 也论知识产权. 科技与法律，2003（2）：23-36.

90. 祝建军. 囤积商标牟利的司法规制：优衣库商标侵权案引发的思考. 知识产权，2008（1）：33-40.

91. 祝建军. “旧手机翻新行为”的商标法定性：iPhone 苹果商标案引发的思考. 知识产权，2012（7）：70-74.

92. 祝建军. 判定商标侵权应以成立“商标性使用”为前提：苹果公司商标案引发的思考. 知识产权，2014（1）：22-28.

三、学位论文类

1. 戴彬. 论商标权的取得与消灭. 上海：华东政法大学，2013.

2. 杨建锋. 论 TRIPS 协定下商标注册制度. 上海：复旦大学，2009.

四、中国案例类

1. 安徽省高级人民法院（2013）皖民三终字第 00072 号民事判决书。

2. 北京市朝阳区人民法院（2009）朝民初字第 18147 号民事判决书。

3. 北京市第二中级人民法院（2008）二中民终字第 17428 号民事判决书。

4. 北京市第一中级人民法院（2008）一中民初字第 4592 号民事判决书。

5. 北京市第一中级人民法院（2012）一中民终字第 07255 号民事判决书。

6. 北京市第一中级人民法院（2006）一中行初字第 1052 号行政判决书。

7. 北京市第一中级人民法院（2008）一中行初字第 196 号行政判决书。

8. 北京市第一中级人民法院（2010）一中知行初字第 3195 号行政判决书。

9. 北京市第一中级人民法院（2010）一中知行初字第 3022 号行政判决书。

10. 北京市高级人民法院（2015）高民（知）终字第 1931 号民事判决书。

11. 北京市高级人民法院（2010）高行终字第 274 号行政判决书。

12. 北京市高级人民法院（2011）高行终字第 1701 号行政判决书。

13. 北京市高级人民法院（2008）高行终字第 717 号行政判决书。

14. 北京市高级人民法院（2016）京行终 2844 号行政判决书。

15. 北京市高级人民法院（2020）京行终 4036 号行政判决书。

16. 北京市海淀区人民法院（2004）海民初字第 8212 号民事判决书。

17. 北京知识产权法院（2015）京知民终字第 1196 号民事判决书。

18. 北京知识产权法院（2015）京知行初字第 5117 号行政判决书。

19. 重庆市第一中级人民法院（2016）渝 01 民初 786 号民事判决书。

20. 福建省高级人民法院（2014）闽民终字第 914 号民事判决书。

21. 广东省深圳市宝安区人民法院（2008）深宝法知产初字第 60 号民事判决书。

22. 贵州省高级人民法院（2006）黔高民二终字第 15 号民事判决书。

23. 江苏省南京市玄武区人民法院（2016）苏 0102 民初 120 号民事判决书。

24. 江苏省苏州市中级人民法院（2013）苏中知民初字第 0175 号民事判决书。

25. 上海市第二中级人民法院（2004）沪二中民五（知）初字第 242 号民事判决书。

26. 上海市第二中级人民法院（2011）沪二中刑终字第 303 号刑事裁定书。

27. 上海市第三中级人民法院（2017）沪 03 刑终 6 号刑事裁定书。

28. 上海市第三中级人民法院（2017）沪 03 刑终 16 号刑事裁定书。

29. 上海市第一中级人民法院（2014）沪一中民五（知）终字第 110 号民事判决书。

30. 上海市第一中级人民法院（2014）沪一中民五（知）终字第 78 号民事判决书。

31. 上海市高级人民法院（2013）沪高民三（知）终字第 111 号民事判决书。

32. 上海市高级人民法院（2007）沪高民三（知）终字第 29 号民事判决书。

33. 上海市闵行区人民法院（2014）闵民三（知）初字第 168 号民事判决书。

34. 上海市浦东新区人民法院（2018）沪 0115 民初 8222 号民事判决书。

35. 上海市浦东新区人民法院（2016）沪 0115 民初 29964 号民事判决书。

36. 上海知识产权法院（2017）沪 73 民终 237 号民事裁定书。

37. 上海知识产权法院（2016）沪 73 民终 44 号民事判决书。

38. 天津市高级人民法院（2013）津高民三终字第 0024 号民事判决书。
39. 天津市高级人民法院（2012）津高民三终字第 3 号民事判决书。
40. 浙江省高级人民法院（2014）浙知终字第 25 号民事判决书。
41. 浙江省高级人民法院（2011）浙知终字第 230 号民事判决书。
42. 最高人民法院（2009）民申字第 268 号民事裁定书。
43. 最高人民法院（2014）民提字第 38 号民事判决书。
44. 最高人民法院（2012）民提字第 38 号民事判决书。
45. 最高人民法院（2013）民提字第 3 号民事判决书。
46. 最高人民法院（2012）行提字第 2 号行政判决书。
47. 最高人民法院（2010）知行字第 48 号民事裁定书。
48. 最高人民法院（2010）知行字第 55 号行政裁定书。
49. 最高人民法院（2015）知行字第 255 号行政裁定书。
50. 最高人民法院（2016）最高法民申 1223 号民事裁定书。
51. 最高人民法院（2017）最高法行申 4191 号行政裁定书。
52. 最高人民法院（2017）最高法行再 47 号行政判决书。

五、中文报纸和网站文章类

1. 郭杰. 反向假冒他人商品作为样品展览是否构成商标侵权. 人民法院报，2014 - 08 - 07（7).

2. 凌宗亮. 平面商标立体化使用行为是否构成假冒注册商标罪. 人民法院报，2012 - 11 - 15（7).

3. 凌宗亮. 商标民事、行政交叉案件中侵权行为的判断. 中国知识产权报，2018 - 09 - 26（9).

4. 苗继军. 回收旧手机翻新后销售的是否构成假冒注册商标罪.（2016 - 05 - 22）[2018 - 11 - 13]. http://blog.sina.com.cn/s/blog_4a41ee210101hgmh.html.

5. 许前飞. 知识产权刑法保护的边界：上. 人民法院报，2015 - 07 - 15（6).

6. 祝建军，魏巍. 电商采购境外商品内销的商标法定性. 人民法院报，2015 - 07 - 17（7).

六、外文专著、论文类

1. Brendan J. Witherell. The extraterritorial application of the Lanham Act in an expanding global economy. The trademark reporter，2007（5）：1090－1125.

2. Daniel M. McClure. Trademarks and unfair competition：a critical history of legal thought. The trademark reporter，1979（4）：305－356.

3. Daniel R. Bereskin，Miles J. Alexander，Nadine Jacobson. Bona fide intent to use in the United States and Canada. Trademark reporter，2010（3）：709－728.

4. Daniel R. Bereskin. Trademark "use" in Canada. The trademark reporter，1997（3）：301－318.

5. David A. Westernberg. What's in a name：establishing and maintaining trademark and service mark rights. The business lawyer，1986（1）：65－90.

6. Eli Salzberger. Economic analysis of the public domain//Bernt Hugenholtz. The future of the public domain：identifying the commons in information law. Netherlands：Kluwer Law International，2006.

7. Glynn S. Lunney，Jr.. Trademark monopolies. Emory law journal，1999（2）：367－487.

8. Graeme B. Dinwiddie，Mark D. Janis. Confusion over use：conceptualism in trademark law. Iowa law review，2007，92：1597－1667.

9. Jake Lindford. Valuing residual goodwill after trademark forfeiture. Notre Dame law review，2018（2）：811－870.

10. J. McCarthy. Trademarks and unfair competition. 4th ed. St. Paul，MN：West Group，1998.

11. Jonathan Turley. "When in Rome"：multinational misconduct and the presumption against extraterritoriality. Northwestern University law review，1990（2）：598－664.

12. Katherine-Anne Pantazis Schroeder. A trademark gamble: should use of services abroad by U. S. citizens meet the Lanham Act use in commerce requirement. Iowa law review, 2005 (4): 1615 - 1648.

13. Margreth Barrett. Finding trademark use: the historical foundation for limiting infringement liability to uses "in the manner of a mark". Wake Forest law review, 2008, 43: 893 - 977.

14. Margreth Barrett. Internet trademark suits and the demise of "trademark use". UC Davis law review, 2006 (2): 371 - 457.

15. Mark A. Lemley. Ex ante versus ex post justifications for intellectual property. The University of Chicago law review, 2004 (1): 129 - 149.

16. Mark P. McKenna. The normative foundations of trademark law. Notre Dame law review, 2007 (5): 1839 - 1916.

17. Martin Senftleben. Public domain preservation in EU Trademark Law: a model for other regions. The trademark reporter, 2013 (4): 775 - 827.

18. P. Gulasekaram. Policing the border between trademarks and free speech: protecting unauthorized trademark use in expressive works. Washington law review, 2005, 80: 887 - 942.

19. Robert Alpert. The export of trademarked goods from the United States: the extraterritorial reach of the Lanham Act. The trademark reporter, 1991 (2): 125 - 149.

20. Ross D. Petty. Initial interest confusion versus consumer sovereignty: a consumer protection perspective on trademark infringement. The trademark reporter, 2008 (3): 757 - 788.

21. Stacey L. Dagan, Mark A. Lemley. Grounding trademark law through trademark use. Iowa law reveiw, 2007, 92: 1669 - 1701.

22. Stacey L. Dogan. Beyond trademark use. Journal on telecommunication & high technology law, 2010, 8: 135 - 155.

23. Stacey L. Dogan, Mark A. Lemley. A search-costs theory of limiting doctrines in trademark law. The trademark reporter, 2007 (6): 1223 - 1251.

24. Uli Widmaier. Use, liability, and the structure of trademark law. Hofstra law review, 2004 (2): 603 - 709.

25. William M. Landes, Richard A. Posner. Trademark law: an economic perspective. The journal of law economics, 1987 (2): 265 - 309.

26. William S. Dodge. Understanding the presumption against extraterritoriality. Berkeley journal of international law, 1998, 16: 85 - 125.

七、外国案例类

1. Allard Enterprises v. Advanced Programming Resources, 146 F. 3d 350 (6th Cir. 1998).

2. Beanstalk Group, Inc. v. AM Gen. Corp., 283 F. 3d 856, 861 (7th Cir. 2002).

3. Brookfield Communications, Inc. v. West Coast Entertainment Corp., 174 F. 3d 1036, 1057 (9th Cir. 1999).

4. Buti v. Perosa, S. R. L., 139 F. 3d 98, 105 (2d Cir. 1998).

5. Capitol Records, Inc. v. Naxos of Am., Inc., 262 F. Supp. 2d 204, 211 (SDNY 2003).

6. Champion Spark Plug Co. v. Sanders, 331 U. S. 125 (1947).

7. Circuit City Stores, Inc. v. Carmax, Inc., 165 F. 3d 1047 (6th Cir. 1999).

8. Computerworld case, 1430 HANREI JIHO 116 (Feb. 26, 1992, Tokyo High Court).

9. De Beers LV Trademark Ltd. v. DeBeers Diamond Syndicate Inc., 440 F. Supp. 2d 249 (SDNY 2006).

10. Del-Rain Corp. v. Pelonis USA, Ltd., 29 F. App35 (2d Cir. 2002).

11. Design & Sales, Inc. v. Elec. Data Sys. Corp., 954 F. 2d 713, 716 (Fed. Cir. 1992).

12. E. & J. Gallo Winery v. Spider Webs Ltd., 286 F. 3d 270, 275 (5th Cir. 2002).

13. Greyhound Corp. v. Armour Life Insurance Co. , 214 USPQ 473, 474 (TTAB 1982).

14. Harod v. Sage Prods. , Inc. , 188 F. Supp. 2d 1369, 1376 (S. D. Ga. 2002).

15. Holiday Inn v. Holiday Inns, Inc. , 534 F. 2d 312 (CCPA 1976).

16. Imperial Tobacco Limited v. Philip Morris, Inc. 899 F. 2d 1575, 1582 (Fed. Cir. 1990).

17. Indus. Rayon Corp. v. Duchess Underwear Corp. , 92 F. 2d 33. (2d Cir. 1937).

18. Int'l Bancorp, L. L. C. v. Societe des Bains de Mer et du Cercle des Etrangers a Monaco, 329 F. 3d 359, 361 (4th Cir. 2003).

19. La Societe Anonyme des Parfums le Galion v. Jean Patou, Inc. , 495 F. 2d 1265 (2d Cir. 1974).

20. Malcolm Nicol & Co. v. Witco Corp. , 881 F. 2d 1063, 1065 (Fed. Cir. 1989).

21. Marvel Comics, Ltd. v. Defiant, 837 F. Supp. 546, 548 - 49 (SDNY 1993).

22. Mattel, Inc. , v. Walking Mountain Prods. , 353 F. 3d 792 (9th Cir. 2003).

23. McBee v. Delica Co. , 417 F. 3d 107, 121 (1st Cir. 2005).

24. Money Store v. Harriscorp Finance, 1988 WL 96544 (N. D. Ill. Sept. 15, 1988).

25. Ocean Garden, Inc. v. Marktrade Co. 953 F. 2d 500 (9th Cir. 1991).

26. Panavision Int'l, L. P. v. Toeppen, 141 F. 3d 1316, 1318 - 19 (9th Cir. 1998).

27. People for the Ethical Treatment of Animals, Inc. v. Doughney, 263 F. 3d 359, 365 (4th Cir. 2001).

28. Person's Co. v. Christman, 900 F. 2d 1565, 1568 (Fed. Cir. 1990).

29. Planetary Motion, Inc. v. Techsplosion, Inc. , 261 F. 3d 1188, 1196 (11th Cir. 2001).

30. Planned Parenthood Fed'n of Am. , Inc. v. Bucci, No. 97 Civ. 0629, 1997 WL 133313 (SDNY Mar. 24, 1997).

31. Qualitex Co. v. Jacobson Products Co. , 514 U. S. 159, 163 - 64 (1995).

32. Rescuecom Corp. v. Google, Inc. , 456 F. Supp. 2d 393, 395 - 96, 403 (NDNY 2006).

33. Standard Pressed Steel v. Midwest Chrome Process Co. , 183 USPQ (BNA) 758 (TTAB 1974).

34. Taubman Co. v. Webfeats, 319 F. 3d 770 (6th Cir. 2003).

35. United Drug Co. v. Theodore Rectanus Co. , 248 U. S. 90, 97 (1918).

36. Visa U. S. A. , Inc. v. Birmingham Trust Nat'l Bank, 696 F. 2d 1371, 1375 (Fed. Cir. 1982).

37. Western Stove Co. v. Geo. D. Roper Corp. , 82 F. Supp. 206.

38. Xuan-Thao N. Nguyen. The digital trademark right: a troubling new extraterritorial reach of United States law, North Carolina law review, 2003, 81: 483 - 565.

39. Zatarain's, Inc. v. Oak Grove Smokehouse, Inc. , 698 F. 2d 786, 790 (5th Cir. 1983).